KB071445

최신 장애인복지론 2판

| 이경준 · 최윤영 공저 |

학지사

2판 머리말

2018년 8월, '최신'을 표방하며 기존 우리 저자들이 『장애인복지론』을 재출간한 지 2년 만에 개정을 하게 되었다. 당시 머리말에서 장애인복지는 국민복지의 기본선을 가늠하는 사회복지의 주요 실천 분야임을 강조하면서 강의실과 현장의 연구와 경험을 바탕으로 나름의 최선을 다해 작업을 하였음을, 그러나 여전히 부족한 점을 인정하면서 더한 노력을 다짐한 바 있다. 이번 개정작업은 그 약속과 노력의 연장선으로, 특히 시기적으로도 중요한 부분들을 좀 더 알차게 담아내기 위해 시작되었다.

특히 올 초 시작된 코로나19로 인한 전 사회적 변화 속에서 장애인복지 현장도 예외 없이 많은 과제를 남기고 있음에 주목한다. 초판 발행 시 저자들이 가장 강조하였던 인권과 권리의 문제는 이런 재난 위기 상황에서도 여전히 유효하게 보장받아야 하나, 실제로는 많은 공백과 두려움마저도 야기하고 있다. 어쩌면 장애인복지를 비롯한 사회계층에 대한 실질적인 복지 패러다임이 혁신적으로 변화할지 모른다는 긴장감도 함께 느끼게 된다. 그러나 이 현상 모두를 이해하고 반영시키기에는 여전히 부족한 저자들이기에 우리의 가능한 방법으로써 기존 체제에 대해 하나씩 차분하게 상황을 돌아보며 내실을 다지는, 장애인복지의 원론을 잃지 않는 자세를 견지하였다.

그런 의미에서 이번 개정판은 앞선 초판의 내용을 좀 더 체감도 있게 전달하고 최신의 모습을 전달하기로 계획하였다. 우선, 2017년 장애인실태조사 결과가 다소 늦게 공표되면서 장애인복지 현실을 제대로 보여 줄 주요 지표 결과를 충실히 담아내지 못했던 아쉬움과 2019년 장애등급제 폐지를 비롯해 우리 사회 장애인복지 환경에 현격한 변화를 가져올 정책 및 제도에 대한 정보를 담아내야 한다는 사명감 그리고 무엇보다도 교재 전반에서 다루고 있는 각종 데이터의 '가능한 한' 최신화에 대한 일종의 책임감이 이번 개정의 배경이 된 것이다.

교재의 Ⅰ부, Ⅱ부 및 Ⅵ부는 최윤영 교수가, Ⅲ부, Ⅳ부, Ⅴ부는 이경준 교수가 책임집필자로서 각각 수정 및 보완하였다. 주요 개정 내용을 잠시 살펴보면, 우선 장애범주와 유형에서 최근 변경된 장애등급제 폐지에 따른 수정 내용을 담았다. 주로 정신적 장애 유형의 지적장애, 자폐성 장애, 정신장애에 관한 내용이다. 장애인과 사회보장 분야에서는 최근의 장애인 통계수치와 변경된 내용을 꼼꼼히 추가하였다. 이어서 장애인가족 관련 분야에서 장애인가족지원센터 비전 및 장애인복지관 가족지원프로그램 사례를, 장애인과 지역사회기반 지원에서는 2020년 지역사회중심재활사업의 개요와 추진 체계 등을 새롭게 소개하고 커뮤니티 케어(지역사회 통합돌봄)를 추가하였으며, 장애인보조공학 및 문화예술 분야에서도 정보 출처 및 지원사업의 최신 정보로 수정 및 보완하였다. 장애인권리보장과 관련해서는 최근 장애인 권익 옹호 내용과 성년후견제도의 최근 동향을 반영하였으며, 「발달장애인법」과 관련 권리보장 지원에 대한 내용도 보완함으로써 우리 교재의 강점을 유지하고자 노력하였다. 마지막으로는 텍스트 전반에서 각종 문장이나 단락의 윤독을 통해 독자들이 읽고 이해하기에 좀 더 쉽도록 다듬는 작업도 잊지 않았다.

이번 개정 『최신 장애인복지론(2판)』은 종합적인 최신 데이터 업데이트를 기반으로 저자들이 지속적으로 강조해 온 인권과 권리증진, 장애인복지 패러다임의 새로운 변화 모색, 장애인복지 정책 및 제도에 대한 충실한 설명과 복지 체감도 증진을 위한 내실화의 결과라 할 것이다. 앞으로도 최신의 경향과 올바른 내용으로 학교에서든 현장에서든 선택받을 수 있는 교재로 남도록 더욱 매진할 것을 약속한다.

교재의 자립생활지원서비스 관련 사진 이용을 허락해 준 사단법인 장애인의 길벗 김성은 이사장과 서울중구길벗장애인자립생활센터 김영준 사무국장께 감사드린다. 또한 이번 개정에도 수고를 마다하지 않은 학지사 정은혜 과장님과 편집부에도 감사의 마음을 전한다. 또한 저자들과 기꺼이 소통하고 격려해 주신 정승철 상무님과 유명원 부장님 그리고 늘 사회복지현장에 대한 지대한 관심으로 좋은 저서들의 발판이 되어 주시는 김진환 사장님께도 깊은 감사를 드린다.

2020년 9월

두 번째 自利利他를 희망하며

저자 일동

1판 머리말

독일어에 이런 표현이 있다. "Aller Anfang ist schwer." 직역하면 '모든 시작은 어렵다.'이고, 의역하면 우리가 너무나 잘 알고 있는 '시작이 반'이라는 뜻이다. 그만큼 모든 일에 첫발을 내딛기가 쉽지 않음을 인정하면서도, 동시에 그 어려운 시작으로 더욱 진일보할 수 있다는 믿음의 표현이기도 하다.

저자들은 지난 2010년에 학지사를 통해서 『장애인복지론』을 출간하고, 이어서 2013년에는 개정판을 통해 강의를 이어 왔다. 그러나 이후 우리나라 장애인복지 현장은 저자가 준비하고 따라가는 것 이상으로 빠르게 변화하였고, 여기에 더해 저자의 개인적 사정들이 겹치면서 변화하는 상황을 충실히 반영하지 못하였다.

이제 저자들은 2018년에 이 책 『최신 장애인복지론』의 출간을 통해 새로운 마음으로 변화에 대처하고자 한다. 2010년과 2013년의 장애인복지론 자료들을 일정 틀 안에서 활용하였지만, 지나온 시간만큼 축적된 경험과 노하우를 바탕으로 새로운 관점과 신선한 정보들로 새 틀을 마련하여 최근 장애인복지의 변화와 실제를 담아내고자 노력하였다.

장애는 단순히 개인의 신체적 · 정신적 차원뿐만 아니라 다양한 사회 구조적인 현상과 마주하고 있다. 장애인복지는 더 이상 서비스 측면만을 의미하지 않고 '인권'의 개념으로 접근하고 있으며, '권리적 측면'을 더욱 강조하고 있다. 이러한 측면은 장애 개념과 장애인복지정책에 대한 패러다임의 변화와도 밀접한 관계가 있다.

따라서 이 책은 늘 강조해도 지나치지 않을 인권과 권리증진, 장애인복지 패러다임의 변화를 어떻게 바라보고 건전하게 풀어 갈 것인지에 대한 고민에서 새롭게 출발하였다. 특히 최신의 장애인복지정책과 제도들을 보다 더 충실히 설명하고자 하였다.

기본적인 목차 구성은 장애인복지의 전체 맥락을 한눈에 살필 수 있도록 고민하였으며, 내용적으로는 이해하기 쉬운 그림이나 표, 사진 등을 제시하였다. 또한 매 단원별로 '학습목표'를 보다 명확히 표현하고 '키워드'를 제시하였으며, 단원을 마치면서 '요약' 및 'Issues & Discussion'을 통해 학습력을 높이고자 하였다. 일부 단원에서는 학습 진행상 보충설명이 필요한 부분에 대해 '탐색하기'를 제시하여 학습동기를 부여하고자 했으며, 'Excursion'에서는 새로운 의미의 연구적 시도나 향후 발전적 논의가 가능한 이슈들을 소개하였다.

이러한 기본 틀을 바탕으로 『최신 장애인복지론』은 총 6부로 구성하였다.

제1부 '장애 개념과 범주'에서는 장애 개념의 정의와 변천(제1장)을 통해서 장애 개념과 변천 및 국제장애분류의 세부 내용을 살펴보고, 장애 인식과 적응에 관하여 다루었다. 장애 범주(제2장)에서는 우리나라 장애 범주와 유형에 따른 기준을 구체적으로 설명하였다.

제2부 '장애인복지 이념과 복지정책'에서는 우선 장애인복지의 이념과 패러다임 변화(제3장)를 통해서 장애인복지의 기본이념을 비롯해 장애에 대한 관점까지, 장애인과 사회보장(제4장)을 통해서는 장애인복지정책의 변화과정을 시작으로 사회보장 및 사회서비스 내용까지 구체적으로 다루었다.

제3부 '장애인 생애주기와 재활지원'에서는 장애와 생애주기 관점(제5장)에서 장애인 및 장애인가족에 대한 생애주기적 접근과 서비스를 다루었으며, 장애인과 재활지원(제6장)에서는 장애인재활의 기본적 이해와 재활지원

을 위한 영역들을 종합적으로 다루었다.

제4부 '지역사회와 장애인 자립생활'에서는 우선 장애인과 지역사회기반 지원(제7장)을 통해서 지역사회중심 장애인재활과 지원 및 과제를, 장애인과 자립생활(제8장)을 통해서는 인권과 자립생활 패러다임, 자립생활 철학과 사회통합 및 지원서비스의 내용을 설명하였다.

제5부 '장애인보조공학 · 문화예술'에서는 장애인과 보조공학(제9장) 및 장애인과 문화예술(제10장)을 주제로 하였다. 주요 내용으로는 먼저 장애인보조공학의 기본개념과 유형, 유용성과 지원 근거 및 보조공학기기 사례를, 이어서 장애인 문화예술의 필요성과 의의, 문화예술 권리에 대한 근거와 문화복지접근에 대해 다루었다.

마지막으로, 제6부 '장애인 인권과 권리보장'은 장애인과 인권(제11장), 장애인 권익옹호와 지원체계(제12장), 그리고 발달장애인의 권리보장과 지원(제13장)을 주요 내용으로 하고 있다. 여기에는 장애인 인권 향상을 위한 국제사회의 다양한 노력과 국내의 법률적 · 제도적 방안들을 바탕으로 최근의 장애인 권익옹호, 발달장애인 권리보장과 공공후견지원제도 등까지 골고루 다루었다.

장애인복지는 국민 복지의 기본선을 가늠할 수 있는 사회복지의 주요 실천 분야이다. 따라서 이 책이 장애인복지 및 사회복지 전반에 관심 있는 학생과 현장 전문가 모두에게 기초적 이해를 도모하는 데 도움이 되었으면 한다. 물론 그동안 강의실과 현장에서 연구와 경험을 바탕으로 최대한 바른 내용을 담고자 노력하였지만, 그래도 여전히 미진한 점이 많을 것으로 여겨진다. 여러 가지 부족한 부분은 저자들의 부족함 때문임을 고백하고, 개선을 위한 비판적인 충고와 조언을 열린 마음(與自家意思一般)으로 기다리며 신학기에 대한 부푼 마음을 가져 본다.

교재의 자립생활지원서비스 관련 사진 이용을 허락해 준 사단법인 장애인의 길벗 김성은 이사장과 서울 중구길벗장애인자립생활센터에 감사드린다. 무엇보다도 이 책이 나오는 데 초고에서부터 완성본에 이르기까지 세심한 교정으로 많은 부분 애써 주신 정은혜 선생님과 편집부에 감사를 전한다. 또한 저자들이 집필할 수 있도록 배려와 지지를 해 주신 학지사 정승철 이사님과 유명원 부장님께 감사드리며, 마지막으로 부족한 책의 출판을 허락해 주신 김진환 사장님께 진심으로 감사의 말씀을 드린다.

2018년 8월
自利利他를 희망하며
저자 일동

차례

PART 2 장애인복지 이념과 복지정책

PART 3 장애인 생애주기와 재활지원

PART 4 지역사회와 장애인 자립생활

PART 5 장애인 보조공학 · 문화예술

PART 1
장애 개념과 범주

01

장애 개념의 정의와 변천

이 장에서는 우리나라 「장애인복지법」에서 규정하는 장애 개념과 국제적으로 통용되는 국제장애분류, 그리고 장애의 사회적 인식과 적응과정에 대해서 알아본다.

장애의 개념은 단정적으로 규정하기란 쉽지 않다. 장애는 그 발생 원인이나 유형, 정도에 따라 매우 다양하며, 어떤 관점을 가지고 접근하느냐에 따라 그 기준이 달라질 수 있다. 특히, 장애는 장애를 바라보는 그 시대의 사회적 · 문화적 · 정치적 · 환경적 차이에 따라 그 개념이 차이가 날 수 있다.

최근 들어 장애의 개념 이해는 장애에 대한 개별적인 접근방법에서 사회적 · 환경적 접근방법으로 변화되고 있다. 즉, 장애를 개인적인 손상이나 기능상의 제한에만 초점을 두는 것이 아니라, 개인의 장애와 사회환경 간의 부적절한 상호작용의 결과로 나타난 부분까지도 포함해서 이해하고자 한다.

학습목표

1. 우리나라 장애 개념과 그 변천과정에 대해 설명할 수 있다.
2. 국제장애분류의 내용과 변화과정에 대해 이해할 수 있다.
3. 장애의 인식과 적응과정에 대해 이해할 수 있다.

키워드

장애 개념 / 장애 개념의 변천 / 장애의 인식과 적응

1. 장애 개념의 정의

장애(disability) 개념은 장애의 원인과 특성, 그리고 한 나라의 시대적 · 역사적 배경에 따라 생성된 신념이나 가치 등에 따라 복잡하고 다양하게 얽혀 있어서 그 개념을 단정적으로 규정하기란 쉽지 않다(Rothman, 2003). 즉, 장애 개념을 이루는 범주와 정의는 그 나라의 사회문화적 · 정치적 · 경제적 여건과 수준에 따라 조금씩 달라질 수는 있다.

우리나라 표준국어대사전(1999)에 의한 장애의 사전적 의미는 먼저 "어떤 사물의 진행을 가로막아 거치적거리게 하거나 충분한 기능을 하지 못하게 함"이다. 이러한 의미에서 장애 요소나 의사소통의 장애를 이해할 수 있다. 그리고 두 번째 사전적 의미를 살펴보면, "신체 기관이 본래의 제 기능을 하지 못하거나 정신 능력에 결함이 있는 상태"라고 정의하고 있으며, 여기서 시각 및 언어의 감각에 관한 장애와 지적 · 정신장애가 이해될 수 있다. 마지막 사전적 의미를 살펴보면, "유선 통신이나 무선 통신에서 유효 신호의 전송을 방해하는 잡음이나 혼선 따위의 물리적 현상"이라고 설명하고 있어서 장애 복구 내지 물리적 장애에 대한 사회적 장애를 인식해 볼 수 있다. 한편, 장애는 명사이고, 장애의 동사를 알아보면 '장애되다' '장애하다'라는 두 가지 표현이 등장한다.

한자에서 장애(障礙) 개념을 해석해 보면, 장(障)은 막을 장으로, '막다' '가로막히다' '둑' '병풍' '칸막이' 등의 의미를 지니고 있다. 그리고 애(礙)는 거리낄 애로, '거리끼다' '지장을 주다' '방해하다' '막다' 등의 의미를 나타낸다. 이처럼 한자에서 의미하는 장애(障礙)가 가진 뜻을 살펴봄으로써 장애의 개념을 파악해 볼 수도 있다.

한편, 사회복지용어사전(2013)에는 장애를 "다른 사람들이 보통 행하는 기능에 대한 개인의 능력을 방해하거나 제한하는 신체적 또는 정신적인 손상"으로 표현하고 있다.

물론 장애 개념을 문자적으로, 사전적으로만 해석할 수는 없다. 그러나 문자가 담고 있는 본래의 의미를 충실히 살펴본다면 개념을 찾는 데 유용할 것이다. 이처럼 장애 개념을 사전적 의미로 해석해 본 것들을 요약해 보면 다음과 같다. 먼저 무슨 일을 하는 데 거치적거리게 하거나 방해가 되는 것, 이를 그대로 해석해 보면, 즉 세상으로부터 막히거나 벗어나서 충분한 기능을 하지 못하는 것을 의미한다. 또한 장애는 신체 기관이나 정신 능력이 제 기능을 하지 못하는 것을 내포하고 있다. 그리고 장애의 동사형에서 알 수 있듯이 물리적 · 사회적으로 가로막혀서 장애가 됨을 파악할 수 있다.

그렇다면, 일반적으로 '장애'하면 떠오르는 생각이나 이미지는 무엇일까?

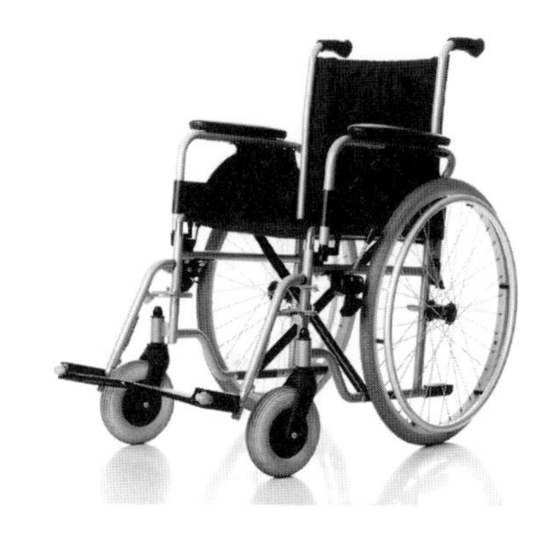

위 그림처럼 보통 '장애'하면 떠오르는 이미지는 지하철이나 주차장에서 쉽게 마주칠 수 있는 장애인 관련 표지판이나 휠체어일 것이다. 이러한 장애에 대한 이미지는 철저히 경험주의에 근거한 생활세계의 경험을 나타내는데, 휠체어 형상을 본 딴 장애인 표지판은 우리에게 여러 가지 정보를 제공해 준다. 즉, 먼저 이동이 자유롭지 않거나 몸이 불편한 사람을 떠올리게 된다. 그리고 표시된 그곳은 장애인만의 공간으로 인식된다.

다음의 사진을 보면 우리가 얼마나 장애와 장애인에 대한 편견과 고정관념을 가지고 있는지 알 수 있다. 첫 번째 여성의 사진을 한번 보자. 당신은

이 여성의 사진을 보고 나서 어떤 생각과 감정이 드는가? 아마도 제일 먼저 여성의 얼굴을 보고 나서 이후 점차적으로 아래로 신체 구조를 훑어볼 것이다. 그러나 당신이 여성의 얼굴과 상반신만을 보아서는 장애의 모습을 찾을 수 없을 것이다. 그런데 만일 이 여성이 정장바지를 입고 있었다면 어땠을까? 아마도 우리는 정반대로 이 여성이 장애를 가지고 있다고 상상하지 못할 것이다. 이처럼 우리는 시각적 감각과 편견에서 자유롭지 못하다.

두 번째 사진을 살펴보자. 언뜻 보아도 금방 이해될 수 있는 부분이다. 뒷배경을 보면 일본 무사가 눈을 가리고 양손에 검을 들고 있다. 이 배경을 통해서 시각장애인에 대해 우리에게 암시하고자 하는 것은 무엇일까? 이 사진은 우리 사회가 일반적으로 가지고 있는 시각장애인에 대한 잘못된 생각과 편견에 대해 말해 주고 있다. 일본 무사는 눈을 가리고도 적을 정확히 베어 버릴 수 있는 놀라운 감각을 가지고 있는 듯하다. 즉, 사진에서는 시각이 아닌 촉각이나 다른 감각 등을 이용하여 모든 것을 인식하고 판단할 수 있는 그런 능력을 지니고 있는 것 같다. 그러나 일반적으로 시각장애인이 들고 있는 것은 검이 아닌 삼단 지팡이가 전부이다.

세 번째 사진 역시 우리가 평소에 인식하고 느끼는 장애인 상(象)에 대해

출처: http://www.wirtschaftslexikon.co, Bundesministerium füer Arbeit und Sozialordnung: SGB IX, 2002.

물음을 던지고 있다. 언뜻 보기에 사진 속 남자의 손은 의수로 보이며 로보캅처럼 티타늄 팔목에 날카로운 송곳 같은 창을 지니고 있다. 그리고 뒷배경의 그림에는 바다의 신 '포세이돈'이 등장하는데, 포세이돈이 삼지창을 들고 장엄한 표정을 짓고 있다. 우리가 알고 있는 그리스 신화에서 포세이돈은 삼지창을 가지고 전지전능한 만능의 일들을 창조해 낸다. 즉, 그에게 이 삼지창은 만능의 상징인 것이다. 그렇다면 이 사진은 과연 무엇을 나타내고자 하는 것일까?

최근 들어 많은 선진국가들에서 장애와 장애인에 대한 인식이 더욱 긍정적으로 바뀌면서 장애인을 '다른 능력을 가진 사람(differently abled person)' 등으로 명명하기도 한다. 그러나 여전히 우리 사회는 장애인이 가지고 있는 잠재적인 능력이나 내면적인 세계에는 관심이 없고, 외형적으로 나타난 신체적인 외모나 특징에만 관심을 갖는다. 예를 들면, 나병환자, 폐병환자, 장님, 귀머거리 등의 명칭을 사용하며 장애인에 대한 뿌리 깊은 편견과 고정관념에 사로잡혀 있다. 이러한 책임은 궁극적으로 우리 사회 내에서 찾아볼 수 있다. 일반적으로 장애인에 대한 언론의 광고홍보나 보도기사들은 장애인을 흥미 위주로 만들면서 매우 특별한 사람으로 인식하게 만들고 있다. 즉, 많은 대중매체에서 장애인을 필요 이상으로 도움이 필요한 '불쌍한 사람'이나 '불행한 사람'으로 묘사하는 경우가 많다. 이에 따라 일반 시청자들은 장애와 장애인에 대한 편견과 고정관념을 형성하게 된다.

문제는 이로 인해 장애인을 더욱 차별적인 존재로 인식하게 되고, 장애인에 대한 부정적인 고정관념을 고착시키게 된다는 것이다.

이처럼 장애의 개념은 자칫 우리의 선입견으로 인해 본래의 개념(episteme)을 불완전한 개념(doxa)으로 각인시켜 버릴 수도 있다. 즉, 예전에는 장애로 해석되지 않았으나, 지금은 장애로 해석되게끔 함으로써 우리의 사고가 지배당할 수 있으며, 여기에는 동시에 일정 부분의 시대성도 포함하게 된다. 이와 관련하여 미셸 푸코(Michel Foucault)는 그의 저서 『말과 사물(Les Mots et les Choses)』(2012)에서 '그렇게밖에 생각하지 못하는' 그 시대의 지식에 대해 언급하기도 하였다. 이처럼 장애의 개념은 시대에 따라, 그 사회의 문화적 · 정치적 · 경제적 가치 등에 따라 달라질 수 있을 만큼 다양한 환경의 영향을 받게 된다.

잠시 〈아이 엠 샘(I am Sam)〉이라는 영화를 통해서 우리가 가지고 있는 장애와 장애인의 개념에 대해서 생각해 보기로 하자.

이 영화는 지난 2001년에 제시 넬슨 감독이 제작하였다. 이 영화의 줄거리를 간략히 소개하자면, 지적장애로 인해 약 7세의 지능을 가지고 살아가는 순수한 아버지 샘 도슨은 착하고 똑똑한 딸인 루시 다이아몬드 도슨과 함께 둘이서 살아간다. 루시의 어머니는 루시를 낳자마자 그들을 두고 사라져 버렸다. 하지만 샘에게는 언제나 많은 도움을 주는 애니와 비슷한 정신질환을 가진 친구들이 있다. 어느덧 루시는 일곱 살이 되어 학교를 다니게 되었다. 하지만 루시는 아버지보다 똑똑해지는 것이 싫어서 배우는 것을 거부한다. 아동복지기관에서는 샘이 아버지로서 적합하지 않다며 루시를 양부모에게 입양시키려 한다. 샘은 정신적 장애를 가졌음에도 불구하고, 보통의 아버지와 같은, 혹은 그들보다 더욱 자상한 마음으로 아이의 입장에서 바라볼 수 있었으며 루시에 대한 사랑은 비교할 수 없을 만큼 매우 컸다. 하지만 아이의 양육권을 둘러싼 재판들 속에서 그는 그저 정신적 장애를 가진 한 명의 장애인에 불과하였다. 그를 돕는 변호사 역시 처음엔 승산이 없다고 생각하고, 자신의 이익을 챙기기 위해 이 일을 시작했지만, 점차 샘의 진실한 모습을 보고 진정한 아버지의 큰 사랑을 느낀다. 그들은 양육권을 되찾기 위해 노력하지만, 결국 마지막 재판을 남겨 놓고 샘은 루시를 위해 스스로 포기 아닌 포기를 하게 된다.

사실 알고 보면 이 영화에 등장하는 모든 사람은 적어도 한 가지 이상의 장애를 지니고 있다. 담당 변호사는 부모로부터의 아픔이 있었고, 언제나 샘의 곁에서 그를 도와주었던 애니는 좋지 않은 아버지의 영향으로 외출하는 것에 대한 공포증과 불안장애를 가지고 있었다. 그러나 이들은 시간이 지나면서 모두 샘에 의해 치유된다. 영화에서처럼 우리 사회는 누가 장애인이고 누가 장애인이 아닌지 분명한 선을 그을 수가 없다. 장애인인 주인공 샘 혼자서는 결코 해결할 수 없는 일에 대해서 지역사회에서는 오히려 샘과 루시를 갈라놓고 재판을 통해 상처를 안겨 주었다. 이처럼 현실에서도 장애인이 지역사회에 적응하는 데 많은 어려움이 존재한다.

2005년 우리나라에서는 〈말아톤〉이라는 장애 관련 영화가 개봉되어 많은 화제가 되었다. 굳이 이 영화의 줄거리를 말하지 않아도 어떠한 내용인지는 영화를 보지 않은 사람도 알 것이다. 이 영화를 제작했던 정윤철 감독은 "자폐장애인을 경험해 보니, 그들은 자폐인(自閉人)이 아니라 자개인(自開人)이다."라고 말하였다. 영화에서 묘사된 것처럼, 자폐성장애를 가진 많은 사람은 자신의 감정을 솔직하게 표현할 줄 안다. 하지만 그동안 우리 사회는 그러한 감정 표현의 방식에 대해 이해하려는 노력을 하지 않았던 것이다. 아마도 관심조차 없었을 수도 있고, 자신과 같은 표현방식을 사용하지 않는다고 하여 그들을 불쌍한 사람, 혹은 이상한 사람으로 인식했을 수도 있다. 이 영화는 자폐성장애인의 삶을 다룬 실화로서 우리 사회에 시사하는 바가 더욱 크다. 앞으로 살아갈 날이 너무도 힘겹고 두려워서 초원이의 어머니가 동물원에서 초원이의 손을 놓아 버린 것처럼, 많은 자폐성장애인의 어머니도 손을 놓고 싶은 마음이 하루에도 수십 번, 아니 수백 번 들었을 것이다. 하지만 그럴 때마다 다시금 세상을 향해 일어서야만 했던 그 마음과 다시 일어서서 세상을 향해 멋있게 달릴 수 있었던 어머니의 그 뜨거운 모성애, 그리고 초원이의 열정에 우리 모두 박수를 보내지 않을 수 없다.

또한 영화 〈레인 맨(Rain Man)〉의 주인공이나 〈카드로 만든 집(House of Cards)〉의 주인공도 숫자라는 매개체를 통하여 끊임없이 우리 사회와 소통을 시도하고, 자신의 감정을 표현했지만 우리는 그러한 방식들에 대해 관심을 갖지 않았다. 그러는 동안 우리 사회에서 소통이 단절되어 버린 장애인과 그의 가족은 아프리카 세렝게티 초원의 약육강식보다 더 혹독한 세상에서 육체적 · 정신적 · 심리적으로 고통을 겪으며 살아왔을 것이다.

이제 우리는 영화를 통해 한층 성숙해진 우리의 의식 수준이 퇴행하지 않도록 노력해야 한다. 또한 장애를 바라보는 우리의 시각이 건강해지고 다양성을 인정하는 계기가 되어야 한다. 어쩌면 장애는 존재했었던 것이 아니라 우리 자신이 만들어 놓은 울타리일 수도 있다. 우리가 만든 것이라면, 또 우리가 스스로 그 장애를 없앨 수도 있을 것이다.

오늘날 장애 개념의 법률적 정의를 살펴보기 위해서는 우선 1981년에 제정된 「심신장애자복지법」부터 확인이 필요하다. 「심신장애자복지법」에서 "심신장애자라 함은 지체부자유, 시각장애, 청각장애, 음성언어기능장애 또는 정신박약 등 정신적 결함으로 인하여 장기간에 걸쳐 일상생활 또는 사회생활에 상당한 제약을 받는 자"로 규정하였다. 이후 1989년에 「심신장애자」 대신 '장애인'의 표현을 사용하면서 개정된 「장애인복지법」이 등장하지만 개념의 정의는 크게 변화된 것이 없었다. 그러다가 10년 후인 1999년에 장애인의 정의가 "신체적 · 정신적 장애로 인하여 장기간에 걸쳐 일상생활 또는 사회생활에 상당한 제약을 받는 자"로 지금의 개념 정의에 접근하게 되었다.

현행 「장애인복지법」(2017)에서는 장애인의 개념을 제2조 장애인의 정의에서 규정하고 있다. 장애인이란 "신체적 · 정신적 장애로 오랫동안 일상생활이나 사회생활에서 상당한 제약을 받는 자"를 의미한다. 즉, 신체적 또는 정신적 장애라는 의학적 요인이 존재하며, 이러한 요인이 일상생활과 사회생활에 상당한 제약을 받고 있는 상태라는 두 가지의 조건으로 규정된다. 여기서 '신체적 장애'란 주요 내부와 외부 신체 기능의 장애를 의미하며, '정신적 장애'란 지적 및 자폐성장애와 정신장애를 포함한다. 또한 '오랫동안'은 일반적으로 장애 상태가 고착되어서 6개월 이상 지속된 상태로 보는 것이 타당하다. 다만, 구체적인 장애의 종류 및 기준은 대통령령으로 정하도록 하고 있다.

한편, 국제적으로 장애 개념이 정의된 사례와 최근 경향을 살펴보면 다음과 같다.

먼저 유엔의 '장애인인권선언'(1975)에 의하면, 장애인은 "선천적이든 후천적이든 신체적 · 정신적 능력의 불완전으로 인해 일상의 개인적 또는 사회적 생활에서 필요한 것을 확보하는 데 자기 자신이 완전하게 또는 부분적으로 할 수 없는 사람을 의미"하는 것으로 정의되고 있다. 이후 장애에 대한 국제적인 정의는 1980년 세계보건기구(WHO)에서 채택한 바 있는데, 당시 장애의 개념은 "장애(disability)는 의학적 손상(impairment)의 직접적인 결과로서 발생하는 것이며, 손상된 능력이 장애를 구성한다."라고 정의되었다.

그러나 2000년대에 들어서는 장애를 둘러싼 환경의 영향을 강조하는 추세로 개인의 장애가 환경적 요소와 결합되어 사회생활 참여에 어떠한 영향을 미치는가에 더 관심을 기울이게 되었다. 이후 「유엔장애인권리협약」(2006)에서는 "장애인은 다양한 장벽과의 상호작용으로 다른 사람들과 동등한 조건으로 완전하고 실질적인 사회참여를 저해하는 장기간의 신체적 · 정신적 · 지적 · 감각적 손상을 가진 사람을 포함한다."라고 정의하고 있다.

〈표 1-1〉 **각국의 장애 출현율** (단위: %)

구분	한국	일본	미국	독일	호주	스웨덴
출현율	5.4	7.6	12.8	14.9	17.7	16.1

출처: 고용노동부, 한국장애인고용공단(2019).

선진국의 경우에는 일반적으로 세계보건기구(WHO)에서 정한 장애분류에 따라 장애의 정의와 범위를 포괄적으로 정하고 있지만, 그 외 국가들에서는 대부분 그 정의와 범위가 매우 협소하다. 그에 따라서 대부분 선진국은 장애인구 비율이 전체 인구의 10%를 상회하고 이에 따른 다양한 복지서비스를 구축하고 있는 반면에 장애 정의와 범위가 협소한 국가들은 장애인구 비율이 낮을 뿐만 아니라 장애인에 대한 복지수준 역시 상대적으로 낮다. 이처럼 장애의 개념 정의는 한 나라의 장애 출현율과 장애인구 관련 통계에 중요한 영향을 미치며, 그 나라의 복지수준을 가늠할 수 있는 지표로 인식될 수 있다.

2. 장애 개념의 변천: 국제장애분류

현재 전 세계적으로 받아들이고 있는 보편적인 장애 개념은 세계보건기구(WHO)의 장애분류체계에 의한다. 그리고 세계적인 장애 인식의 변화에 따라서 세계보건기구의 장애 관련 분류체계로 변화해 왔음을 알 수 있다.

우선 1980년도 세계보건기구의 국제장애분류(International Classification of Impairments, Disabilities and Handicaps: ICIDH)에서는 장애를 손상(impairment), 기능장애(disability), 사회적 불리(handicap)로 구분하였다(WHO, 1980). 즉, 개인이 접하는 장애를 세 가지 측면으로 설명하고 있다([그림 1-1] 참조).

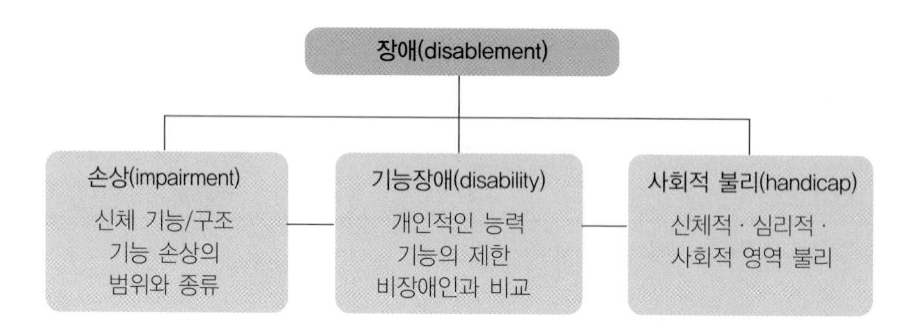

[그림 1-1] **장애 개념의 세 가지 측면(ICIDH)**

출처: WHO (1980).

먼저 손상(impairment)이란 장애를 이해하는 가장 기본적인 접근으로 신체적 · 해부학적 측면에서 생각할 수 있는데, 사지 중의 하나를 절단, 상실하거나 또는 기형인 상태를 말한다. 일반적으로 기능 상실을 의미한다. 즉, 심리적 · 신체적 · 해부학적 구조나 기능의 손실을 가져다준 영구적 또는 일시적인 병리적 상태를 의미한다.

기능장애(disability)란 생산적인 일상생활을 하기 위한 기능적 능력의 감소를 말하는 것으로서, 이는 정신적 · 신체적 손상의 결과일 뿐만 아니라 그 상태에 대한 개인의 적응의 결과이기도 하다. 대체로 기능의 장애는 각종 기능 상실로 인해서 일상생활이나 취업 행위를 해 나가는 데 받는 제한성 내지는 장애를 의미한다. 그러나 기능 상실이 반드시 기능장애를 수반하지 않는다는 사실과, 기능 상실이 일반적으로 영구적인 성질을 가지고 있는 데 비해 기능의 장애는 적절한 치유에 의해 제거 또는 완화될 수 있다는 점이 차이가 있다.

사회적 불리(handicap)란 선천적 또는 노령, 질병, 사고 등으로 인하여 신체적 · 정신적 상태가 일시적 또는 영구적으로 손상되고, 그 결과 독립성, 교육, 취직 등이 저해되는 것을 의미한다. 또한 사회적 장애로 인해 야기되는 사회적 결과를 총칭하며, 기능 상실과 사회적 장애는 상대적인 의미를 가지고 있어서 한 개인의 사회경제적 · 교육적 배경 내지는 성격 구조에 따라서 사회생활을 영위해 나가는 데 제한 요소가 될 수도 있다. 즉, 장애로 인한 신체 손상이 기능장애로 이어져 일반 사회생활에 제약 내지 방해받는 것으로 개인적인 불이익을 포함하고 있다.

그러나 1997년 세계보건기구는 ICIDH-2(International Classification of Impairments, Disabilities and Handicaps-2)를 통해서 장애의 개념과 범주를 새로운 관점에서 바라보기 시작하였다.

즉, ICIDH-2에서는 기본적으로 환경과 개인이라는 상황적 요인을 포함한 장애 개념을 채택하고 있으며, 손상(impairment), 활동(activity), 참여(participation)라는 세 가지 분류를 가지고 장애를 설명한 것이다([그림 1-2] 참조).

그에 따르면 손상(impairment)이란 신체 구조나 물리적 · 심리적 기능상의 상실이나 비정상성을 의미한다. 활동(activity) 또는 활동 제한은 개인적 수준에서 기능의 범위와 본질, 일상생활과 관련된 개인의 활동을 의미한다. 참여(participation)는 손상, 활동, 건강 조건, 생활 요인과 관련한 일상생활에서 개인의 연관성 정도와 본질로 그 의미를 정의하고 있다.

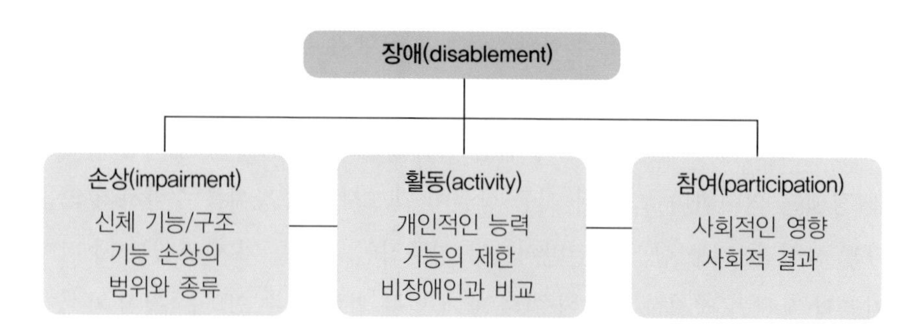

[그림 1-2] **장애 개념의 세 가지 측면(ICIDH-2)**

출처: WHO (1997).

결과적으로, 손상은 신체 구조나 물리적 · 심리적 기능 상실이나 비정상성을 의미하고, 활동 및 활동 제약은 일상생활에서 행해지는 개인의 통합된 활동으로서 기본적인 일상 활동부터 쇼핑, 여가, 직업 활동 등의 복합적 활동을 포함한다. 또한 사회참여는 손상, 활동, 건강 조건, 생활 요인과 관련하여 개인의 연관성 정도를 의미하는 참여 제한으로 수정 · 보완되었다(WHO, 1997).

〈표 1-2〉 **장애 개념의 세 가지 차원**

구분	신체의 기능과 구조	활동	참여	맥락 요인
기능성의 수준	신체	개인	사회생활	환경 요인과 개인 요인
특징	신체의 기능과 구조	개인 활동의 수행	일상생활에 대한 개입	신체적 · 사회적 · 태도적 측면과 개인의 속성
긍정적 측면	기능적 · 구조적 완전성	활동	참여	촉진 인자
부정적 측면	손상	활동 제약	참여 규제	장벽 및 장애

출처: WHO (1997). ICIDH-2; 김동국(2013).

이후 장애 개념은 기본적으로 ICIDH-2(1997)와 큰 맥락은 동일하면서 장애에 대한 개인적인 특성과 사회환경적인 특성을 통합한 국제기능장애건강분류(International Classification of Functioning, Disability and Health: ICF)의 장애 개념(WHO, 2001)으로 변화되었다. ICF에 의한 분류는 개인적인 장애 및 질병과 상황적 맥락과의 상호작용에 근거하여 장애를 설명한다. 즉, 특정 영역에서의 개인의 기능 수준을 건강 상태와 환경적 요소 및 개별적 요소의 상호작용의 결과로 설명한 것이다([그림 1-3] 참조). 여기에서 1980년도 ICIDH 모델과 가장 최근의 2001년도 ICF 모델과의 근본적인 차이점은 전자가 손상-기능장애·사회적 불리의 일방향성만을 전제하고 장애 수준을 파악하였다면, ICF 모델은 [그림 1-3]과 같이 양방향성과 복합성에 의해 장애 수준을 파악하고 있다는 것이다.

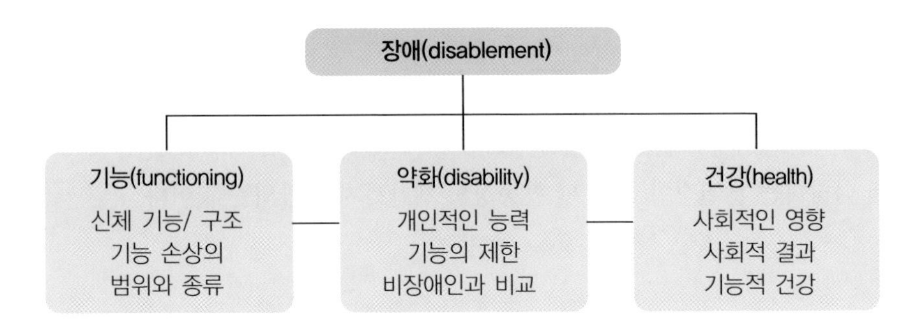

[그림 1-3] **장애 개념의 세 가지 측면(ICF)**

출처: WHO (2001).

다시 말해, ICF 모델에 의하면 개인의 기능은 신체의 기능과 구조, 활동, 참여 등으로 표현되는데, 이러한 세 가지 차원의 기능은 건강 조건과 상황적 맥락에 속하는 환경 요인(사회의 인식이나 건축물의 장애 요소 정도 등)과 개인 요인(성, 연령, 인종, 습관 등)의 양 측면에서 영향을 받는다. 따라서 한 개인의 기능과 장애는 질병과 같은 건강 요인과 환경 요인 간의 복합적인 상호관계로 인식된다([그림 1-4] 참조).

	영역 1: 생활 기능과 장애		영역 2: 배경 요인	
구성요소	신체 기능/구조	활동과 참여	환경 요인	개인 요인
영역	신체 기능 신체 구조	생활 영역 (과업, 행동 등)	기능과 장애에 영향을 미치는 외적 요인	생활 기능과 장애에 영향을 미치는 내적 요인
구성개념	신체 기능상 변화 (생리학적) 신체 구조의 변화 (해부학적)	표준 환경에서의 과제수행 능력 현재 환경에서의 과제수행 정도	물리적 · 사회적 · 인식적 측면에서 촉진 또는 방해하는 요인	개별 특성에 의한 영향

[그림 1-4] **ICF 모델의 이해**

출처: WHO (2001).

결과적으로 장애 개념은 개인적인 손상이나 기능상의 제한만을 의미하는 것이 아니라, 개인의 장애와 사회환경 사이의 부적절한 상호작용의 결과로서 나타나는 본질적인 기능 및 활동상의 제한까지 포함되는 것이다.

3. 장애의 인식과 적응

'장애인'은 영어권에서는 보통 'the disabled' 'people with disability' 'differently abled people' 등으로 표현하고 있는데, 그중에서도 'the disabled'를 주로 사용하였으나 학술적으로 중립적인 표현을 할 경우에는 'people with disability'를 사용하고 있다. 그런가 하면, 장애인 인권을 강조하는 인권운동 분야에서는 사회적 책임을 강조하는 측면에서 'the disabled'를 사용하는 경향이 있다(한국장애인개발원, 2009). 유럽의 독일어권 국가들에서도 'Menschen mit Behinderung'을 일반적으로 사용하고 있는데, 이를 번역하면 '장애를 가진 사람'이라는 뜻으로 특정 장애보다는 사람을 앞서 표현하고 있다.

그러나 무엇보다도 우리 사회가 장애인을 명명할 때 장애 현상 자체를 가시화하는 표현보다는 인간 본연에 부합하는 인간 본성을 우선적으로 인식하고 그러한 관점에서 사고해야 할 필요가 있다. 그렇지 않다면, 우리는 '그들도 사람'이라는 자명한 인식을 전혀 깨우치지 못할 수도 있기 때문이다. 그리고 '사람이 먼저이다.'라는 관점에서 장애에 대한 인식을 반드시 제고할 필요가 있다. 즉, 'People First'[1)]와 같이 사람을 우선시해야 함을 강조하는 것이다.

하지만 우리나라에서는 시각장애인, 청각장애인, 지체장애인, 지적장애인, 정신장애인 등과 같이 장애 유형이나 그러한 이미지가 먼저 각인될 수 있는 표현으로 인해 '자연스럽게' 장애에 대한 부정적 메시지의 여파를 받을 수도 있다고 본다. 물론 사용하는 데 어법상으로는 문제가 없다 하더라도, 그 표현이 그대로 우리의 인식에 각인되어 부정적으로 작용하는 것에 대해서는 나름의 우려가 있다는 것이다. 따라서 지식, 체험 등을 통한 의식적 · 능동적 사고의 과정을 통해 장애에 대한 올바른 이해와 접근 노력이 필요하다.

서구 유럽 사회는 물론 많은 선진국에서는 장애인에 대한 인식을 삼무(三無)로 표현하기도 한다. 그 내용인즉, 첫 번째는 무지(無知)이다. 이는 장애에 대해 아는 바가 거의 없음을 의미한다. 실례로 정신장애와 지적장애, 그

---

1) 피플퍼스트는 1960년대 초 스웨덴에서 정신지체인 클럽을 중심으로 자기옹호운동이 시작된 이후 부모 단체가 1968년 제1회 자기권리 주장대회를 개최하면서 영국, 캐나다, 미국 등으로 확산되었다. 1991년에는 자기권리를 주장하는 발달장애인 자조그룹이 자기옹호자동맹(SABE: Self Advocate Becoming Empowered)을 조직했고, 800여 개의 자조그룹이 이 동맹에 가입해 활동하고 있다. 자기옹호자동맹은 4년에 한 번씩 전국대회를 개최하고 있다. "우리는 장애인이기 이전에 인간입니다!"는 발달장애인 당사자 중심의 운동 피플퍼스트(People first)가 오랫동안 외친 구호로 알려져 있다. 현재 미국, 일본, 독일 등에서는 피플퍼스트(People First)가 결성되어 장애인의 권리옹호를 위해 많은 활동을 전개하고 있다. 우리나라는 2015년 전국의 발달장애인 당사자가 모여 한국에서도 피플퍼스트를 만들기로 결정하였다.

리고 자폐성장애가 무엇을 의미하고, 또 서로 어떻게 다른지 잘 모른다는 말이다. 이렇듯 장애에 대한 무지에서 발생되는 현상은 편견과 선입견을 야기하게 된다. 두 번째는 무관심(無關心)이다. 이는 장애인에 대해 관심이나 흥미가 없다는 뜻이다. 국어사전에서 무관심의 관용적 표현을 찾아보면, 관조자(觀照者)라는 표현이 있는데, "행동력이 없이 무관심하게 보거나 수수방관하는 사람"(표준국어대사전, 1999)을 의미한다. 하지만 본래 관조라는 의미는 고요한 마음으로 사물이나 현상을 관찰하거나 비추어 보는 것을 뜻한다. 즉, 한 국가나 사회가 장애인에 대해 진정한 마음으로 관심이 있는가를 되물어 보는 것이다. 세 번째는 무관용(無寬容)이다. 관용이란 "남의 잘못을 너그럽게 받아들이거나 용서함"(표준국어대사전, 1999)을 뜻한다. 하지만 무관용은 이런 것이 없다는 것이다. 즉, 아량이나 포용이 없다는 것이다. 최근 발생되는 사회 현상 속에서 과연 관용이란 단어가 우리에게 주는 의미는 무엇일까?

2017년 서울의 ○○구에서 특수학교 설립과 관련하여 지역주민과 장애학생 학부모 간의 공청회과정이 언론에 보도된 적이 있다. 당사자인 장애학생 부모들이 자녀교육을 위해 무릎을 꿇으며 특수학교 설립을 반대하는 지역주민들에게 애원하던 장면이 사회적인 파장을 일으켰다. 이러한 사례들이 바로 우리 사회의 장애 인식에 대한 삼무의 의미를 되새기게 만들었다. 그만큼 우리 사회는 장애에 대한 뿌리 깊은 무지와 무관용을 그대로 방치하고 주류사회의 논리로 합리화하기에 급급했던 것이다. 따라서 이러한 경험적 사례를 통해 우리 사회가 먼저 장애에 대해 정확히 알고, 장애학생과 학부모의 열악한 생활환경에 관심을 가지게 된다면, 조금이라도 더 포용적인 접근을 할 수 있지 않을까? 장애 인식은 바로 이러한 의식적이고 능동적인 자기인식과 변화에서부터 시작하는 것이다.

그런가 하면, 사람들에게 일반적으로 장애가 발생하면 자신이 처한 환경에서 자신의 신체적 · 정신적 능력이 붕괴되고 예상치 못한 갈등관계와 좌절을 경험하게 된다. 사람들은 보통 삶의 위기 상황에 처하게 되면 여러 가지 어려움과 극복 단계를 거쳐 현실에 적응해 나간다. 즉, 처음에는 위험한 사건을 부정하다가 시간이 지나면 차츰 분노하게 되고, 현실을 인정하고 받아들이면서 현실에 적응하는 과정에 들어선다. 물론 이 과정은 쉽지 않으며, 때때로 우울감을 경험하거나 극단적인 선택을 하는 경우도 발생한다.

그러나 이러한 장애에 대한 적응은 모든 사람에게 동일하게 나타나지는 않는다. 개인의 삶과 자라 온 환경 및 개성에 따라 적응과정과 단계, 그 내용적 측면은 다를 수 있다. 그럼에도 불구하고 크레이트(Crate, 1965)는 장애의 적응단계를 다음과 같이 여섯 가지로 일반화하여 설명한 바 있다.

- 부정(denial) 단계: 신체질환이나 외상에 대한 최초의 심리반응이다. 자신의 과도한 스트레스에 대해서 자기보호 본능을 발휘하는 단계이다.
- 퇴행(regression) 단계: 자신의 장애에 대해서 감정을 조절하는 능력이 약화되거나 행동이 불안정하게 되는 단계이다.
- 분노(anger) 단계: 장애에 대해 왜 하필이면 자신이 이런 상황에 처해 있는지 분노하게 되는 단계이다.
- 불안(anxiety) 단계: 자신의 장애에 대한, 특히 신체 손상으로 인해 다른 사람으로부터 인정받지 못할 것에 대한 불안함을 갖게 된다.
- 우울(depression) 단계: 장애라는 예기치 못한 자극에 대한 반응으로서 우울증과 같은 정서적 경험을 하게 된다.
- 수용(acceptance) 단계: 자신의 환경을 있는 그대로 받아들이는 심리 상태로, 향후 자신이 해야 할 일과 재활에 점차적으로 접근하게 된다.

과거 우리나라의 장애에 대한 인식은 그렇게 긍정적이지 못하였다. 우리 사회에서 장애인식개선 교육의 필요성은 최근 들어 끊임없이 논의되었다. 비장애인을 포함한 장애인식개선 교육은 아무리 강조해도 지나치지 않다. 왜냐하면 한 시민으로서 장애인 당사자의 권리는 사회통합과 사회정의 차원에서도 실현되고 옹호되어야 하기 때문이다. 이에 보건복지부는 2016년 「장애인복지법 시행령」 제16조를 통해 장애인식개선 교육을 국가 및 지방자치단체, 그리고 어린이집, 유치원, 초 · 중 · 고등학교, 대학교 등 교육기관 전체와 모든 형태의 공공기관으로 교육 범위를 확장하여 의무적으로 장애인식개선 교육을 실시토록 하고 있다. 이러한 장애인식개선 교육은 2017년부터 의무적으로 실시되면서 장애인에 대한 올바른 이해와 인식 향상을 도모하여 부정적인 시각에서 긍정적인 시각으로 변화할 수 있도록 하는 데 중점을 두고 있다. 장애인식개선 교육은 장애인에 대한 사회적 인식을 개선하여 장애인을 향한 차별 해소 및 장애인의 사회참여 활성화를 도모하기 위한 것으로 주로 장애의 정의, 장애인권에 대한 관련법과 제도, 장애인의 특성과 이해 등을 기본 내용으로 담고 있다.

요약

1. 장애인이란 누구일까?

우리나라의 「장애인복지법」에서 "장애인이란 신체적 · 정신적 장애로 오랫동안 일상생활 또는 사회생활에서 상당한 제약을 받는 자"라고 정의하고 있다.

2. ICF에 따른 장애 개념

최근 ICF의 설명에 의하면, 개인의 기능은 신체의 기능과 구조, 활동, 참여 등으로 표현된다. 즉, 이러한 기능들은 건강 조건과 상황적 맥락에 속하는 환경 요소(사회의 인식이나 건축물의 장애 요소 정도 등)와 개인적 요소(성, 연령, 인종, 습관 등)의 양 측면에서 영향을 받는다. 따라서 한 개인의 기능과 장애는 질병과 같은 건강 요인과 환경 요인 간의 복합적인 상호관계로 인식된다.

그러므로 장애 개념은 단지 개인적인 손상이나 기능상의 제한만을 의미하는 것이 아니라, 개인의 장애와 사회환경 사이의 부적절한 상호작용의 결과로서 나타나는 본질적인 기능 및 활동상의 제한까지 포함해서 이해해야 한다.

3. 장애에 대한 일반적 인식

일반적으로 장애인이란 우리 주위에서 만나게 되는 사람 중에서 걷거나 앉는

데 어려움을 겪는 사람, 듣기를 잘 못하거나 힘들어하는 사람, 말로 표현하는 데 어려움을 겪는 사람, 보는 데 불편함을 겪는 사람 등 가정이나 사회에서 살아가는 데 여러 가지 어려움을 겪는 사람들을 말한다.

결국 장애인은 '장애를 가진 사람'이라고 말할 수 있지만, 장애인에 대한 정확한 개념 규정은 법적인 근거와 정의처럼 쉬운 것은 아니다. 왜냐하면 장애의 원인이나 유형, 그리고 그 정도가 매우 다양할 뿐만 아니라, 어떤 측면에서 접근하느냐에 따라 개념이 조금씩 상이하게 차이 날 수 있기 때문이다. 또한 시대에 따라서 혹은 문화, 환경 및 사회적 관습에 따라서 장애에 대한 인식은 상당한 차이가 나타날 수 있다.

Issues & Discussion

1. 장애를 소재로 다룬 영화 한 편을 선택하여 감상하고, 영화 속에 비춰진 장애와 장애인 상에 대해서 느낀 점을 말하시오.

2. TV나 인터넷 등 매스컴에 등장하는 장애인의 이미지에 대해 설명하시오.

3. 장애인에 대한 우리 사회의 사회적 인식에 대해 논하시오.

02

장애 범주와 유형

이 장에서는 우리나라의 장애 범주와 장애인의 유형 및 기준, 그리고 외국의 장애 범주에 대해 살펴보고자 한다.

장애는 한 나라의 풍속과 문화에 따라서 그 관점을 달리할 수 있다. 우리나라의 경우, 주로 의료적인 측면에서 장애 범주와 등급을 판정하기 때문에 세계 여러 나라의 장애 범주와는 다소 차이가 있다. 현재 우리나라의 장애 범주는 신체적 장애와 정신적 장애로 대분류하여 총 열다섯 가지의 장애 범주를 가지고 있다. 그러나 현재의 장애 범주는 국제 기준과 장애인의 욕구 및 사회적 공감대를 통해 점차적으로 확대되어야 할 것이다.

최근 들어 우리나라에서도 장애에 대한 관점의 변화가 일어나고 있다. 기존의 의료적인 접근과 장애에 대한 개별적인 접근에서 벗어나 장애의 환경적인 요인에 대한 이해와 권리적인 접근이 요구된다. 무엇보다도 장애에 대한 정부와 우리 사회의 사회적 인식의 변화가 요구되며, 이를 바탕으로 장애에 대한 사회적 편견과 차별을 점차적으로 개선해 나가야 할 것이다.

학습목표

1. 우리나라의 장애 범주와 외국의 장애 범주에 대해서 알 수 있다.
2. 우리나라 장애인의 유형과 기준에 대해 설명할 수 있다.
3. 장애인에 대한 사회적 인식과 편견에 대해 논의할 수 있다.

키워드

장애 범주 / 장애인의 유형과 기준

1. 우리나라의 장애 범주

우리나라의 장애 범주는 현행 「장애인복지법」에 근거하고 있으며, 법적인 근거라 함은 곧 장애인복지 서비스의 대상이 될 수 있음을 말한다. 현재 우리나라는 총 열다섯 가지의 장애 범주를 채택하고 있는데, 그 범주를 최초로 정한 법률은 현행 법률의 전신으로 1981년에 제정되었던 「심신장애자복지법」이다. 이 법은 당시에 장애인복지에 대한 국민의 관심을 촉구하고 장애인에 대한 올바른 이해와 장애인의 재활의지 고취를 목적으로 제정되었다. 그에 따른 장애인복지의 기본이념과 정책의 기본 방향 및 장애인에 대한 종합적인 지원방안을 시작하였다는 데에서 그 의의를 찾을 수 있다.

하지만 장애인을 신체적 · 정신적 결함으로 인해 장기간 일상생활 및 사회생활에 제약을 받는 사람으로 정의하고, 장애의 범주도 지체장애, 시각장애, 청각장애, 언어장애, 정신지체 등 다섯 가지로만 분류하는 데 머물렀다.

그러다가 1989년에 「심신장애자복지법」이 오늘날의 명칭인 「장애인복지법」으로 개정되었고, 2000년에 재개정을 거치면서 기존의 장애 범주에 신장장애, 심장장애, 발달장애, 뇌병변장애, 정신장애 등을 추가하였다. 그리고 2003년 개정을 통해서 호흡기장애, 간장애, 안면장애, 요루 · 장루장애, 간질장애 등 다섯 가지 유형을 추가하여 법정장애 범주는 오늘날의 열다섯 가지로 늘어나게 되었다.

이후 2007년에 법을 개정하면서 정신지체와 발달장애에 대한 사회적 오해와 편견을 없애기 위해 정신지체는 지적장애로, 발달장애는 자폐성장애로 용어를 변경하였다. 2014년에는 간질장애를 뇌전증장애로 용어를 변경함으로써 장애의 명칭에 대한 이해와 의미를 더욱 긍정적으로 접근하고자 노력하였다.

이처럼 법률로 정하는 장애 범주는 복지서비스의 수급자격을 의미하며, 전체 장애인구의 규모와 서비스의 종류, 복지정책 및 재정 등과 밀접한 관련이 있기 때문에 장애인복지에서 매우 중요한 사항이다.

그러나 우리나라의 경우 복지선진국들에 비해서 장애 범주가 협소하다는 비판이 계속 제기되고 있으며, 근본적으로 세계보건기구(WHO)에서 제시한 장애 개념 중 의료적 측면인 손상장애의 개념을 주로 하여 장애 정도를 진단하고 등급을 판정하고 있기 때문에 장애 유형과 장애등급 간에 불합리한 부분들이 발생하고 있다는 지적도 있다(이채식, 이형열, 이은정, 김재익, 전영록, 2008).[1)]

우리나라의 현행 「장애인복지법」에 따른 장애분류와 범주를 살펴보면 〈표 2-1〉과 같다.

〈표 2-1〉 **우리나라의 장애 범주**

대분류	중분류	소분류	세분류
신체적 장애	외부 신체 기능 장애	지체장애	절단장애, 관절장애, 지체기능장애, 변형 등의 장애
		뇌병변장애	중추신경의 손상으로 인한 복합적인 장애
		시각장애	시력장애, 시야결손장애
		청각장애	청력장애, 평형기능장애
		언어장애	언어장애, 음성장애, 구어장애
		안면장애	안면부의 추상, 함몰, 비후 등 변형이나 기형으로 인한 장애
	내부 기관 장애	신장장애	(혈액, 복막) 투석 치료 중이거나 신장을 이식받은 경우
		심장장애	심장의 기능부전으로 인한 호흡곤란 등의 장애
		간장애	간의 만성적 기능부전과 그에 따른 합병증 등으로 인한 간기능장애
		호흡기 장애	폐나 기관지 등 호흡기관의 만성적 기능부전으로 인한 호흡기 장애
		장루·요루장애	배변 기능과 배뇨 기능의 장애로 인하여 장루 또는 요루를 시술한 경우

1) 물론 이와 관련하여 제5차 장애인정책종합계획(2018~2022)에서는 장애판정 진단체계의 개편과 함께 2019년도부터 장애등급제(1~6등급)를 단계적으로 폐지하고 있다.

	뇌전증장애	뇌전증에 의한 뇌신경세포의 장애로 인하여 일상생활이나 사회생활에 상당한 제약을 받아 다른 사람의 도움이 필요한 장애
정신적 장애	지적장애	정신 발육이 항구적으로 지체되어 지적 능력의 발달이 불충분하거나 불완전하고, 자신의 일을 처리하는 것과 사회생활에 적응하는 것이 상당히 곤란한 장애
	자폐성장애	소아기 자폐증, 비전형 자폐증에 따른 언어 · 신체적 표현, 자기조절 · 사회적응 기능 및 능력의 장애
	정신장애	조현병, 조현정동장애, 양극성 정동장애 및 재발성 우울장애에 따른 감정 조절 · 행동사고 기능 및 능력의 장애

출처: 보건복지부(2017).

이와 같이 우리나라는 현재 15개의 장애 범주를 가지고 있지만, 여전히 장애 범주의 범위는 폭넓게 인정되고 있지 못하고 있는 실정이다. 이러한 근거는 우리나라의 장애출현율이 세계보건기구(WHO)에서 제시하는 각국의 장애출현율 평균 10%보다 절반 정도 낮은 수치를 나타내는 것을 통해 살펴볼 수 있다(〈표 2-2〉 참조). 상기한 바와 같이 우리나라의 경우 주로 의료적인 측면에서 장애 범주와 등급을 판정하다 보니 서구 선진국의 장애 범주와는 다소 차이가 난다고 해석할 수 있다. 실제로 복지 선진국들에서는 AIDS, 알코올중독, 의사소통의 어려움을 가진 외국 이민자, 학습장애, 치매 및 사회적 장애 등에 이르기까지 다양한 장애 영역을 포괄하고 있음을 볼 때, 우리의 장애 범주도 지금까지의 개인적 · 의료적 관점에서 벗어나 다양한 사회환경적 요인들에 대한 인정을 통해 장애 범주를 확대할 필요가 있다.

더욱이 우리나라는 2003년을 마지막으로 장애 범주 추가 확대가 더 이상 이루어지지 않고 있다. 즉, 당시 확대 예상 분야에는 신체적 측면에서는 소화기장애, 만성통증 및 기타 암 등이, 정신적 측면에서는 만성알코올 및 약물중독, 기질성뇌증후군, 치매 등이 포함되어 있었으나, 오랫동안 기존의 열다섯 개의 범주로 굳어져 왔던 것이다. 따라서 장애 범주 확대는 단순히 장애인의 양적 증가와 복지수혜 증대라는 측면보다는 특정한 개인사회적 장애

현상들로 인해 더욱 제한적인 삶을 살 수밖에 없는 소수 대상자들에게 합리적인 사회적 배려와 연대를 보여 주고, 동등한 시민으로서의 권리를 부여하는 인권적 차원의 의미가 있음을 인식해야 할 것이다.

〈표 2-2〉 **장애인구 비율과 범주의 국제 비교** (단위: %)

국가	장애인구 비율	장애 범주
한국	5.4	• 지체장애, 시각장애, 청각장애, 언어장애, 뇌병변장애, 안면장애 • 신장장애, 심장장애, 호흡기장애, 간장애, 장루·요루장애, 뇌전증장애 • 지적장애, 정신장애, 자폐성장애
일본	7.6	• 지체장애, 시각장애, 청각장애, 언어장애 • 지적장애, 정신장애 • 내부장애: 심장, 호흡기, 신장, 방광 및 직장, 소장의 기능장애
미국	12.8	• 신체장애: 지체, 시각, 청각, 언어, 외형적 추형, 신경계, 근골격계, 감각기관 장애 • 정신질환, 발달장애, 정서장애, 학습장애, 알코올장애 • 내부장애: 생식기, 소화, 비뇨기, 피부, 혈액, 내분비계, 암, AIDS
독일	14.9	• 신체장애: 지체, 시각, 청각, 언어, 안면장애 • 정신장애: 지적장애, 정신질환, 정서장애 • 내부장애: 호흡기, 심장, 소화기, 비뇨기, 신장, 생식기, 혈관, 피부, 순환기, 신진대사 등
호주	17.7	• 신체장애: 지체, 시각, 청각, 언어, 안면기형 • 지적장애, 정신장애, 정서장애, 알코올장애, 약물중독 • 내부장애: 심장, 신장, 호흡기, 당뇨, 암, AIDS 등
스웨덴	16.1	• 신체장애: 지체, 시각, 청각, 언어장애 • 지적장애, 학습장애, 정신장애, 정서장애, 약물·알코올중독 • 내부장애: 폐질환, 심장질환, 알레르기, 당뇨 • 사회적 장애: 의사소통이 어려운 외국 이민자, 타인 의존자 등

출처: 보건복지부(2019b).

2. 장애 유형과 기준

구체적인 장애의 유형과 기준을 알아보기에 앞서 우리나라의 등록장애인 현황과 추이(〈표 2-3〉 참조)를 먼저 살펴볼 필요가 있다. 2018년 말 기준 등록장애인은 2,585,876명으로 우리나라 전체 인구 대비 5.0%를 나타내고 있다. 장애인구수는 범주별로 지체, 청각/언어, 시각, 뇌병변, 지적장애 순임을 확인할 수 있다.

〈표 2-3〉 **우리나라의 등록장애인 현황과 추이** (단위: 명, %)

구분		2012년	2013년	2014년	2015년	2016년	2017년	2018년
인구	장애인구	2,511,159	2,501,112	2,494,460	2,490,406	2,511,051	2,545,637	2,585,876
	전체 인구	50,948,272	51,141,463	51,327,916	51,529,338	51,696,216	51,778,279	51,826,000
	장애인구 비중	4.9	4.9	4.9	4.8	4.9	4.9	5.0
증가율	장애인구	−0.3	−0.4	−0.3	−0.2	−0.8	0.98	1.0
	전체 인구	0.4	0.4	0.4	0.4	0.3	1.0	1.0
장애 유형 비중	지체	52.7	52.3	51.9	51.5	50.5	48.1	47.9
	시각	10.1	10.1	10.1	10.2	10.1	10.0	9.8
	청각/언어	11.0	10.9	10.9	10.8	11.6	13.8	14.0
	지적	6.9	7.2	7.4	7.6	7.8	7.9	8.0
	뇌병변	10.3	10.1	10.1	10.1	10.0	10.0	9.8
	자폐성	0.7	0.7	0.8	0.8	0.9	1.0	1.0
	정신	3.8	3.8	3.9	4.0	4.0	4.0	3.9
	신장	2.5	2.7	2.8	3.0	3.1	3.3	3.4
	심장	0.3	0.3	0.3	0.2	0.2	0.2	0.2
	호흡기	0.6	0.5	0.5	0.5	0.5	0.5	0.5
	간	0.3	0.4	0.4	0.4	0.4	0.4	0.5
	안면	0.1	0.1	0.1	0.1	0.1	0.1	0.1
	장루·요루	0.5	0.5	0.6	0.6	0.6	0.6	0.6
	뇌전증	0.3	0.3	0.3	0.3	0.3	0.3	0.3

출처: 한국장애인고용공단 고용개발원(2019).

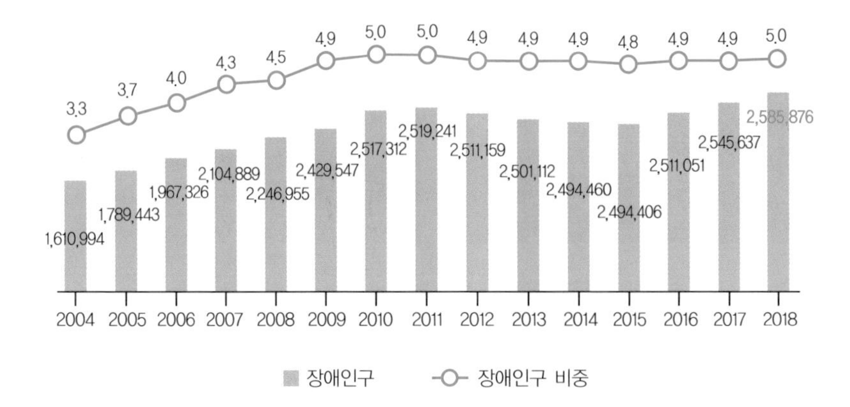

[그림 2-1] **우리나라의 등록장애인 현황과 추이**

출처: 한국장애인고용공단 고용개발원(2019).

현재「장애인복지법 시행령」이 정하고 있는 장애 범주 내의 장애 유형과 기준들을 살펴보면 다음과 같다.

1) 지체장애

'지체장애'라 하면 우선 손이나 팔, 다리가 불편한 사람을 떠올리게 된다. 그러나 지체장애의 범위는 매우 다양하다. 일반적으로 사람의 몸통, 상지 및 하지에 장애가 있는 상태를 의미하며, 절단장애, 관절장애, 지체기능장애, 변형 등의 장애를 포함하고 있다. 즉, 신체 기능에 장애가 있는 사람, 신체 일부를 잃은 사람, 관절장애가 있는 사람, 신체에 변형이 있는 사람 등을 말한다. 이러한 지체장애를 유발하는 요인으로는 소아마비, 절단, 근육질환, 척수손상, 관절염, 신경근골격계 손상 등이 있다.

우리나라의 장애 개념과 종류를 공식적으로 정하고 있는「장애인복지법 시행령」제2조의 장애의 종류 및 기준에서는 지체장애인을 다음과 같이 규정하고 있다.

독일의 지체장애인 및 교통약자를 위한 대중교통시설

가. 한 팔, 한 다리 또는 몸통의 기능에 영속적인 장애가 있는 사람
나. 한 손의 엄지손가락을 지골(指骨: 손가락 뼈) 관절 이상의 부위에서 잃은 사람 또는 한 손의 둘째 손가락을 포함한 2개 이상의 손가락을 모두 제1지골 관절 이상의 부위에서 잃은 사람
다. 한 다리를 리스프랑(Lisfranc: 발등뼈와 발목을 이어 주는) 관절 이상의 부위에서 잃은 사람
라. 두 발의 발가락을 모두 잃은 사람
마. 한 손의 엄지손가락 기능을 잃은 사람 또는 한 손의 둘째 손가락을 포함한 손가락 2개 이상의 기능을 잃은 사람
바. 왜소증으로 키가 심하게 작거나 척추에 현저한 변형 또는 기형이 있는 사람
사. 지체(肢體)에 위 각 목의 어느 하나에 해당하는 장애 정도 이상의 장애가 있다고 인정되는 사람

우리나라 등록장애인 약 250만 명 중에 50% 이상이 지체장애를 가지고 있다. 따라서 대중교통이나 병원 및 공공시설을 이용하는 지체장애인들이 많을 것으로 추정된다. 즉, 휠체어나 전동휠체어를 이용하여 자유롭게 이동할 수 있는 접근성과 경사로 및 엘리베이터 등에 손쉽게 물리적 접근이 가능하도록 관련 인프라 구축이 요구된다. 그러나 장애인이 주로 이용하기 쉬운 집 근처의 의원이나 대중교통에 대한 편의시설 설치 통계는 구축되지 않은 상황이며, 이에 대한 편의시설의 설치율이 실제로 매우 낮은 수준이어서 이용에 어려움을 겪고 있다.

2) 뇌병변장애

「장애인복지법 시행령」 제2조의 장애의 종류 및 기준에서는 뇌병변장애인을 다음과 같이 규정하고 있다. 뇌병변장애인은 "뇌성마비, 외상성 뇌손상, 뇌졸중(腦卒中) 등 뇌의 기질적 병변으로 인하여 발생한 신체적 장애로 보행이나 일상생활의 동작 등에 상당한 제약을 받는 사람"을 뜻한다.

이러한 '뇌병변장애'는 크게 뇌성마비와 뇌졸중으로 구분할 수 있다. 뇌성마비는 뇌신경계의 손상으로 운동장애가 주로 나타나는 증상이며, 근육조절 기능에 장애가 나타나는 감각 기능, 지증, 언어 기능이 장애로 동반하여 나타날 수도 있다. 주로 뇌손상, 뇌성마비, 외상성 뇌손상, 뇌졸중 등 뇌의 기질적 병변에 기인한 신체적 장애로 보행 또는 일상생활의 동작 등에 제한을 받는 증상 등이 포함된다. 뇌병변장애의 주된 증상인 마비의 정도 및 범위, 불수의운동의 유무 등에 따른 팔, 다리의 기능 저하로 앉기, 서기, 걷기 등의 이동 능력과 일상생활의 수행 능력을 기초로 전체의 기능장애 정도를 판정한다.

한편, 뇌성마비는 유전적 요인과는 거의 무관하며, 유아기의 뇌손상, 미성숙, 난산, 산소 부족, 뇌막염 등으로 인해 신경 손상을 입은 결과라고 볼 수 있다(최윤영, 이경준, 2010).

3) 시각장애

일반적으로 시각장애인은 빛도, 색도 전혀 인식하지 못하는 상태라고 알고 있는 사람이 많다. 그러나 실제로 시각장애인들 중에는 어느 정도의 시력을 갖고 있는 사람도 있다.

보통 시각장애는 시력의 정도에 따라 맹(盲)과 약시(弱視)로 구분된다. 이른바 맹(盲)으로 분류되는 경우는 시각적 정보를 전혀 얻을 수 없거나 거의 얻을 수 없는 사람을 뜻한다. 보통은 문자를 읽고 쓰는 데에는 점자를 사용하고, 단독으로 이동할 때에는 흰지팡이나 안내견을 사용한다. 또한 눈으로 보는 것 대신 손으로 만져 봄으로써 물건의 형태와 크기 등을 인식한다. 직접 만져 볼 수 없는 물건을 이해하기 위해서는 모형과 같은 대용품이 효과적이며, 색이나 경치와 같이 촉각적인 정보를 얻을 수 없는 경우에는 언어에 의한 설명이 중요한 정보의 역할을 한다.

한편, 저시력 또는 약시(弱視)로 분류되는 경우는 교정시력이 약 0.02 이상 0.3 미만의 사람들이 해당된다. 보통은 시력을 활용해서 일상생활을 하고, 일반 문자의 사용도 가능하다. 다만, 약시렌즈를 이용하거나 인쇄물의 문자를 확대하는 도구를 통해 시력을 보조하는 방법이 요구된다. 우리 사회의 일상생활에서 안내견이나 흰지팡이를 이용하여 이동하는 시각장애인을 흔히 볼 수 있다.

그런가 하면, 시각장애는 시력의 장애뿐 아니라 시야의 결손 정도에 따라서도 장애를 판정받을 수 있다. 시각장애인은 「장애인복지법 시행령」 제2조에서 다음과 같이 설명하고 있는데, 가/나의 경우는 시력장애를, 다/라의 경우는 시야결손장애를 의미한다.

가. 나쁜 눈의 시력(만국식시력표에 따라 측정된 교정시력을 말한다. 이하 같다.)이 0.02 이하인 사람
나. 좋은 눈의 시력이 0.2 이하인 사람
다. 두 눈의 시야가 각각 주시점에서 10도 이하로 남은 사람
라. 두 눈의 시야 1/2 이상을 잃은 사람

점자정보단말기

음성손목시계

시각장애인의 보행 및 안내 에티켓을 알아보면, 우선 주변 정황에 대한 세심한 설명이 필요하다. 특히 횡단보도를 건널 때나 의자에 앉을 때, 식사할 때 등의 경우에 나의 입장이 아닌 시각장애인의 편의를 고려하여 상황을 자세히 설명해야 한다. 또한 시각장애인 안내견에 대해서도 우리가 유의할 점들이 있다. 보통 시각장애인의 눈이 되어 주는 안내견은 유순하고 순종적인 성품의 리트리버 품종이 대부분이다. 안내견에게 친근감을 표시하는 것은 좋지만, 주인에게 양해를 구하지 않고 함부로 만지는 것은 좋은 태도가 아니다. 이러한 경우, 간혹 안내견의 반응이 달라져 돌발행동을 하거나 당시의 상황이나 영문을 모르는 주인이 당황할 수 있기 때문이다.

시각장애인의 상징 '흰지팡이'

흰지팡이는 시각장애인이 길을 찾고 활동하는 데 가장 적합한 도구로, 시각장애인의 자립과 성취를 나타내는 전 세계적으로 공인된 상징입니다. 흰지팡이는 장애물의 위치와 지형의 변화를 알려 주는 도구로, 어떠한 예상치 않은 상황에서도 시각장애인이 신속하게 적응할 수 있도록 정보를 제공해 주는 도구입니다.

누구든 흰지팡이를 동정을 불러일으키는 대상으로 잘못 이해해서는 안 될 것입니다.

흰지팡이를 사용하는 시각장애인을 만났을 때 운전자는 주의해야 하며, 보행자는 길을 비켜 주거나 도움을 청해 오면 친절하게 안내해 주어야 합니다. 그러므로 흰지팡이는 시각장애인이 마음 놓고 활동할 수 있는 권리를 보장해 주는 또 하나의 표시인 것입니다.

세계 모든 나라에서는 10월 15일을 흰지팡이 기념일로 제정하여 매년 시각장애인의 권익옹호와 복지증진의 올바른 지식을 전달할 수 있는 다채로운 행사를 개최해야 합니다. 특히 시각장애인 시설과 단체에서는 흰지팡이 날 즈음에 운전자와 보행자가 시각장애인을 보호할 수 있는 인식 계몽의 교육을 실시해야 합니다.

그리하여 모든 인류는 흰지팡이가 상징하는 의미를 정확히 인식해야 하며, 시각장애인의 신체를 보호하고 심리적 안정을 위하여 제반조치를 적극적으로 강구해야 하는 것입니다.

-1980. 10. 15. 세계맹인연합회-

출처: 충청남도시각장애인복지관 http://www.cncane.or.kr/blind

4) 청각장애

청각장애는 듣는 능력에 장애가 있는 상태를 말한다. 일반적으로는 외이에서 대뇌피질의 청각에 이르는 청각전달경로에 문제가 생겨 듣기 어렵게 되거나 들리지 않는 상태(청력 감도의 저하) 또는 들어서 분별하기 어려운 상태(청각적 변별력의 저하)를 말한다. 말하는 사람과 듣는 사람과의 거리가 1m일 때 평균 청력 레벨별로 청각장애인의 들리는 상태를 살펴보면 대체로 다음과 같다.

청력 레벨(dB)	들리는 상태(말하는 사람과 듣는 사람과의 거리가 1m일 때)
30~40	• 보통 크기의 말소리는 잘 들을 수 있다. • 속삭이는 듯한 작은 말소리는 알아듣지 못한다.
40~50	• 일대일의 대화 소리는 잘 들을 수 있다. • 말하는 사람의 얼굴이 보이지 않으면 잘 알아듣지 못한다. • 여러 사람이 참여하는 회의석상에서는 잘 알아듣지 못한다.
50~70	• 큰 목소리는 잘 들을 수 있다. • 여러 사람이 이야기하면 알아듣지 못한다.
70~80	• 큰 소리로 말해야 들을 수 있다.
80~90	• 귀에 대고 큰 소리로 말해야 겨우 듣는다.
90 이상	• 귀에 대고 큰 소리로 말해도 못 듣는다.

출처: 청음복지관 http://www.chungeum.or.kr

이러한 청각장애인은 「장애인복지법 시행령」 제2조에서 다음과 같이 규정하고 있다.

가. 두 귀의 청력 손실이 각각 60데시벨(dB) 이상인 사람
나. 한 귀의 청력 손실이 80데시벨 이상, 다른 귀의 청력 손실이 40데시벨 이상인 사람
다. 두 귀에 들리는 보통 말소리의 명료도가 50퍼센트 이하인 사람

라. 평형 기능에 상당한 장애가 있는 사람

이러한 청각장애의 원인은 청력 손실이며, 주로 유전성 난청이 절반 정도를 차지하고 비유전성 난청과 원인 불명이 각각 25% 정도를 차지한다. 기타 원인으로는 약물에 의한 난청, 음향에 의한 난청, 외상에 의한 난청, 그리고 질병 등에 의한 난청을 들 수 있다. 청각장애인의 경우, 소리를 들을 수 없게 되어 발음이 고르지 못한 경우도 있다. 그러나 이러한 의사소통의 어려움을 극복할 수 있는 적절한 도구를 사용하면 의사소통이 가능할 수 있다. 청각장애인을 위한 보장구는 보청기와 인공와우 이식 등이 있다.

5) 언어장애

언어장애인은 언어를 사용하는 의사소통에 있어서 여러 가지 측면에 장애가 있는 사람을 의미한다. 일반적으로 말이 불완전하거나, 쉽게 이해되지 않는 음성이나, 말의 리듬과 음조의 발성이 어렵거나, 말하는 사람의 연령과 신체적인 발달 정도가 일치하지 않는 특성을 보이는 경우를 뜻한다. 우리나라 「장애인복지법 시행령」에서 언어장애인은 "음성 기능이나 언어 기능에 영속적으로 상당한 장애가 있는 사람"을 뜻한다. 이러한 언어장애인의 경우 의사소통의 어려움을 겪게 되는데, 어려움은 주로 전달하고자 하는 내용을 언어부호로 변환해서 말하는 언어 또는 문자로 실현하는 과정과 말을 듣고 그 의미를 이해하는 과정에서 발생된다.

언어장애의 발생률은 전체 인구의 약 5%이며, 그 종류로는 언어발달지체, 실어증, 구음장애, 음성장애, 구개열에 따른 언어장애, 뇌성마비에 따른 언어장애, 청각장애, 흘음 등이 있다(이철수, 2013).

한편, 언어를 통한 의사소통의 불편함을 지원하기 위해 '보완대체의사소통기기(AAC)'를 활용할 수 있다. 보통 태블릿 PC와 같은 형태의 기기를 이용하며, 아이콘을 사용하여 원하는 의사를 전달할 수 있다.

[그림 2-2] **보완대체의사소통기기(AAC)의 예**

출처: 스마트 AAC https://web.projectaac.or.kr:8443

6) 안면장애

우리나라 「장애인복지법 시행령」에서 안면장애인은 "안면 부위의 변형이나 기형으로 사회생활에 상당한 제약을 받는 사람"을 뜻한다. 주로 선천성 기형, 후천적 사고 및 질환, 화상 등으로 인해 안면 부위의 색깔, 모양, 혹 등이 변형을 보여서 사회생활 활동에 상당한 지장이 있는 경우를 안면장애로 분류한다.

구체적으로는 안면에 큰 흉터가 있거나 모발 결손, 비후나 함몰, 결손 등이 안면의 60% 이상을 차지하는 경우를 안면장애라고 정의한다. 안면장애의 원인은 유전 등의 선천적 원인과 화상, 사고 등으로 인해 발생한 후천적 원인으로 분류할 수 있다. 이러한 안면장애는 외모의 변형으로 인해 대인관계와 사회생활의 어려움을 동반하여 개인이 심리적 및 사회적 차별 등의 곤란을 겪는 경우 등이 발생한다(유동철, 2017).

7) 신장장애

우리나라 「장애인복지법 시행령」에서 신장장애인은 “신장의 기능부전(機能不全)으로 인하여 혈액 투석이나 복막 투석을 지속적으로 받아야 하거나 신장 기능의 영속적인 장애로 인하여 일상생활에 상당한 제약을 받는 사람”으로 정의하고 있다. 특히 신장장애로 이식을 받지 않는 경우에는 평생 동안 투석요법을 이용해야 하므로 경제적 · 사회적 활동에 제약이 따르기도 한다.

8) 심장장애

심장은 우리 몸에서 제일 중요한 내부 기관으로 혈액 순환의 원동력이 된다. 심장의 좌우 면을 폐면이라고 하는데, 수축과 확장을 반복하여 혈액을 신체의 구석구석까지 보내는 펌프 역할을 한다(권선진, 2005).

우리나라 「장애인복지법 시행령」에서 심장장애인은 “심장의 기능부전으로 인한 호흡곤란 등의 장애로 일상생활에 상당한 제약을 받는 사람”으로 정의하고 있다. 일반적으로 심장기능장애는 심장수축력의 정도와 운동 능력의 정도에 따라 판정한다. 심장수축력은 심장초음파의 박출계수로 측정하며, 운동 능력은 활차를 이용하여 측정한다. 심장장애는 다른 장애 유형에 비해 비교적 중증인 경우에만 장애로 인정하고 있다.

9) 간장애

우리나라 「장애인복지법 시행령」에서 간장애인은 “간의 만성적 기능부전과 그에 따른 합병증 등으로 인한 간기능의 장애로 일상생활에 상당한 제약을 받는 사람”을 의미한다.

10) 호흡기장애

우리나라 「장애인복지법 시행령」에서 호흡기장애인은 "폐나 기관지 등 호흡기관의 만성적 기능부전으로 인한 호흡 기능의 장애로 일상생활에 상당한 제약을 받는 사람"을 말한다. 호흡기장애는 보통 충분한 치료에도 불구하고 호흡기장애가 지속적으로 유지되는 만성질환 장애이다. 이러한 호흡기장애는 만성질환에 의한 호흡 기능의 손실로 환기 기능에 이상이 발생하여 호흡 기능의 회복이나 호전이 불가능하므로 의료비 지원이 필수적인 장애 유형이다.

11) 장루 · 요루장애

장루 · 요루는 직장이나 대장, 소장 등의 질병으로 인해 대변이나 소변 배설에 어려움이 있을 때, 복벽을 통해 체외로 대변이나 소변을 배설시키기 위해 만든 구멍을 말한다(유동철, 2017). 우리나라 「장애인복지법 시행령」에서 장루 · 요루장애인은 "배변 기능이나 배뇨 기능의 장애로 인하여 장루(腸瘻) 또는 요루(尿瘻)를 시술하여 일상생활에 상당한 제약을 받는 사람"을 의미한다. 이러한 장루 · 요루장애는 신체에 보조 장치를 부착하게 되어 사회적 활동을 포함한 일상생활과 대인관계의 어려움을 호소하게 된다.

12) 뇌전증장애

뇌전증은 발작이 반복적으로 나타나는 증상이며, 다양한 원인을 가진 신경계의 만성질환들을 총칭하는 말이다. 이러한 뇌전증으로 인한 발작은 마비와 같은 음성증상보다는 경련, 비정상적인 행동 등과 같이 뇌신경이 흥분된 상태에서 보이는 양성증상이 주로 나타난다. 즉, 의식장애, 기억손실 등의 증상은 정보전달의 네트워크가 교란되면서 일시적으로 나타나며, 이런 증상은 발작적으로 갑자기 나타나는 것이 대부분이다(권선진, 2005). 우리나라 「장애인복지법 시행령」에서 뇌전증장애인은 "뇌전증에 의한 뇌신경세포의 장애로 인하여 일상생활이나 사회생활에 상당한 제약을 받아 다른 사람의 도움이 필요한 사람"으로 정의하고 있다. 보건복지부는 사회적 편견 등 부정적 이미지와 장애인 비하 법령 용어의 순화작업의 일환으로 2014년 7월 이전의 간질장애를 뇌전증장애로 명칭을 변경하였다. 그럼에도 불구하고, 아직까지도 사회의 부정적 인식과 이로 인한 사회생활의 어려움으로 인해 경제 활동에 장애를 받는 등 장애의 차별적인 요소가 남아 있다.

13) 지적장애

지적장애는 1950년대까지는 줄곧 정신박약(feeblemindedness)이나 저능의 표현으로 사용하였으나, 이후 「심신장애자복지법」(1981)에서 정신지체(mental retardation)로 명명하였다. 2007년에 「장애인복지법」이 개정되면서 장애로 인한 용어에서 파생되는 사회적 불이익이나 편견을 해소하기 위해 지금의 지적장애(2008. 2.)로 명칭을 변경하였다. 지적장애는 지능발달의 장애로 인하여 학습이 매우 어렵거나 제한을 받고, 적응 행동의 장애로 인해 일상생활의 학습에 장애가 있는 상태를 의미한다(최윤영, 이경준, 2013).

이러한 지적장애는 지적 기능(IQ)이 현저히 떨어져서 의사소통이나 자기관리 및 사회생활 등에 지장을 초래하는 장애이다. 지적장애의 발생 빈도는 우리나라 전체 인구의 약 0.2~0.3% 정도로 추산되며, 발생 요인으로는 염색체 이상, 약물 남용, 뇌손상, 납중독, 조산 등으로 알려져 있지만, 정확한 원인을 알 수 없는 경우도 상당 부분 있다.

우리나라 「장애인복지법 시행령」에서 지적장애인은 "정신 발육이 항구적으로 지체되어 지적 능력의 발달이 불충분하거나 불완전하고, 자신의 일을 처리하는 것과 사회생활에 적응하는 것이 상당히 곤란한 사람"을 의미한다.

우리나라에서 지적장애는 웩슬러 지능검사[2] 등의 개인용 지능검사를 실시하여 얻은 지능지수에 따라 판정하는데, 지능지수는 언어적 지능지수와 동작성 지능지수를 종합적으로 판단한다. 이전에는 지적장애의 등급에 있어서 1, 2, 3급으로 급수를 구분하였으나, 2019년 7월 1일부터는 장애등급제를 없애고, 등록 장애인을 장애의 정도에 따라서 "장애의 정도가 심한 장애(종전에 1~3급)"와 "장애의 정도가 심하지 아니한 장애(종전에 4~6급)"로 구분하고 있다. 이에 「장애인복지법 시행규칙」에서 제시하고 있는 지적장애의 장애정도 기준을 살펴보면 〈표 2-4〉와 같다.

〈표 2-4〉 **지적장애의 장애정도 기준**

장애등급	장애정도(기준)
장애의 정도가 심한 장애인	1. 지능지수가 35 미만인 사람으로 일상생활과 사회생활의 적응이 현저하게 곤란하여 일생 동안 타인의 보호가 필요한 사람 2. 지능지수가 35 이상 50 미만인 사람으로 일상생활의 단순한 행동을 훈련시킬 수 있고, 어느 정도의 감독과 도움을 받으면 복잡하지 아니하고 특수기술을 요하지 아니하는 직업을 가질 수 있는 사람 3. 지능지수가 50 이상 70 이하인 사람으로 교육을 통한 사회적·직업적 재활이 가능한 사람

출처: 국가법령정보센터(2020).

지적장애는 주의 집중과 기억력 등 일상생활과 밀접한 관련이 있는 지능과 관계가 있다. 하지만 장애 정도와 개인에 따라 다양하게 차이가 나며, 천편일률적으로 그 기능을 적용할 수는 없다. 대부분은 학령기부터 일상생활

2) 웩슬러 지능검사는 미국의 심리학자인 데이비드 웩슬러(David Wechsler)가 개발하여 전 세계적으로 널리 활용되고 있는 개인용 지능검사이다. 정신건강의학에 대한 전문지식과 임상경험이 있는 임상전문가의 지능검사 해석이 요구되며, 필요시 다른 추가 검사를 통해 최대한 정확한 분석이 요구된다. 웩슬러 지능검사를 만든 데이비드 웩슬러는 지능을 "개인이 자기 주변의 세계를 이해하고 적응할 수 있는 전반적인 능력"이라고 정의하고, 지능은 개별적인 것이 아니라 다차원적이고 총체적인 구성이라고 했다(신민섭, 2005).

훈련을 꾸준히 하면서 지역사회에 대한 적응력을 향상시키게 되면 직업과 사회적 생활이 가능한 경우들이 많다.

14) 자폐성장애

자폐는 캐너(Kanner, 1943)에 의해 사회적 상호작용과 의사소통에 있어서 비정상적인 발달을 보이면서 활동과 관심 영역이 제한된 특성을 보이는 장애로 처음 알려졌다. 자폐는 1990년에 미국 「장애인교육법(IDEA)」에 의해 독립된 범주로 분리되었고, 다른 유사한 장애들이 자폐범주성장애(Autism Spectrum Disorders: ASD)라는 광범위한 용어 안에 포함되었다. 자폐는 그 특성이 다양하지만 대체로 구어 및 비구어 의사소통과 사회적 상호작용에서 문제를 보이며, 제한적이고 반복적이며, 상동적인 관심 · 행동 · 활동으로 인해 환경이나 일과의 변화에 저항을 보이는 아동을 말한다. 이러한 세 영역에서의 행동들은 일반적으로 3세 이전에 발생하며, 이로 인해 학습 및 일상생활 적응에 어려움을 보인다(국립특수교육원, 2009).

우리나라에서는 자폐성장애의 분류체계로 국제질병분류 ICD-10(International Classification of Diseases, 10th Version)을 사용하고 있으며, 이러한 진단지침에 따라 진단명이 F84 전반성발달장애(자폐증)인 경우 자폐성장애로 판정한다.

우리나라 「장애인복지법 시행령」에서 자폐성장애인은 "소아기 자폐증, 비전형적 자폐증에 따른 언어 · 신체표현 · 자기조절 · 사회적응 기능 및 능력의 장애로 인하여 일상생활이나 사회생활에 상당한 제약을 받아 다른 사람의 도움이 필요한 사람"으로 규정하고 있다.

자폐를 진단하기 위해서 가장 많이 사용되고 있는 진단기준은 1994년에 미국 정신의학협회(APA)에서 출간한 진단자료에서 제시한 기준이다. 이 기준에 의하면, 자폐는 다음의 특성을 포함한다. ① 사회적 상호작용의 질적 결함, ② 의사소통의 질적 결함, ③ 제한적이고 반복적인 상동 행동적 특성을 보이는 행동 · 관심 · 활동, ④ 사회적 상호작용 · 사회적 의사소통을 위한 언어, 상징놀이나 상상놀이 중 한 가지 이상의 영역에서의 발달지체나 비정상적인 기능이 3세 이전에 나타난다.

2013년에 DSM-5를 개정하여 발행한 미국 정신의학협회(APA)의 자폐범주성장애(ASD)를 진단하기 위한 세 가지 규준은 〈표 2-5〉와 같다.

〈표 2-5〉 **자폐성장애의 DSM-5 준거**

미국 정신의학협회(APA)에서는 자폐범주성장애의 정의와 진단기준을 수정하여 2013년에 DSM-5를 개정 · 발행하였다. 미국 정신의학협회(APA)는 자폐범주성장애를 진단하기 위한 세 가지 규준을 명시하였다.

1. 사회적 의사소통과 상호작용에서 임상적으로 명확하고 지속적인 결함: 다음 세 가지 내용을 모두 포함한다.
   a. 사회적 상호작용을 위한 비언어적 · 언어적 의사소통의 뚜렷한 결함
   b. 주고받기(give-and-take)와 같은 사회적 상호성의 부족
   c. 발달 수준에 적합한 또래관계 형성과 유지의 실패

2. 행동과 흥미, 활동에서의 제한적이고 반복적인 형태: 다음 중 적어도 두 가지를 포함해야 한다.
   a. 틀에 박힌 신체 움직임이나 언어 행동 또는 독특한 감각 행동
   b. 규칙적인 일상에 대한 지나친 집착과 의례적인 행동 패턴
   c. 제한적이며 고착된 관심

3. 증상이 유아기에 나타난다(제한된 능력을 넘는 사회적 요구가 있을 때까지 드러나지 않을 수 있다).

출처: APA (2010).

우리나라의 자폐성장애의 장애정도 기준은, 첫째, 자폐성장애의 진단명에 대한 확인, 둘째, 자폐성장애의 상태 확인, 셋째, 자폐성장애로 인한 정신적 능력 장애 상태의 확인, 그리고 자폐성장애 등급의 종합적인 진단 순서에 따라 이루어진다(한국자폐인사랑협회, 2009).

진단된 자폐성장애 상태에 따라 장애정도 기준이 적절하지는 임상적 진단 평가과정을 통해 판단하게 되는데, 자세한 장애정도 기준은 〈표 2-6〉에서 제시하는 것과 같다.

〈표 2-6〉 **자폐성장애의 장애정도 기준**

장애등급	장애정도(기준)
장애의 정도가 심한 장애인	1. ICD-10의 진단기준에 의한 전반성발달장애(자폐증)로 정상발달의 단계가 나타나지 아니하고 지능지수가 70 이하이며, 기능 및 능력 장애로 인하여 GAS척도점수가 20 이하인 사람 2. ICD-10의 진단기준에 의한 전반성발달장애(자폐증)로 정상발달의 단계가 나타나지 아니하고 지능지수가 70 이하이며, 기능 및 능력 장애로 인하여 GAS척도점수가 21~40인 사람 3. 1호 내지 2호와 동일한 특징을 가지고 있으나 지능지수가 71 이상이며, 기능 및 능력 장애로 인하여 GAS척도점수가 41~50인 사람

출처: 국가법령정보센터(2020).

자폐성장애의 원인에 대해서는 명확히 밝혀져 있지 않으나 심리적 원인과 생물학적 원인으로 구분되며, 생물학적 원인일 가능성이 높다. 일반적으로 3세 이전의 뇌손상으로 인한 상호작용, 즉 눈 맞추기, 얼굴 돌리기, 반응하기 등과 같은 의사소통 능력이 현저하게 저하되는 장애이다.

15) 정신장애

정신장애는 1년 이상 지속적인 치료를 받은 후에도 호전의 기미가 거의 없이 장애가 고착화된 상태를 말한다. 우리나라 「장애인복지법 시행령」에서 정신장애인은 "지속적인 조현병, 조현정동장애(情動障碍: 여러 현실 상황에서 부적절한 정서 반응을 보이는 장애), 양극성 정동장애 및 재발성 우울장애에 따른 감정 조절 · 행동 · 사고 기능 및 능력의 장애로 인하여 일상생활이나 사회생활에 상당한 제약을 받아 다른 사람의 도움이 필요한 사람"으로 정의하고 있다. 정신장애의 장애정도 기준은 〈표 2-7〉과 같다.

〈표 2-7〉 **정신장애의 장애정도 기준**

장애등급	장애정도(기준)
장애의 정도가 심한 장애인	1. 조현병으로서 망상, 환청, 사고장애, 기괴한 행동 등의 양성증상 또는 사회적 위축과 같은 음성증상이 심하고 현저한 인격 변화가 있으며, 기능 및 능력 장애로 인하여 능력장애 판정기준의 6항목 중 3항목 이상에서 전적인 도움이 필요하며, GAF척도점수가 40 이하인 사람(정신병을 진단받은 지 1년 이상 경과한 사람에 한한다. 이하 같다.) 2. 양극성 정동장애(조울병)로 기분, 의욕, 행동 및 사고장애 증상이 심한 증상기가 지속되거나 자주 반복되며, 기능 및 능력 장애로 인하여 능력장애 판정기준의 6항목 중 3항목 이상에서 전적인 도움이 필요하며, GAF척도점수가 40 이하인 사람 3. 재발성 우울장애로 정신병적 증상이 동반되고 기분, 의욕, 행동 등에 대한 우울증상이 심한 증상기가 지속되거나 자주 반복되며, 기능 및 능력 장애로 인하여 능력장애 판정기준의 6항목중 3항목 이상에서 전적인 도움이 필요하며, GAF척도점수가 40 이하인 사람 4. 조현정동장애로 1호 내지 3호에 준하는 증상이 있는 사람 5. 조현병으로 망상, 환청, 사고장애, 기괴한 행동 등의 양성증상 및 사회적 위축 등의 음성증상이 있고 중등도의 인격 변화가 있으며, 기능 및 능력 장애로 인하여 능력장애 판정기준의 6항목 중 3항목 이상에서 많은 도움이 필요하며, GAF척도점수가 41 이상 50 이하인 사람 6. 양극성 정동장애(조울병)로 기분, 의욕, 행동 및 사고장애 증상이 있는 증상기가 지속되거나 자주 반복되며, 기능 및 능력 장애로 인하여 능력장애 판정기준의 6항목 중 3항목 이상에서 많은 도움이 필요하며, GAF척도점수가 41 이상 50 이하인 사람 7. 재발성 우울장애로 망상 등 정신병적 증상이 동반되고 기분, 의욕, 행동 등에 대한 우울증상이 있는 증상기가 지속되거나 자주 반복되며, 기능 및 능력 장애로 인하여 능력장애 판정기준의 6항목 중 3항목 이상에서 많은 도움이 필요하며, GAF척도점수가 41 이상 50 이하인 사람

8. 조현정동장애로 5호 내지 7호에 준하는 증상이 있는 사람 9. 조현병으로 망상, 환청, 사고장애, 기괴한 행동 등의 양성증상이 있으나 인격 변화나 퇴행은 심하지 아니한 경우로서, 기능 및 능력 장애로 인하여 능력장애 판정기준의 6항목 중 3항목 이상에서 간헐적인 도움이 필요하며, GAF척도점수가 51 이상 60 이하인 사람 10. 양극성 정동장애(조울병)로 기분, 의욕, 행동 및 사고장애 증상이 현저하지는 아니하지만 증상기가 지속되거나 자주 반복되는 경우로서, 기능 및 능력 장애로 인하여 능력장애 판정기준의 6항목 중 3항목 이상에서 간헐적인 도움이 필요하며, GAF척도점수가 51 이상 60 이하인 사람 11. 재발성 우울장애로 기분, 의욕, 행동 등에 대한 우울증상이 있는 증상기가 지속되거나 자주 반복되는 경우로서, 기능 및 능력 장애로 인하여 능력장애 판정기준의 6항목 중 3항목 이상에서 간헐적인 도움이 필요하며, GAF척도점수가 51 이상 60 이하인 사람 12. 조현정동장애로 9호 내지 11호에 준하는 증상이 있는 사람

출처: 국가법령정보센터(2020).

정신장애의 발생 원인과 특징은 매우 다양하다. 조현병[3]의 특징으로는 보통 환각과 망상에 시달리게 되어 현실감각을 잃어버리게 된다는 것을 들 수 있다. 증상의 완화가 가능하지만 적절한 약물치료를 받지 못하게 되면 재발하는 경우가 많다. 통계적으로 대략 1/3은 완치가 가능하며, 1/3은 장기간 입원하는 경우, 그리고 나머지 1/3은 때때로 재발하는 것으로 알려져 있다. 양극성장애의 조증은 고조된 기분, 과장된 자신감, 망상과 과대망상 등 통제가 불가능하고 지나친 감정이 특징이다. 극단적인 조증이나 우울증이 교대로 이루어져서 '양극성장애'라고 한다. 우울장애의 특징으로는 감정과 사고, 신체적 행동 등 다양한 증상이 나타난다. 보통은 부정적인 시각을 갖고 있으

3) 여기서 '조현'이란 '현악기의 줄을 고르다'라는 뜻으로 뇌 속 신경전달물질인 도파민과 세로토닌 등의 이상으로 생기는 질환을 신경전달물질의 조절로 치료할 수 있다는 발전적 의미가 담겨 있다(대한조현병학회, 2013).

며, 일상생활의 동기를 상실하고 직장이나 사회 활동 참여에 소극적인 태도를 보인다.

일반적으로 전체 인구의 약 4~10% 정도가 우울장애를 경험하며, 대부분은 약물치료를 통하여 치료되지만 정신치료를 병행하는 경우도 많다. 우리 사회에서 특히 정신장애인은 사회적 편견과 선입견으로 인해 지역사회참여와 원활한 직장생활에서 어려움을 겪는다. 그러므로 이들에 대한 인식개선과 편견 극복을 위해 사회적 홍보와 지역사회참여 프로그램 등이 개발되어야 할 것이다.

또한 근본적으로 우리나라에는 정신장애인에게도 인권이 있음을 망각하게 만드는 기존의 법 구조[4]와 그들의 의사결정 과정에서 자기결정권을 인정하지 않으려는 사회환경 및 각종 사회적 차별들이 존재하고 있어서 이에 대한 제도적 개선과 사회적 인식개선이 요구된다. 동시에 동등한 시민으로서, 자기결정의 주체로서 정신장애인 당사자를 인정하는 사회적 지지체계가 마련될 필요가 있다.

---

4) 기존 1995년에 제정, 시행되어 온 「정신보건법」이 정신장애인들을 지나치게 의료적 관점에서만 바라봄으로써 그들의 사회적 분리와 배제를 오히려 정당화하여 악용되는 사례들이 빈번하게 발생하였다. 이에 해당법을 완전개정하여 「정신건강증진 및 정신질환자 복지서비스 지원에 관한 법률」(2016. 5. 29. 제정/2017. 5. 30. 시행)로서 정신병원에의 부당한 강제 입·퇴원을 비롯한 여러 가지 측면에서 정신장애인의 자기결정과 선택을 강조하고, 지역사회에서의 재활 및 복지, 권리의 보장 등을 촉진토록 하였다.

요약

1. 우리나라의 장애 유형

「심신장애자복지법」(1981)은 1989년에 「장애인복지법」으로 개정되었으며, 당시에 지체, 시각, 청각, 언어, 정신지체 등 다섯 가지로 장애 유형을 분류하였다. 이후 1999년에 재개정을 거치면서 기존의 장애인 범주에서 조금 더 확대되어 신장장애, 심장장애, 발달장애, 뇌병변장애, 정신장애 등이 추가되었다. 그리고 2003년 7월부터 호흡기장애, 간장애, 안면장애, 요루 · 장루장애, 간질장애 등 다섯 가지 유형을 추가하여 법정 장애인의 분류는 현재 총 열다섯 가지로 늘어났다.

2. 우리나라의 장애인구와 비중

우리나라의 장애인구 및 전체 인구 비중을 살펴보면, 2018년 말 기준 「장애인복지법」에 근거해 등록한 장애인은 총 2,585,876명이다. 전체 인구 51,826,000명 대비 장애인구 비중은 5.0%로 나타난다.

3. 장애인을 대할 때 유의 사항

장애인에 대한 무관심과 과잉 친절 모두 좋은 태도가 아니다. 장애인을 돕고자 할 때에는 장애인 당사자의 의견에 따라 신체적 · 정신적 지지를 해 주어야 한다. 장애인이 가장 싫어하는 것은 동정을 받는 것과 도움을 요청하지 않았는데도 무조건 도와주는 일일 수 있으므로 반드시 도움 여부를 문의하여야 한다.

Issues & Discussion

1. 우리나라의 「장애인복지법」상 장애 유형에 대해 설명하시오.

2. 우리 사회의 장애인에 대한 사회적 편견과 인식개선에 대해 논하시오.

3. 정신장애에 대한 편견과 오해에 대해 탐구해 봅시다.

PART 2

장애인복지 이념과 복지정책

03

장애인복지의 이념과 패러다임 변화

이 장에서는 장애인복지의 이념과 패러다임 변화, 그리고 장애에 대한 관점에 대해 살펴본다.

현대의 장애인복지는 인간의 존엄성, 정상화, 자기결정, 사회정의, 사회통합 등을 기본이념으로 하고 있다. 이러한 장애인복지의 이념은 장애인의 자기실현과 사회통합 측면에서 매우 중요한 의미를 갖는다.

장애를 규정하는 패러다임은 시대에 따라 조금씩 변화해 왔다. 1980년대 후반에 전 세계적으로 장애에 대한 개별적인 접근보다는 사회·환경적으로 접근하는 것이 필요하다는 인식이 확산되면서 장애를 둘러싼 정치·사회·문화·환경 요소에 대한 관심이 증대되었다. 장애인복지의 개념은 개별적 손상이나 기능상의 장애에 초점을 두고 장애인을 시설보호 및 치료의 대상으로 접근하는 의료적인 관점에서 지역사회의 구성원으로서 정상화된 삶을 지원하는 자립생활의 관점으로 점차 변화하고 있다. 이것은 복지서비스의 개념을 넘어서 인권의 개념으로 장애인복지에 접근하는 새로운 경향이다.

학습목표

1. 장애인복지의 기본이념에 대해 설명할 수 있다.
2. 장애인복지의 패러다임과 그 변화에 대해서 이해할 수 있다.
3. 장애에 대한 관점을 이해할 수 있다.

키워드

장애인복지의 이념 / 정상화와 사회통합 / 장애 패러다임

1. 장애인복지의 기본이념

우리 사회에서 한 개인이 자신의 인권과 그 권리를 향유하기 위해서는 몇 가지 전제조건이 요구된다. 한 사회에서 인간의 존엄성과 개인의 권리 및 자기결정권 존중을 위한 정책적 뒷받침과 그에 필요한 사회적 시스템의 구축이 국가와 사회의 의무로 규정되고, 국가와 사회는 그 역할을 충실히 이행해야 한다. 장애인복지의 기본이념으로 인간의 존엄성, 정상화, 자기결정, 사회정의, 그리고 사회통합 등을 제시할 수 있다. 이러한 장애인복지의 기본이념은 매우 중요하며, 장애인이 자신의 인권과 권리를 향유하는 데 필수적인 요소이다.

1) 인간의 존엄성

인간의 존엄성은 모든 인간에게 적용되며, 모든 인간에 대한 평등하고 보편적인 존중의 이념이라고 할 수 있다. 모든 인간은 인간으로서 존엄한 존재이며, 자신의 자유와 안녕 및 복리를 향유할 권리를 갖는다. 세계인권선언(1948)에서는 "모든 사람은 태어날 때부터 자유롭고 동등한 존엄성과 권리를 가지고 있다. 사람은 천부적으로 이성과 양심을 가지고 있으며, 서로 형제애의 정신으로 행동하여야 한다."라고 규정하고 있다(이부록, 2012). 즉, 세계인권선언에서 의미하는 자유는 개개인 각자가 자기 삶의 주인이 되어 '스스로 선택'한다는 것을 의미한다.

인간은 자신의 인간다운 생존을 추구하기 위해서 존재하며, 자신의 행복한 삶을 위해 자유로이 노력한다. 인간의 존엄성은 인간으로서 갖는 당연한 권리이지만, 혼자 주장한다고 되는 것이 아니라 서로 인정하고 보호해야 할 필요충분조건이다. 이러한 인간의 존엄성은 이념적인 차원을 넘어서 사회적 차원에서 남용의 여지없이 모든 인간에게 구속력을 가지고 보편적으로 적용되어야 한다. 궁극적으로, 인간의 존엄성은 사회가 추구해야 할 핵심가치에서 가장 근본적인 요소라고 할 수 있다.

> "모든 인권은 보편적이고 불가분하며, 서로 의존하고 관련되어 있다. 국제사회는 인권을 전 세계적으로 공정하며 동등한 양식으로 취급하여야 한다. 국가적 · 지역적 특성과 다양한 역사적 · 문화적 · 종교적 배경이 고려되어야 하지만, 그들의 정치적 · 경제적 · 문화적 체계와 관계없이 모든 인권과 기본적 자유를 증진하고 보호하는 것이 국가의 의무이다."
>
> (비엔나 세계인권대회, 1993)

국제사회에서 장애인의 존엄성과 권리를 보장하기 위해 「유엔장애인권리협약」[1](2006)이 발효되었다. 이 협약의 목적은 장애인이 모든 인권과 기본적인 자유를 완전하고 동등하게 향유할 수 있도록 촉진하고 보호하고 보장하는 것이며, 또한 장애인의 천부적인 존엄성에 대한 존중을 촉진하기 위한 것이다. 장애인은 다양한 장벽과의 상호작용으로 인해 다른 사람들과 동등한 조건으로 완전하고 실질적인 사회참여를 저해하는 장기간의 신체적 · 정신적 · 지적 · 감각적 손상을 가진 사람을 포함한다.

한편 우리나라 「헌법」 제10조에 따르면, "모든 국민은 인간으로서의 존엄과 가치를 가지며, 행복을 추구할 권리를 가진다."라고 명시하고 있다. 또한 제34조에서는 모든 국민의 '인간다운 생활을 할 권리'를 규정하고 있다. 결국 장애인 또한 국민의 한 사람으로서 인간의 존엄과 가치인 인권이 존중되어야 하며, 인간다운 생활을 할 권리를 지니고 있는 것이다. 즉, 인간의 존엄성은 누구에게나 천부적으로 부여받은 인간의 기본적인 권리임을 의미한다. 이처럼 인간의 존엄성은 인간이라면 누구나 누려야 할 보편타당한 권리이지

---

1) 「유엔장애인권리협약」(2006)은 정신장애인을 포함한 모든 장애인의 사회통합과 장애인의 인간다운 삶 및 행복 추구권, 그리고 인권을 보장하도록 그 협약 체결국에 요구하는 국제규범이다.

만, 사회적 환경이나 개인이 처한 상황에 따라 그 특성을 잘 고려하여 판단하고 실천해야 하는 권리이다. 따라서 인간의 존엄성은 '헌법상 보장된 국민의 기본권'과 같이 '명시된 권리'일 뿐만 아니라 '인간으로서 누구나 누려야 할 보편타당한 천부적인 권리'라고 할 수 있다.

장애인복지의 기본이념으로서의 인간의 존엄성은 장애인의 '사람의 권리(rights of man)'뿐만 아니라 우리 사회에서 '사람답게 살 권리(human rights)'를 포함하고 있다. 하지만 우리 사회는 장애인을 차별하는 제도와 사회적인 편견으로 인해 장애인이 한 인간으로서 존중받지 못하는 상황들이 여전히 발생되고 있어 매우 안타까운 현실이다.

2) 정상화

장애인복지의 기본이념 가운데 특히 강조되는 것이 정상화(normalization)의 개념이다. 정상화의 개념은 1960년대 후반 스칸디나비아반도에서 태동되어 오늘날까지도 북유럽 장애인복지의 기본이념이다. 당시 지적장애인 부모회에서 지적장애인자녀에 대한 서비스의 문제 제기를 시작으로 대형시설 보호에 대한 반대와 시설에서 제공되는 천편일률적인 재활서비스의 개선책에 대한 의견을 제시하였다.

대표적으로 미켈센(B. Mikkelsen)과 니르에(B. Nirje)는 덴마크의 지적장애인을 위한 '가능한 한 일상적인 보통의 삶(so normales Leben wie moeglich)'이라는 모토 아래 정상화라는 개념을 주창하였다.

> "정상화 개념은 모든 지적장애인이 일반적인 환경, 일반적인 삶의 방식에 가능한 한 가깝도록 하는 것으로 매일의 삶의 조건과 삶의 방식에 접근할 수 있도록 하는 것을 의미한다."(Nirje, 1980)

니르에는 장애인의 심리학적 측면에서 장애인이 느끼는 일상적인 보통의 생활방식에 중점을 두었으며, 미켈센은 주거, 교육, 직업 및 여가 등을 포함한 삶의 질에 대한 사회적 지표의 질을 강조하였다(Thimm, 1984). 두 사람의 주장을 종합해 보면, 우선 지적장애인에게 인간 생활의 기본조건인 주거, 교육, 직업, 여가조건 등에 관해서 비장애인과 비교하여 가능한 한 동등한 여건을 마련해 주어야 한다는 것이다. 이것은 주로 장애인의 일상생활에 관계된 것으로, 비장애인과 비슷한 일상생활의 리듬을 찾아 주자는 것이다. 즉, 아침에 일어나서 다른 사람들처럼 보통의 식사 시간을 갖고, 한낮에는 일상적인 자신의 생활과 취미나 여가를 보내다가 저녁에 편안히 잠자리에 드는 지극히 평범한 행위를 포함한 하루 일과에서 '가능한 한 비장애인과 비슷한 생활'을 영위할 수 있게 하자는 것이다. 이러한 일과가 하루하루, 1주일, 한 달, 그리고 1년의 생활 스케줄이 되어 비장애인과 거의 비슷하게 동등한 생활양식이 되어야 한다는 것이다.

이러한 개념은 대서양을 건너 캐나다를 거쳐서 미국으로 전파되어 울펜스버거(Wolfensberger)가 일반적인 우리의 생활양식과 주류문화에 대해 설명하면서 지역사회 내에서 장애인이 생활할 수 있는 이념적 초석이 되었다. 당시 울펜스버거는 정상화를 "가능한 한 모든 사람에게 가치 있는 사회적 역할(social role)을 습득하고 유지하기 위해 문화적으로 가치 있는 수단을 이용하

독일 베를린의 학살된 유럽 유대인을 위한 기념물(Memorial to the murdered Jews of Europe)

는 것(Social Role Valorization: SRV)"이라고 정의하였다(Wolfensberger, 1985). 그러면서 가치 있는 사회적 역할을 얻는 주요 수단으로 가치절하를 일으키는 사회적 이미지와 환경을 개선할 것과 동시에 당사자의 능력 고취를 제시하였다. 이를 위해 장애인에 대한 사회나 가정의 역할기대 수준과 지원을 검토하고 낙인화 요소를 배제하며, 역할수행 훈련과 교육기회 제공이 필요함을 강조하였다.

3) 자기결정

자기결정(self-determination)은 개인에 따른 상대적인 개념이라 할 수 있다. 또한 자기결정은 어떠한 표준이나 절대적인 척도가 존재하는 것이 아니다. 일반적으로 자기결정은 자기 스스로 결정하는 능력이나 기능성을 의미하며, 자율(Autonomie)이나 자유(Freiheit), 그리고 비의존(Unabhängigkeit) 등의 동의어로 사용된다. 여기서 자율은 의존에 대한 상대적인 개념인 비의존으로 이해되며, 자기실현 측면에서 자신의 법칙에 따른 삶을 영위하는 조건이기도 하다. 하지만 자기결정의 개념은 한 개인이 타인의 도움을 완전히 배제하는 것이 아니라, 타인의 도움의 형태와 내용에 대해서 개인이 자기결정을 한다는 의미를 담고 있다.

이에 따라서 자기결정의 개념과 정의는 다양한 측면에서 살펴볼 수 있지만, 그중 최윤영(2005)은 자기결정을 "한 개인이 일상생활에서 타인에 의존된 삶을 최소화하면서 자신에게 주어진 선택가능성에 기초하여 자신의 삶을 스스로 통제하는 것"으로 정의한 바 있다. 이를 통해 장애인 당사자의 생활여건을 최대한 존중하면서 가능한 선택과 결정으로 스스로의 삶을 영위할 수 있다는 지향점을 파악할 수 있다.

자기결정을 심리학적 구성개념 측면에서 살펴보면, 한 개인이 어떤 방식으로 행동하게 하는 원인이 바로 자기 자신이라는 것을 뜻한다. 자기결정은 의지적인 행위를 의미하는데, 이는 의식적인 선택의 힘이나 의지를 말한다.

여기서 의지적인 행동[2)](volitional behavior)이란 의도를 가지고 의식적으로 행동하는 것을 뜻한다(Mithaug, 1996; 이숙향 역, 2010). 그러므로 자기결정은 자신의 의도화된 사고에 따른 의지적인 결정이지 목적 없는 무계획적 행동이 아닌 것이다. 즉, 자기결정은 당사자가 자신의 의지에 따라 의도를 가지고 결정한다는 것이다.

한편, 웨마이어(Wehmeyer, 1996)는 자기결정을 위한 행동적 특성을 자율적(Autonomously) 행위(자율성), 자기규칙(Self-Regulate), 심리적 역량(Psychologically Empowered), 자아실현(Self Realizing) 등 네 가지로 제시하였다. 그에 의하면 자기결정적 행동은 우선 행위자 자신의 역량을 통해서 증진되지만, 동시에 개인이 접하게 되는 기회와 다양한 지원을 통해서도 증진될 수 있다. 전자는 학습과 발달에 의해, 후자는 환경과 경험에 의해 영향을 받는데, 이들은 개인의 지각이나 믿음을 통한 상호영향을 받는다. 따라서 제시된 네 가지 특성들은 각자 하나만으로는 자기결정적 행동을 구성하거나 형성하는 데 충분하지 않은, 복합적 성격의 기능을 갖는다는 의미이다.

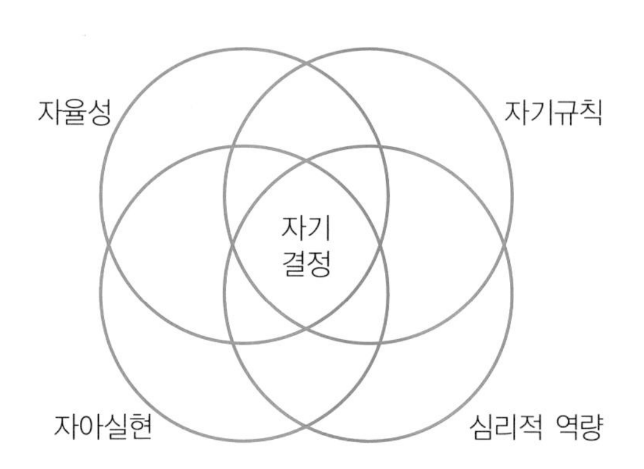

[그림 3-1] **웨마이어의 자기결정 모델**

출처: 이웅훈(2006)에서 재인용.

---

2) 자기결정 행동의 구성 요소들은 다음과 같다. 선택하기, 의사결정, 문제해결, 목표설정, 독립성, 자기평가, 자기옹호 기술 등을 포함하고 있다(이숙향 역, 2010).

이러한 기본적 이해를 바탕으로 웨마이어는 다음과 같이 각 특성 영역을 정의하면서 동시에 자기결정적 행동이 나타나도록 하는 구성 요소를 총 열두 가지의 자기결정 기술로 제시한 바 있다(이응훈, 2006).

- 자율성: 자기결정의 본질적 특성 중 하나로 자신의 선호, 관심 및 능력에 따른 활동이며, 외부의 영향 또는 간섭에 구애됨 없이 독립적이며 자유로운 활동을 가능하게 하는 기술 영역
  - 주요 기술 구성 요소: 의사결정, 선택결정, 문제해결, 독립생활
- 자기규칙: 자기결정의 본질적 특성 중 하나로 자신의 능력과 기회를 바탕으로 환경과 조화해서 자기 행동을 계획하여 활동하며 수정할 수 있는 기술 영역
  - 주요 기술 구성 요소: 자기관찰 · 평가 · 강화, 자기교시, 목표설정 및 성취
- 심리적 역량: 한 개인의 인지, 인성 및 동기화 등을 포함하는 복합적인 자기결정 영역이며, 스스로 계발가능하고 확장 가능한 기술 영역
  - 주요 기술 구성 요소: 자기효능감 및 성과, 내적통제 소재, 자기옹호 및 지도력
- 자아실현: 자신과 환경과의 관계 속에서 자신의 판단을 통해 행동하는 것이며, 자신에 대한 평가 및 자기강화와 참여에 의해 영향을 받는 기술 영역
  - 주요 기술 구성 요소: 자기지식, 자기인식

우리나라 「헌법」 제10조에서는 인간으로서 존엄과 가치 및 행복 추구권을 규정하여 자기결정권을 헌법적 가치로 제시하고 있다. 헌법상에서는 자기결정권을 "개인의 일정한 사적 사건 및 영역에 관하여 공권력으로부터 간섭받지 않고 스스로 결정할 수 있는 권리"라고 명명하고 있다. 그러므로 자기결정권은 민주 사회에 있어서 장애인, 비장애인 모두에게 부여되는 당연한 권리이다.

자기결정권은 장애인복지에서 강조되는 자립생활 개념의 기초를 이룬다. 장애인이 지역사회에서 어떻게 생활해야 하는가에 대한 기본적 사고는 사회복지의 정책과 서비스 측면에서 장애인을 일방적인 보호나 관리의 대상으로 규정하는 것이 아닌, 장애인 자신의 자율적인 선택과 의사를 존중하여야 한다. 하지만 개인의 자기결정권은 한 사회에서 행해지는 자율과 사회통합 간의 양쪽 사이에서 긴장관계를 가지고 있다고 볼 수 있다. 즉, 개인의 자율을 지나치게 강조하게 될 경우 전체적인 사회구성원의 사회통합에서는 갈등관계를 형성할 수도 있다. 각 개인의 자기결정권의 행사는 사회책임이 동반되어야 하며, 사회통합의 범위 안에서 자신의 자기결정권을 보장받게 된다. 결과적으로 자기결정은 개인의 적극적인 자유의 실현이며, 장애인과 비장애인 모두에게 부여되는 당연한 권리인 것이다.

이에 따라서 장애인의 자기결정을 확대하고 보장하기 위한 원리로서 이경준(2005)은 장애인 당사자와 원조자 사이의 대화와 협상을 통한 성실한 욕구파악과 자기선택의 실행과 책임, 상호 대등함과 연대감을 통한 역할수행, 자립생활 원조자 또는 보조인력의 역할정립, '정상적인' 지역사회 생활환경, 그리고 사회정책과 인식의 변화를 제시하였다.

4) 사회정의

장애인복지 서비스는 한 개인의 소득 수준이나 사회적인 지위에 기초하여 서비스가 제공되는 것이 아니라, 누구에게나 공평하게 개인의 필요와 욕구에 기반하여 제공되어야 한다. 이러한 원칙이 장애인 당사자의 개별 권리로 제공되기 위해서는 장애인의 차별, 배제, 타인의 간섭으로부터 자유로워야 한다.

사회정의란 국가나 사회가 모든 개인에게 인간다운 생활을 유지할 수 있도록 기본적인 여건들을 법에 근거하여 평등하게 보장하는 것을 기본으로 한다. 이러한 측면에서 볼 때 장애인복지에서 의미하는 사회정의는 국가와 사회가 인간의 존엄과 가치를 보장하며, 장애인의 권리와 참여를 보장할 수 있는 사회적 환경과 시스템을 구축하는 것이다.

존 롤스(John Rawls)는 『정의론(A Theory of Justice)』(1974)에서 사회정의를 다음과 같이 정의한 바 있다.

> "모든 이에게 자유를 완벽하게 누릴 수 있도록 하여야 한다는 것이 정의의 첫 번째 원칙이고, 가장 빈곤한 사람들의 복지에 대하여 우선으로 배려하여야 한다는 것이 정의의 두 번째 원칙이고, 결과의 불평등은 존재하되 모든 사람에게 균등한 기회를 주는 것이 세 번째 원칙이다."

그러면서 롤스는 사회적 공정한 실천에 대해서 두 가지 원칙을 제시하였다. 첫째, 사람들은 저마다 다른 사람들에게도 똑같이 주어진 자유에 필적할 만한 가장 폭넓은 기본적 자유를 가져야 한다. 둘째, 사회적으로 불이익을 받는 사람들에게 호의를 베풀기 위한 긍정적 의미의 불평등한 분배를 제외하고는 기초적인 사회적 재화는 공평하게 분배되어야 한다(Rawls, 1999). 또한 롤스는 기본적으로 장애인의 욕구를 충족시키기 위한 서비스 제공은 국가의 책임이라고 말한다. 이러한 정의의 원칙의 근본적인 목적은 한 개인을 타인, 집단, 사회로부터의 악용된 공격으로부터 보호하고 불평등을 해소하는 것이다. 또한 개인의 개별 욕구에 의한 자율적인 노력과 이에 대한 개인 간의 평등한 지원이라고 할 수 있다(Herzog, 1991).

5) 사회통합

일반적으로 사회통합은 구성원들이 하나의 통합된 전체로 결합해 가는 과정으로, 다양한 사회집단이나 인종집단이 결합하여 조화로운 관계를 형성해 가는 과정으로 정의한다(Barker, 1995). 이처럼 사회통합에 대한 개념은 각 개인의 존엄성 및 사회공동체의 물질적·정신적 풍요를 달성할 수 있도록 모든 사회집단이 조화롭게 다 함께 잘 살 수 있는 사회의 구현을 담고 있다.

> 사회통합이란 비통합적인 상태에 있는 사회 내 집단이나 개인이 서로 적응함으로써 단일의 집합체로서 통합되어 가는 과정을 의미하며, 가치에 대한 합의와 사회화로부터 얻어지는 사회로의 통합을 의미한다(사회복지대백과사전, 1999).

테일러(Taylor, 1987)에 의하면, 장애인의 사회통합은 '제한이 없는 환경'으로 정의된다. 여기서 제한이 없는 환경, 즉 지역사회통합이 지향하는 몇 가지 원칙을 살펴보면 다음과 같다.

첫째, 장애를 가진 모든 사람은 지역사회 내에 거주하며 지역사회의 환경 및 이웃과 함께 통합되어야 한다. 둘째, 장애인들은 비장애인들과 마찬가지로 가정과 자연적인 지역사회 내에 거주하여야 한다. 셋째, 지역사회생활 배치는 소규모의 가족 규모의 형태이어야 한다. 넷째, 장애인의 생활 기술과 능력을 발전시키며, 서비스의 계획 및 실시 시 장애인 당사자의 참여가 보장되어야 한다.

이처럼 장애인의 사회통합은 열린 물리적 장소에서 일반 사회구성원들과 한 지역사회에 더불어 살 수 있는 것과 기능적 의미로서 지역사회 내의 구성원들과 상호작용을 하고, 활동에 참여하는 것을 통하여 소속감을 가질 수 있는 적극적 의미를 포함한다.

장애인복지에서 의미하는 사회통합이란 장애인이 평등의 기초 위에서 사회의 부분이 되어 장애인이 속한 사회문화적 활동에 참여하는 것으로, 비장애인이 영위하는 수준과 동등하게 장애인이 지역사회 내에 존재(presence)하고 참여(participation)하는 정도를 말한다(Mank & Buckley, 1989). 즉, 장애인도 비장애인처럼 차별 또는 배제 없이 자신이 속한 지역사회에서 자신에게 주어진 역할을 수행하면서 사회의 한 구성원으로 인정받고 살아가는 과정을 의미한다. 이러한 사회통합의 개념은 장애인을 사회의 주류에 최대한 포함시키려는 주류화(Mainstreaming), 정상화(Normalization), 사회적 역할 강화(Social Role Valorization) 등을 포함하고 있다. 사회통합은 우리나라 장애인복지의 목적인 동시에 기본이념이지만, 장애인이 사회의 중심권에서 보편적인 형태로 참여[3]가 보장될 때 비로소 사회통합이 완성된다고 볼 수 있다.

2. 장애인복지의 패러다임 변화

토마스 쿤(Thomas Kuhn)에 의하면, '패러다임(paradigm)'이란 동시대의 과학자나 사회 전체가 공유하는 이론, 법칙, 지식, 가치, 심지어 믿음이나 습관 같은 것들을 통틀어 일컫는 개념이다.

장애인복지의 발전과정에서도 이러한 패러다임에 변화가 있었고, 그 주된 흐름은 우리 사회의 인식과 정책 등 전체적인 관점의 변화를 이끌어 왔다. 일반적으로 장애인복지에서의 패러다임 변화는 서구 유럽사회와 미국 및 일본 등이 유사하게 진행되었는데, 시기적으로 우리나라의 장애 패러다임 역사는 1990년대 중반 이후 자립생활의 이념이 도입되면서부터 시작되었다고 할 수 있다. 이른바 '재활 패러다임'에서 '자립생활 패러다임'이 바로 그것으로, 이에 대해 구체적으로 살펴볼 필요가 있다.

과거 전통적으로 장애인복지를 다루는 기본적인 입장은 장애인을 어떻게 '재활(rehabilitation)시키는가'에 있었다. 장애인을 어떻게 의료, 교육, 직업, 사회 훈련을 통하여 사회가 요구하는 사회적 능력에 도달하게 할 것인가의 문제가 장애인복지와 사회보장의 주요 관심사였던 것이다. 즉, 신체적·심리적·정신적 손상(impairment)에서 회복되어 장애인이 사회적 기능을 회복함으로써 재활의 관점에서 바라본 장애인의 일반적인 사회적 역할(social role) 수행을 그 목적으로 간주해 왔다. 그러나 장애인들이 의료, 교육, 직

3) 영국의 BBC 방송국에서는 어린이 프로그램 진행자 중에 장애인을 적극적으로 등장시키고 있다. 그 이유는 이를 통해 우리가 살아가고 있는 현실을 구성하는 사람들이 누구이며, 서로가 서로를 어떻게 대해야 하는지를 보여 주기 위해서이다. 이러한 상황을 통해 장애인과 비장애인이 함께 공존 및 생활하는 사회통합을 배울 수 있다.

업, 사회 재활을 통하여 기능을 회복하여 사회가 요구하는 수준과 능력에 도달할 수 있는가의 물음은 보다 근본적인 논의와 사회적 공감대가 요구된다. 즉, 누구를 위한 사회적 역할 수행이며, 어느 집단, 누구의 관점에서 접근하느냐에 따라 근본 취지가 달라질 수 있기 때문이다.

우리나라 「장애인복지법」 제2조에 의하면, 장애인을 "신체적 · 정신적 장애로 인하여 오랫동안 일상생활이나 사회생활에서 상당한 제약을 받는 자"로 규정하고 있다. 이러한 규정에 근거해 보면, 장애인은 장애를 지속적으로 지니고 살아갈 수밖에 없으며, 그것도 장기간에 걸쳐 신체적 · 정신적 문제와 더불어 살아가야 한다는 것이다. 이와 같이 장애를 단순히 치료의 대상이나 병적인 측면으로 간주하여 의료 재활의 개념을 적용한다면 여러 모순점에 직면하게 된다. 기존의 재활의 개념에 의하면 의료적인 치료와 교육 및 훈련을 통하여 장애가 회복되고 사회적으로 요구되는 능력을 배양하여 증가시켜야 하는데, 일반적인 사회생활에서 대다수의 장애인은 그렇지 못하기 때문이다. 우리 사회에서 장애인은 이미 신체적 · 정신적 장애로 인하여 사회가 요구하는 경쟁력을 회복하는 것이 더 이상 불가능함에도 불구하고, 재활에서는 그러한 문제를 극복하고 해소하는 데 주로 관심이 있었다.

서구 사회의 장애 패러다임은 시대에 따라 계속하여 변해 왔다. 과거에 장애를 의료적 모델(medical model)로 바라볼 때에는 재활전문가의 역할과 권한이 매우 컸던 게 사실이다. 하지만 1970년대 이후에 의료적 모델에 대한 반론과 함께 장애의 탈의료화(demedicalization)에 대한 주장이 제기되면서 사회적 모델(social model)이 등장하게 되었고, 그 타당성을 차차 인정받게 됨에 따라 재활전문가의 역할과 권한은 상대적으로 축소되었다. 이와 함께 장애인 당사자의 역량강화(empowerment)를 중시하는 자립생활운동이 대두되면서 장애인복지 실천에 있어서도 강점개념 모델(strengths conceptual model)이 더욱 강조되는 경향이 나타나고 있다.

셀리비(Saleebey)는 전문가가 클라이언트를 원조함에 있어서 전통적인 의료 · 재활 모델과 강점개념 모델의 차이를 〈표 3-1〉과 같이 비교하였다.

〈표 3-1〉 **전통적인 의료 · 재활 모델과 강점개념 모델 비교**

요인	의료 · 재활 모델	강점개념 모델
가치 기반	• 전문적인 기술에 의존하는 문제해결 • 처방된 취급에의 순응 • 통찰력이 부족한 환자와 건강에 관한 지식	• 성장, 치유, 학습에 대한 인간의 잠재력 • 필요물을 인지할 수 있는 인간의 능력 • 자기결정 • 개인과 환경의 강점들 • 개성과 독특성
초점	• 개인 문제의 독특한 본질을 결정하기 위한, 그리고 치료를 처방하기 위한 전문가적 분석	• 개인적 목표 성취를 목적으로 상황들을 만들기 위해서 개인적 · 환경적 자원들을 결합시키는 것
문제 해결	• 전문가 지향의 사정과 서비스 전달	• 소비자/환경에 의한 결정 • 자연적인 지역사회 자원들의 우선 사용 • 소비자 권위와 지위 부여
사회적 환경	• 환자 • 사회적 환경은 지원체계에 의해 노인들에 대한 보호를 촉진함	• 소비자 • 사회적 환경은 자신을 스스로 돌보는 노인들을 육성하는 것
사례 관리 관계	• 클라이언트는 수동적인 수혜자 • 사정, 기획, 기능평가를 위해서만 한정된 전문적인 접촉 • 공급자 중심의 의사결정과 개입	• 선택과 결정을 하는 소비자로서의 클라이언트 • 클라이언트는 친화관계와 신뢰감을 발전시킴 • 사례관리자는 지도, 지원, 격려함 • 사례관리자는 자신의 역할이 자연적인 원조자들에 의해 가능해질 때, 그들이 대신하게 함
사례 관리 과업들	• 결손을 극복하는 기술을 가르치는 것 • 순응을 감시하는 것 • 확인된 문제들에 대한 의학적 관리	• 강점들과 자원들을 명확히 하는 것 • 자연적인 원조 네트워크들을 회복시키고 창조하는 것 • 인간관계들을 발전시키는 것 • 매일의 일상생활 안에서 서비스를 제공하는 것

출처: Saleebey (2002).

이와 같이 장애 관련 패러다임은 병리적 관점이나 의료 · 재활 모델로 접근하려 했던 것에서 벗어나, 강점개념 모델로 접근하려 하는 사회사업실천에서의 경향으로 변화되었다. 이는 장애인 문제의 소재를 장애인 개인 내부가 아니라 사회에서 찾으려는 자립생활운동의 관점이나 사회적 모델의 관점과도 동일한 접근이다.

결국, 장애인복지에 접근하는 관점과 해결책에 있어서 '재활'이라는 관점의 접근에서 벗어나 새로운 관점의 접근이 전개되기 시작하였다. 과거 재활의 관점 접근이 1970~1980년대의 장애인복지의 관점이었다면, 견해의 차이는 있지만 1990년대에 들어서면서부터 새로운 접근이 시도되었다. 이러한 접근은 장애인 개인을 둘러싼 사회환경에 중점을 두고 보다 포괄적으로 장애의 문제를 접근하는 것으로서, 장애가 직면한 문제를 근본적으로 어떻게 바라보고 접근하느냐 내지는 극복하느냐에 보다 관심을 둔 것이다.

1980년대 중반에 접어들면서 서구 사회에서 장애인복지의 접근이 장애인 당사자의 개별적인 접근보다는 사회적인 맥락에서 접근하는 것이 훨씬 낫다는 인식이 확산되었고, 사회적 · 문화적 · 환경적 · 제도적 요소의 관심이 증대되었다. 그래서 장애인이 장애라는 제한 요소(impairment)를 가지고 살아갈 때, 장애인이 얼마만큼 강화된 역량(empowerment)을 가지고 살아가느냐보다 사회환경에 직면한 문제해결책에 더 비중을 두게 된 것이다(신현석, 2007; 이성규, 2000). 이처럼 장애인에 대한 이전의 사회적 인식에서는 장애인이 사회적으로 부적합하다고 간주되면서 장애를 개인의 책임으로 떠넘겼다. 그러나 20세기 후반기에 들어서면서 장애에 대한 사회적 책임을 강조하기 시작하였다. 최근의 경향들은 장애인 당사자의 참여 강화, 사회환경적 관점의 강조, 자기결정, 자립생활, 지역사회 내의 원조망에 대한 시스템 구축으로 요약될 수 있다.

〈표 3-2〉 **장애인복지의 패러다임 변화 비교**

개념	보호/관리	후원/지원	동반/자립
시기	전후~1960년대	1960년대~1990년대 초	1990년대 중반부터
초점	시설수용	탈시설화	지역사회
대상자	환자	수혜자/고객	시민
인간상	생물학적/허무주의	교육학적/긍정주의	인류·사회학적/동등한 인성
지원목표/우선순위	기본적인 욕구 관리 = 깨끗하고, 배부름	경쟁력 강화 = 기술 습득, 행동 조절	삶의 질 = 자기결정권 영위
서비스 공급 범위	시설	그룹홈, 특수학교	가정, 일반 학교
전문 지원	최고의 모범(사례화) = 간호, 영양 강화	재활후원계획안 = 교육의 연속성 강화	개인별 미래계획 = 자기계획 수립/실천
제공되는 서비스	관리, 보살핌	후원/지원 프로그램	활동 보조, 개인별 동반
지원 모델	의료적 모델 = 보호감호, 치료	재활적 모델 = 발달심리, 관계치료	자립생활 모델 = 개인별/지역사회 열린 지원
지원계획 결정과 통제	전문가 = 의학자, 간호사	상호 훈련/협동적인 팀 = 교육가, 치료사	개인 = 장애인 당사자
문제정의	장애, 손상, 결여	의존, 비자립	참여를 위한 환경장애
문제해결	관리, 치료	제한된 환경의 최소 지원/후원	사회참여를 위한 환경 개선 및 신환경 창조

출처: 최윤영(2005).

〈표 3-2〉의 장애인복지의 패러다임 변화에서 살펴보았듯이, 첫 번째 단계는 보호 차원의 배려에 중점을 둔 단계이다. 즉, 장애인을 방치의 대상이나 노동의 가치를 상실한 무가치한 존재로 파악하던 이전의 방식에서 다소 진일보한 것이다. 그러나 여전히 장애인을 일정한 수준 이상의 치료와 보호

를 받으면서 살아가야 하는 존재로 인식하는 단계라고 볼 수 있다.

두 번째 단계는 훈련과 교육을 중점으로 삼고 있다. 장애인의 기능적 · 직업적 재활이 요구되는 기능 훈련을 집중적으로 개발한 시기라고 볼 수 있다. 즉, 장애인의 기능 훈련을 통해 능력 향상과 잠재력을 개발하는 것으로 장애인의 교육과 훈련을 강조하는 데 그 목적이 있다.

세 번째 단계는 장애인의 권리적 관점에서 지역사회 내의 사회통합, 즉 지역사회참여에 초점을 둔 단계이다. 지금까지 그동안의 장애인의 기능회복과 교육 훈련의 성과는 일정한 한계가 있을 수밖에 없었으며, 이러한 한계의 근본적인 원인은 장애인 개인보다 사회적인 장애 요소에 기인하였기 때문이라고 본다. 그러므로 장애인을 둘러싼 우리 사회에 내재된 물리적 · 사회적 장벽을 제거하는 한편, 지역사회에서 장애인이 자립생활을 영위할 수 있는 다양한 열린 지원(open service)의 필요성이 제기된다. 이처럼 장애인복지의 패러다임 변화는 장애인에 대한 인식, 장애인 자조운동, 자립생활운동, 그리고 사회 변화 등의 흐름을 반영하고 있다. 이는 개인과 환경의 균형, 자기결정권의 존중, 장애인 당사자의 삶의 질과 역량강화에 대한 강조 등으로 요약될 수 있다.

결국, 장애인복지는 시대의 흐름에 따라 '격리와 보호'라는 정책의 부재의 시기에서 최근 들어서는 조정의 시기로 접어들고 있다. 이러한 변화에서 발견되는 중요한 변화는 장애인을 바라보는 관점과 접근방식이 달라지고 있다는 사실이다. 이러한 장애인복지에서의 패러다임 변화는 장애인에 대한 선의에 기초한 서비스 공급자 중심의 관점에서 권리에 기초한 '소비자 중심'의 관점으로 전환되어 가고 있다.

3. 장애에 대한 관점

일반적으로 장애인에 대한 인식은 외형적 차원이나 의학적 차원으로 표현된다. 먼저, 외형적 차원은 주로 신체적·정신적 손상에 근거하여 장애를 정의하기 때문에 다리를 절뚝거리거나 손이나 팔이 없는 사람, 혹은 보이지 않거나 듣지 못하고 말하지 못하는 사람을 장애인으로 떠올린다. 한편, 의학적 차원에서는 팔, 다리, 눈, 귀 등의 신체적인 기능의 제약이나 기능 상실을 장애의 근거로 내세운다(공미혜, 김경화, 김현지, 주경미, 2007).

이러한 인식은 곧 그 사람을 어떻게 바라보는가에서부터 그들과 관계함에 있어 적지 않은 행동적 영향을 끼치게 된다. 중요한 것은 경험이나 과학적 증명이 결여된 상태에서 일방적인 관점으로 장애를 인식할 때 낙인을 비롯해 비합리적인 각종 신념들을 낳게 되고, 결국 개인을 넘어 사회적으로 부정적인 사고와 행태를 발생, 지속시킬 우려가 높다는 것이다. 따라서 장애에 대한 부정적 관점의 시작으로서 '낙인'에 대한 이해와 장애인 차별의 상관성을 파악하고, 관점에 대한 인식적 모델들을 비교해 볼 필요가 있다.

1) 낙인

낙인(stigma)이라는 용어는 일반적으로 문양이 새겨진 다리미 혹은 침과 같은 도구들을 사용하여 신체 부위에 눈에 드러나는 표시를 하는 것을 의미한다(Goffman, 1998). 이 표시는 사회적 추방, 수치, 모욕, 혹은 경멸을 나타낸다. 일반적으로 낙인이 찍힌 사람들은 오래전부터 전형적인 범죄인이나 악인들로 간주되었다. 낙인과 유사한 개념으로는 명명(labeling)이 있다. 명명은 정신박약, 뇌성마비, 학습불능 등과 같이 장애에 대하여 부정적인 명칭을 부여하는 것으로, 필요한 서비스를 표시하기 위해 명명한 것이지만 낙인화될 위험성이 크다.

고프먼(Goffman)은 차별의 개인적 원인과 밀접한 관련이 있는 개념으로 낙인(stigma)을 언급하고 있다. 그가 제시한 낙인의 유형을 살펴보면, 첫째, 신체적 기형으로 혐오감을 유발하는 여러 유형의 신체적 장애이다. 둘째, 개인의 인격적인 결함으로서 정신병, 알코올중독, 동성애, 범죄, 자살기도 등의 경력에서 추정되는 개인의 바람직하지 못한 품성이다. 첫 번째는 신체적 장애, 그리고 두 번째 유형은 정신적 장애와 깊은 관련이 있다(Goffman, 1998).

장애차별을 사회적 관점에서 바라보면, 장애인은 소수집단이며 우리 사회의 대부분의 환경이 장애를 갖고 있지 않은 사람들을 기준으로 형성되어 있기 때문에 결과적으로 차별을 받는다는 것이다. 모든 사회적 환경과 시스템이 장애인을 고려하지 않고 조성되었기 때문에 불완전한 환경이 장애인들의 사회적 적응에 장애물이 된다(Hahn, 1988). 한편, 와서먼(Wasserman)에 따르면 차별이 일어나는 네 가지 특징을 다음과 같이 설명하고 있다. 첫째, 사람들을 한 개인으로 취급하지 못하는 상황, 둘째, 개인의 장점을 제대로 판단하지 못하는 상황, 셋째, 개인이 소속된 소속집단을 고려해서 불이익을 주게 되는 상황, 넷째, 개인이 속해 있는 소속집단에 근거하여 도덕적으로 열등하다고 간주하는 것이다(Wasserman, 1998).

일반적으로 우리 사회에서 편견은 한 대상에 대한 부정적인 태도나 차별 등의 결과로 표출된다. 특히 신체적인 편견은 신체적 장애를 가진 사람의 실제 능력에 근거하기보다는 신체적 외모에 초점을 둔 잘못된 믿음을 의미한다. 흔히 우리가 생각하는 '다르다는 것(difference)' 또는 '특별하다는 것(specialness)'은 각자가 지닌 개인의 독특한 특성으로 이해될 수 있다(Hahn, 1987). 그런즉, 손상, 결핍, 부족한 부분들로 이해되는 장애인의 경우 이들의 활동, 습관, 여가 등이 그 수준과 정도의 차이는 있으나, 매우 다르다는 것을 의미하는 것은 아니다.

장애를 개인의 비극적인 문제로 취급했던 그동안의 사회적 인식으로 볼 때, 장애인이 겪게 되는 낙인은 개인의 생물학적 상실과 밀접한 관계가 있었다. 이러한 이유로 장애의 용어나 이미지는 낙인과 은유를 내포하게 되고, 장애에 대한 올바른 접근과 문제의 근원을 이해하려는 목적보다는 신체적·정신적 상실들을 치료하고 재활하려는 전문가적 입장에서 접근하게 되었다. 그 결과, 장애를 유형별로 나누면서 '청각언어(deaf and dumb)장애' '휠체어에 갇힌 사람(people confined in a wheelchair)'과 같은 신체적인 부분을 강조

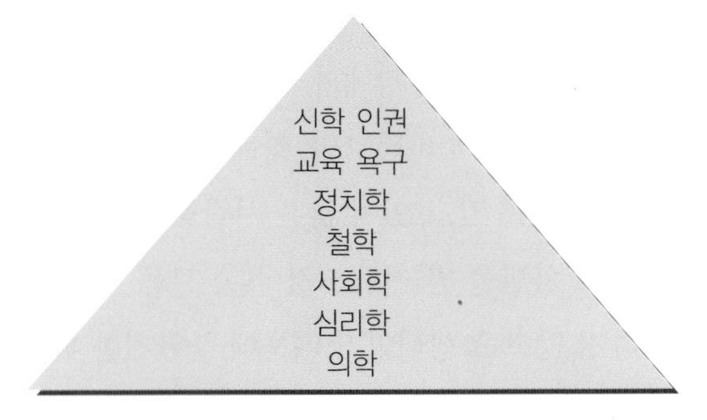

[그림 3-2] **장애 개념과 언어표현 층위**

출처: 윤삼호 역(2007).

하여 낙인화하는 표현이 사용되고, 정신지체, 정신병 환자 등 정신적 장애인에 대한 차별적 이미지가 파생되었다(윤삼호 역, 2007).

장애인을 천시하고 부적합한 존재로 여기며 사회 발전에 저해 요소가 된다고 생각했던 과거 산업사회의 편견은 현대의 복지국가가 건설되면서 장애인 역시 비장애인과 더불어 스스로 자신의 삶을 영위할 수 있는 한 시민이라는 인식으로 변화되었다. 현재는 장애인을 '장애를 가진 사람(people with disability)'으로 명명하고 있으며, 전 세계적으로 장애의 개념 규정에서 긍정적인 용어를 사용하는 추세이다. 결과적으로, 장애를 상실과 제약으로만 바라보는 관점보다는 다양하게 연관된 측면을 고려하여 긍정적이고 인간의 존엄이 보장되는 장애 개념의 등장이 요구된다.

2) 개별적 모델과 사회적 모델

개별적 모델(individual model)은 장애 자체에 관심의 초점을 기울인다. 장애라는 현상을 질병, 신체 및 건강 조건 등에 의해 직접적으로 발생하는 개인의 문제로 간주하고 있다. 그래서 장애에 따라 발생되는 신체적 · 정신적 기능의 제한과 심리적 문제는 장애인 개인이 해결해야 하는 문제로 남는다.

개별적 모델에 근거한 장애의 사회적 이미지는 두 가지로 구분해 볼 수 있다. 하나는 장애인에 대한 이미지 측면에서 장애인은 슬프고 비극적이라는 생각이다. 또 다른 하나는 장애인이 초인적인 영웅들로 인식되는 것이다. 초인적인 영웅들로 인식되는 장애인들은 '프랭클린 루즈벨트(Franklin D. Roosevelt)'와 '헬렌 켈러(Helen Keller)'와 같은 개인들이며, 이는 이들이 지속적인 노력을 통해 보여 준 사회적 성공의 결과이다(Longmore, 1987). 그러나 개인의 극복에 따른 초인적인 영웅의 이미지로 접근하는 것은 장애를 여전히 신체적 · 정신적 비극으로 보는 인식에 기인하는 것이다.

반면, 사회적 모델(social model)은 장애인들의 건강 개념을 이해하는 측면에 있어서 개별적 모델과는 대조적인 시각을 가진다. 즉, 장애인 개인의 기능적 한계로부터 벗어나서 장애를 부과하는 사회적 환경들로 초점을 이동시킨다(Hahn, 1988). 즉, 장애에 대해 더 이상 개인이 갖는 신체적 · 정신적 손상이 개인 책임이라든지, 혼자서 감당해야 할 불행이라고 보지 않는다. 그래서 장애를 변칙적 이형(anomaly)이라기보다는 차이(difference)로 인식하게 되며, 장애인을 더 이상 원조나 수혜의 대상이 아니라 하나의 주체로 간주한다(Oliver, 1996).

개별적 모델에서는 장애문제의 해결을 개별적 치료, 전문가의 지원, 훈련과 통제 등을 통한 개별적인 사회적응을 목적으로 하고 있는 데 반해, 사회적 모델에서는 장애가 사회적 문제이며, 차별적인 구조를 타파하기 위한 권리, 자기결정에 의한 선택, 개인이 아닌 집합적 노력, 사회행동을 통해 사회를 변화시키는 방식으로 되어 있다. 이처럼 장애 개념 모델을 비교해 보면 〈표 3-3〉과 같이 제시해 볼 수 있다.

한편, 프리스틀리(Priestley, 1998)는 장애이론을 개별적 모델과 사회적 모델의 병렬구조로 구분하고, 나아가 이들 각각의 모델을 유물론과 관념론이라는 차원으로 다시 분류하였다.

그러나 장애에 대한 이러한 접근에 따른 개별적 모델과 사회적 모델은 여러 가지 한계점을 가지고 있다. 우선 개별적 모델은 장애의 사회적인 맥락을 고려하지 못한다는 것이며, 장애인과 전문가의 관계가 매우 의존적이라는

〈표 3-3〉 **장애의 개별적 모델과 사회적 모델의 특성 비교**

개별적 모델(individual model)	사회적 모델(social model)
개인적 비극이론(personal tragedy theory)	사회억압이론(social oppression theory)
개인적 문제(personal problem)	사회적 문제(social problem)
개별적인 정체성(individual identity)	집합적인 정체성(collective identity)
편견(prejudice)	차별(discrimination)
보호(care)	권리(rights)
통제(control)	선택(choice)
개별적인 적응(individual adaption)	사회 변화(social changes)

출처: Oliver (1996).

한계가 있다. 반면, 사회적 모델은 두 가지의 비판이 제기되는데, 첫째, 장애인 개인의 우울이나 육체적인 고통 등 개인적인 경험을 소홀히 한다는 것이다. 둘째, 장애인의 집단적인 정체성을 강조한 나머지 장애인 개개인의 독특한 개별성을 경시한다는 것이다(Oliver, 1996). 한편, 오래전부터 장애인의 문제해결을 위해서 보호 및 관리 개념에 중점을 두고 있는 전후 시대 이후의 의료적인 접근과 개인의 기능 보강 및 훈련을 통한 재활적 접근이 장애인복지의 핵심을 이루고 있었다. 그리하여 지금까지 이러한 두 가지 접근과 장애인을 비장애인과 동등한 시민으로서 인식하는 지역사회 내의 자립생활적 접근이 우리 사회에 병행되어 왔다.

최근 우리나라의 장애인복지는 장애의 다양성에 대응할 수 있도록 개별화 지원의 원칙과 함께 지역사회에서 일상생활이 가능하도록 기초적인 지원체계를 구축하는 노력을 기울이는 중이다. 여기에는 비장애인들이 누리는 것과 같이 장애인들에게도 '가능한 한 정상적인 보통의 삶'을 보장하고, 개별적이고 자신의 욕구에 부합된 형태의 지원 등을 통하여 장애인이 지역사회 내에서 자신의 삶을 스스로 책임지고 선택하는 시대적인 흐름이 포함되어 있다. 물론 이를 실현하고 성공적으로 정착시키기 위해서는 장애에 대한 사회

〈표 3-4〉 **장애 다중 패러다임 구성 비교**

구분	개별적 모델	사회적 모델
손상 (impairment)	심리적 · 신체적 또는 해부학적 구조나 기능의 손상 및 비정상성	사지의 전부, 또는 일부가 없거나 사지, 기관의 신체 조직의 결함
	생물학적 결정론	사회적 생성주의
장애 (disability)	손상으로 인해 사람이 정상적으로 수행할 수 있어야 한다고 간주되는 수준의 활동에 제약을 받거나 결핍이 발생하는 것	장애인이 신체적 손상을 가지고 있다는 사실을 전혀 고려하지 않음으로 인해서 장애인으로 하여금 사회적인 불이익을 당하게 하며, 행동을 제약함으로써 주류의 사회적 활동의 참여를 배제하는 것
	상징적 상호주의	사회적 구성주의

출처: Priestley (1998).

적 인식개선이 우선적으로 요구되며, 동시에 장애친화적 사회 구조와 혁신이 필요함을 잊어서는 안 될 것이다.

3) 권리에 기반한 접근

권리에 기반한 접근(Rights-Based Approach: RBA)은 기존에 장애인을 '시혜나 동정'의 관점에서 바라보던 것에서 벗어나 '차별금지 및 권리옹호'로의 패러다임 변화와 함께 장애인의 인권과 권리를 강조하는 접근법이다. RBA는 "인간 개발의 과정에 대한 개념적 체계 중 하나로, 규범적으로 인권 기준에 근거하며 인권의 증진과 보호에 초점을 맞추고 있는 접근방식"을 의미한다(이금순, 김수암, 조한범, 2008; Brown, 2004).

RBA의 핵심원칙은 권리에 대한 명시적 연계와 실질적 참여 보장, 역량강화, 책무성, 비차별성, 그리고 소외 계층에 대한 관심 등을 포함한다(김경아, 강공내, 2013). 여기서 장애인 등 소외 계층에 대한 관심은 단순히 그 사회의 자원의 부족이 아닌 차별로 인한 기회와 정보 등에 대한 접근성 부족에 초점이 맞추어져 있다. RBA는 수혜자로 하여금 정책개발에 참여함으로써 보다 높은 수준의 역량강화와 주인의식을 함양시키고 있다. 결과적으로, 이러한 RBA의 장점을 살펴서 2012년에 유엔인권최고대표부는 인권보장의 제도 수립과 실현에 있어 인권 상황에 대한 정량적 및 정성적 지표를 통한 적절한 정책측정도구의 중요성을 강조하며 인권지표를 개발 · 보급하였다.

RBA가 추구하는 장애인복지의 목표는 장애인의 기회 평등을 통한 완전한 사회참여이다. 이를 실천하기 위해 장애인의 개인 영역뿐만 아니라 전체 사회 영역을 포함하는 법적 수단의 역할이 강조된다. 즉, 장애인의 사회참여를 가로막는 각종의 차별 요소와 제도적인 개혁 등 새로운 입법들이 요구된다.

〈표 3-5〉 **권리에 기반한 접근방법 비교**

구분	시혜적 접근	필요요구 접근	권리에 기반한 접근
개발의 정의	시혜의 증가	필요와 욕구 충족	권리의 실현
개발행위의 동인	빈곤층에 대한 부유층의 도덕적 책임	정당한 요구로 인정	국가 및 사회의 의무 이행
개발수혜자의 위치	개인을 희생자로 간주	개인은 개발개입의 객체임	자신의 권리를 갖는 존재
개발의 강조점	결과가 아닌 투입 집중	투입과 결과에 집중	과정과 결과에 집중
개발의 궁극적 목표	시혜의 강화와 빈곤퇴치	필요를 충족시킴	공정과 평등한 구조

출처: Jakob & Tomas (2007): 한국장애인개발원(2014)에서 재인용.

요약

1. 장애인복지의 개념은 개별적 손상이나 기능상의 장애에 초점을 두고 장애인을 시설보호 및 치료의 대상으로 접근하는 의료적인 관점에서 지역사회의 구성원으로서 정상화된 삶을 지원하는 자립생활의 관점으로 점차 변화하고 있다. 이것은 복지서비스의 개념을 넘어서 인권의 개념으로 장애인복지에 접근하는 새로운 경향이다.

2. 장애인복지의 기본이념으로 인간의 존엄성, 정상화, 자기결정, 사회정의, 사회통합 등의 내용이 있다. 최근 중요시되는 자기결정권에 대해 우리나라 「헌법」에서는 "개인의 일정한 사적 사건 및 영역에 관하여 공권력으로부터 간섭받지 않고 스스로 결정할 수 있는 권리"라고 명명하고 있다. 장애인 당사자에게 중요시되는 자기결정권은 민주 사회에 있어서 당연한 권리로 인식된다.

3. 장애인복지가 추구하는 궁극적인 목표는 사회통합이다. 장애인의 사회통합이란 장애인이 평등의 기초 위에서 그들이 속한 사회의 정치 · 문화 · 사회 활동에 참여하는 것을 의미한다. 즉, 비장애인이 영위하는 수준과 동등하게 장애인이 지역사회 내에 '존재'하고 '참여'하는 것을 말한다.

4. 패러다임이란 동시대의 과학자나 사회 전체가 공유하는 이론, 법칙, 지식, 가치, 믿음, 습관 등을 통틀어 일컫는 개념이다. 장애인복지의 패러다임은 탈의료화, 탈시설화, 재활 모델에서 사회적 모델로 전환되고 있으며, 최근에는 장애인 당사자의 역량강화와 권리옹호의 중요성이 강조되고 있다.

Issues & Discussion

1. 장애인복지의 다섯 가지 이념에 대해 느낀 바를 설명하시오.

2. 장애인복지의 패러다임 변화에 대해서 자세히 설명하시오.

3. 장애에 대한 관점인 낙인과 개별적·사회적 모델에 대해 각각 설명하시오.

04

장애인과 사회보장

이 장에서는 장애인과 사회보장에 관계되는 장애인복지정책의 기본 방향과 소득보장, 의료보장, 고용보장, 교육보장에 해당하는 사회보장에 대해서 탐구하고자 한다.

1980년대 이전의 장애인복지정책을 보면 단순구호로서 시설수용 중심의 보호정책 측면이 강하였다. 이후에 「장애인복지법」 제정과 복지관 등과 같은 지역사회 내의 이용시설체계가 구축되기 시작하였다. 2000년을 전후하여 수립된 장애인복지정책 5개년 계획은 우리나라 장애인복지 패러다임의 변화를 이끌어 냈으며, 당사자의 권리 신장 및 사회참여뿐만 아니라 장애인의 삶의 질 개선에 대한 방향을 제시하였다.

현대사회에서는 의식주와 의료 등 최저생활 수준에 대한 보장이 선행되지 않는다면 한 시민으로서 인간다운 생활을 기대하기 어렵다. 더욱이 근로 능력과 경제 능력이 좌우되는 현대사회에서 장애인 역시 비장애인과 마찬가지로 실업과 빈곤, 그리고 건강을 비롯한 의료문제에 직면할 수밖에 없다. 그러므로 장애인복지에 있어서 소득 · 의료 · 고용 · 교육 보장 등은 필수적인 복지정책으로서 매우 중요한 의미를 갖는다.

학습목표

1. 우리나라 장애인복지정책의 기본 방향에 대해서 이해할 수 있다.
2. 장애인을 위한 우리나라의 사회보장제도에 대해 설명할 수 있다.
3. 장애인을 위한 기타 사회서비스에 대해서 파악할 수 있다.

키워드

장애인복지정책 / 사회보장 / 소득보장 / 의료보장 / 고용보장 /
교육보장 / 사회서비스

1. 장애인복지정책의 변화과정

장애인복지정책의 기본방향은 장애인의 권리에 기반한 자립생활과 사회참여를 보장하는 것이다. 우리나라의 장애인복지정책은 과거 제1차 아시아 · 태평양 장애인 10년 행동계획(1993~2002)을 통한 장애인복지발전 5개년 계획을 시작으로 「장애인복지법」 전부개정과 「장애인차별금지 및 권리구제 등에 관한 법률」 시행, 그리고 「유엔장애인권리협약」 비준 등 장애인정책의 커다란 국내외적 변화를 경험해 왔으며, 가장 최근의 제5차 장애인정책종합계획(2018~2022)까지 거듭 발전해 왔다.

우리나라 장애인복지정책의 변화과정을 좀 더 구체적으로 살펴보면, 우선 1980년대 이전 시기에는 단순구호 단계로서 시설수용 보호정책 일변도였다. 이후 장애인복지정책의 제도 도입 초기 단계로서 「심신장애자복지법」(1981)의 제정과 재가장애인을 위한 이용시설체계를 구축하기 시작하였다. 1980년대 후반부터 1990년대 중반까지는 전반적인 복지정책의 기조 변화와 함께 장애인복지 역시 보호와 시혜 차원에서 벗어나 정상화와 사회통합의 정책방향으로 전환되기 시작하였다. 이 당시 우리나라는 장애인복지 기반구축 단계로서 장애인 수당이 도입되었으며, 「장애인고용촉진법」의 제정, 「특수교육진흥법」 개정, 장애인등록사업 등이 실시되었다. 특히 이 무렵에 정부는 국무총리를 위원장으로 하는 '장애인복지대책위원회'를 만들어 장애인정책종합계획의 수립과 추진을 결정하였다. 이에 따라 1998년에 최초로 제1차 장애인복지발전 5개년 계획(1998~2002)이 수립되면서 우리나라 장애인복지의 기본적인 기틀을 마련하였다. 이후 제2차 장애인복지발전 5개년 계획(2003~2007)을 통하여 「장애인복지법」 전부 개정 및 「장애인 차별금지 및 권리구제 등에 관한 법률」 제정 등 장애인복지정책 패러다임의 전환과 장애인 인권복지의 기반을 마련하였다.

또한 제3차 장애인정책발전 5개년 계획(2008~2012)은 장애인의 권리에 기반한 사회적 모델을 이념적 기반으로 두고, 탈시설화, 정상화, 자립생활, 장애인 차별금지 등 장애인복지의 패러다임 변화에 부응할 수 있도록 계획하였으며, 장애인복지 선진화, 장애인 경제 활동 확대, 장애인 교육문화 증진, 장애인 사회참여 확대 등 4개 분야에서 58개 과제를 추진하였다.

그리고 제4차 장애인정책종합계획(2013~2017)에서는 '장애인과 비장애인이 더불어 행복한 사회'를 비전으로 표방하고, 장애인복지 · 건강서비스 확대, 생애주기별 교육강화, 장애인 경제자립기반 강화, 장애인의 사회참여와 권익증진을 목표로 채택하였다. 이때 4대 핵심분야와 19개 중점과제, 그리고 71개 세부추진과제를 목표로 하여 연도별로 구체적인 성과목표를 제시하였다. 그러나 「유엔장애인권리협약」(2006)과 '아시아 · 태평양 장애인의 권리실천을 위한 인천전략(2013~2022)'과의 공동 목표의 연계성이 부족하다는 한계를 나타냈다.

현행 제5차 장애인정책종합계획(2018~2022)은 '장애인의 자립생활이 이뤄지는 포용사회'를 비전으로 복지 · 건강, 교육 · 문화 · 체육, 경제적 자립기반, 권익 및 안전, 사회참여 등 5대 분야의 22개 중점과제 및 70개의 세부과제로 구성되어 있다. 특히 여기에는 '장애등급제 폐지' '탈시설지원' '특수학교 및 특수학급 확충' '장애인 권익옹호' 및 '정보통신보조기기 지원'과 '저상버스 보급률 확대' 등 장애계의 최대 이슈들이 망라되어 있다.

그러나 무엇보다 이러한 장애인복지정책의 핵심은 장애인 등록단계부터 전 생애에 걸쳐서 내실 있는 서비스와 정책 이행 및 적절한 서비스 전달체계의 구축이다. 이러한 목표는 정부의 노력만으로 달성될 수 있는 것이 아니며, 우리 사회의 모든 구성원이 장애인에 대한 관용과 인권의식을 바탕으로 사회통합과 사회정의를 이루려는 노력을 기울여야 한다.

2. 장애인의 사회보장

보건복지부가 발표한 2015년도 우리나라 장애인의 사회보장 서비스의 욕구를 살펴보면, 우선 소득보장이 38.5%로 가장 높으며, 그다음으로 의료보장이 32.8%, 고용보장이 8.5%, 주거보장이 6.4%, 이동권 보장과 교육보장이 각각 1.8%로 나타났다. 이는 장애인들 역시 현대사회에서 무엇보다도 가장 필요한 경제 활동과 관련된 소득보장과 건강과 관련된 의료보장에 대해 가장 높은 서비스 필요의 욕구가 있음을 반영한 것이다. 이러한 우리나라 장애인의 사회보장의 세부적인 내용을 욕구 우선순위에 따라 살펴보면 다음과 같다.

1) 소득보장

소득보장이란 어떠한 원인으로 인해 개인의 소득이 상실되거나 감소하는 경우에 기본적인 소득을 유지할 수 있도록 공적인 지원체계를 동원하여 소득을 유지시켜 주는 것을 말한다. 특히, 장애인가구는 비장애인가구에 비하여 소득을 꾸준히 유지하기가 어려운 상황이어서 경제생활의 빈곤으로 이어질 수 있다. 이러한 소득보장은 경제 활동과 밀접한 관련을 갖고 있으며, 현대사회의 생존에 있어서 매우 중요한 의미를 갖는다.

장애인 소득보장체계에서 제공하는 급여는 장애인연금, 일반소득보장급여, 장애관련급여 등으로 구분된다. 우리나라의 소득보장체계와 관련해서는 우선 1988년에 국민연금이 도입되었고, 이후 1990년에 장애수당제도와 2002년에 장애아동수당, 그리고 2010년에 장애인연금제도가 도입되면서 점차 발전해 오고 있다.

최근 우리나라 장애인가구의 월평균 소득을 살펴보면, 242만 1천 원으로 전체 가구의 361만 7천 원에 비해 약 66.9%에 못 미치는 상황이어서 일반 가구와 큰 소득 격차를 보인다(고용노동부, 한국장애인고용공단, 2019).

우리나라의 대표적인 공공부조의 소득보장제도는 '국민기초생활보장제도'(2000)이다. 국민기초생활보장제도는 기본 생활이 어려운 사람들에게 필요한 급여를 제공함으로써 최저생활을 보장하고 자립을 조성하기 위한 목적에서 시행되었다. 즉, 사회경제적 빈곤층에게 최저생활을 유지할 수 있도록 지원하는 공공부조의 성격을 가진 소득보장제도이다. 장애인 소득보장 측면에서 국민기초생활보장제도는 장애로 인한 빈곤 위험에 직접적으로 개입하는 것을 목적으로 하는 장애급여가 아니며, 모든 시민을 대상으로 한 일반 소득보장제도로서 빈곤층의 최저 소득보장을 목적으로 한다. 「국민기초생활보장법」상 기초생활보장 수급자 중 장애인가구는 약 192,000여 가구로 전체 가구의 19%를 차지하고 있다. 실제로 장애인들의 소득은 매우 낮아서 장애인 소득보장 제도만으로는 불충분한 것이 현실이다.

우리나라의 2020년 최저생계비[1)]는 4인 기준으로 2,849,504원이며, 1인 가구의 경우는 월 1,054,316원, 2인 가구는 1,795,188원, 3인 가구는 2,322,346원이다.

〈표 4-1〉 **최저생계비 현황표** (단위: 원)

1인 가구	2인 가구	3인 가구	4인 가구
1,054,316	1,795,188	2,322,346	2,849,504

출처: 보건복지부(2020a).

1) 최저생계비는 국민이 생활을 유지하기 위한 최소한의 필요 비용으로서, 기초생활보장 수급자 등 각종 복지대상자 선정 및 급여의 기준으로 활용되며, 공익대표, 민간전문가, 관계부처 공무원 등 12인으로 구성된 중앙생활보장위원회의 심의 · 의결을 거쳐 보건복지부장관이 매년 9월 1일까지 다음 연도 최저생계비를 공표하게 되어 있다. 참고로 국가가 노사 간의 임금결정과정에 개입하여 임금의 최저 수준을 정하는데, 2020년의 최저임금은 시간당 8,590원이며, 월급 기준으로는 1,795,310원이다.

장애인연금제도(2010)는 장애로 인해 생활이 어려워진 중증장애인의 생활 안정 지원을 목적으로 시행되었다. 장애인연금제도란 일을 하기 어려운 중증장애인의 생활 안정을 위하여 매월 일정 금액을 연금으로 지급하는 사회보장제도이다. 이러한 장애인연금제도는 중증장애인의 근로 능력 상실과 감소된 경제적 손실로 인한 추가비용을 보전하기 위한 것으로, '국민기초생활보장제도'와 함께 우리나라의 대표적인 소득보장제도이다.

장애인연금의 지원대상은 18세 이상의 중증장애인 중 소득인정액이 선정기준액 이하인 장애인이며, 급여는 소득보전 성격의 기초급여와 추가 지출비용 보전의 부가급여로 구분된다. 2020년 기준 「장애인연금법」상의 중증장애인의 경우 기초급여 지급금액은 최대 30만 원이며, 부가급여액은 2~38만 원이다. 또한 만 18세 이상 중증장애인이 아닌 경우(종전의 3~6급에 해당)에는 월 2~4만 원이 장애수당으로 지급된다. 이러한 장애인연금의 대상자는 18세 이상의 중증장애인으로서 소득인정액이 그 중증장애인의 소득, 재산, 생활 수준과 물가상승률 등을 고려하여 보건복지부 장관이 정하고 고시하는 금액 이하인 사람이다. 또한 장애수당은 장애로 인한 추가비용 지출을 보전하기 위한 목적으로 「국민기초생활보장법」에 의한 수급자 및 차상위계층의 경증장애인을 대상으로 지원하고 있다.

〈표 4-2〉 **장애인 소득보장의 지원 기준과 대상자**

지원사업	지원 기준 및 대상자
장애인연금	• 「장애인복지법」상 중증장애인 • 2020년 선정기준액은 배우자가 없는 중증장애인 가구의 경우 월 소득인정액 1,220,000원, 배우자가 있는 경우 월 소득인정액 1,952,000원인 경우
경증장애수당	• 「국민기초생활보장법」에 의한 수급자 및 차상위계층(기준 중위소득 50% 이하)의 만 18세 이상 등록장애인 중 경증장애인
장애아동수당	• 「국민기초생활보장법」에 의한 수급자 및 차상위계층(기준 중위소득 50% 이하)의 만 18세 미만의 장애아동

출처: 보건복지부(2020a).

이러한 장애인연금은 연금의 기본적인 성격상 기본생활보장과 전 장애인이 지급대상에 포함되어야 하는 것이 원칙이나 재원 마련과 운영의 한계로 인해 대상자가 한정된다. 그럼에도 불구하고, 장애로 인해 감소된 소득과 추가로 소요되는 의료 · 생활 비용을 보전하기 위한 저소득 장애인의 기본생활을 지원한다는 측면에서는 의의가 있다.

한편, 장애인가구가 비장애인가구에 비해서 상대적으로 소득이 적은 이유와 소득보장의 필요성은 다음과 같다. 첫째, 장애인가구의 소득이 비장애인가구에 비해서 상대적으로 열악하다는 것이다. 둘째, 장애인가구가 소득이 적은데도, 장애인가족으로 인한 의료 및 생활비가 더 소요되어 지출부분이 상대적으로 더 많다는 것이다. 결과적으로, 장애인 소득보장을 위해서 국민기초생활보장 및 장애인연금과 같은 기초적인 소득보장제도의 역할이 매우 중요하다고 할 수 있다.

2) 의료보장

「헌법」 제36조 제3항에서는 "모든 국민은 보건에 관하여 국가의 보호를 받는다."라고 규정하고 있다. 이는 국민의 건강에 대한 국가의 보호 의무를 정하고 있는 동시에 일정한 범위 안에서 국민의 건강권을 보장하고 있는 것이다. 지역사회에서 생활하는 장애인들도 비장애인들과 마찬가지로 의료서비스를 필요로 하며, 일부 장애인은 전문적인 의료보장이 생명과 결부되어 필수불가결한 경우도 있다.

장애인 의료보장은 장애에 따른 신체적 · 정신적 능력을 회복하여 직업생활 및 사회생활을 포함하여 지역사회 내에서 자립생활이 가능하도록 지원하는 데 그 목적이 있다. 이러한 의료보장은 국민의 최소한의 생활 수준을 유지하는 데 필요로 하는 소득보장과 함께 국민의 기본적인 건강권 보장을 위해 필수적인 부분이다. 그러나 이처럼 장애인에게 가장 기본적인 보장임에도 불구하고, 장애인들은 의료비 부담문제로 인하여 현실적으로 여러 가지 어려움을 갖고 있다.

최근 들어, 2019년 장애통계연보를 살펴보면 장애인가구는 전체 가구에 비해 의료비의 지출 비중은 4.5% 높다. 장애인가구 월평균 경상소득은 전체 가구 연평균의 71.3%에 불과하다(보건복지부, 2019b). 이처럼 장애인 의료비 지원을 위해서 「장애인복지법」 제36조 및 「의료급여법」 제3조에 근거하여 의료급여 2종 수급권자 및 건강보험의 차상위 수급자를 대상으로 본인부담금 중 일부 또는 전액 의료비를 지원하고 있다.

장애인을 위한 의료급여제도란 생활 유지 능력이 없거나 생활이 어려운 저소득 국민의 의료문제를 국가가 보장하는 공공부조제도로, 건강보험과 함께 국민 의료보장의 중요한 수단이 되는 사회보장제도이다. 따라서 생활 유지 능력이 없거나 생활이 어려운 국민들에게 발생하는 의료문제, 즉 개인의 질병, 부상, 출산 등에 대해 의료급여 서비스를 제공하는 것이다. 이러한 의료급여제도의 목적은 생활이 어려운 자에게 의료급여를 실시함으로써 국민보건의 향상과 사회복지 증진에 이바지함을 목적으로 한다. 적용대상은 국민기초생활보장 수급권자로서 「국민기초생활보장법」에서 정하는 소득인정액이 최저생계비 이하이며, 부양의무자가 없거나 부양을 받을 수 없는 가구이다. 또한 차상위 의료급여 수급권자로서 소득인정액이 최저생계비의 120% 이하 가구의 가구원 중 만성질환자 및 18세 미만 아동이 해당된다.

이러한 장애인의 의료비 부담을 경감시키기 위해 정부는 의료급여 및 건강보험 급여 기간을 365일 상시로 확대하고 있으며, 장애인재활과 상담에 필요한 재활병원과 의원을 전국 16개 시 · 도에 설치하여 장애의 진단, 재활치료, 의료상담 등을 제공하고 있다. 또한 국립재활원, 지역 재활병원, 거점보건소 및 민간 병의원 등을 포괄하는 지속 가능한 의료보장 서비스가 제공될 수 있는 의료서비스 강화와 접근성 향상을 위해 노력하고 있다. 그러나 좀 더 다양한 의료서비스를 제공하기 위해서는 장애인복지관이나 장애인 관련 시설 등에 작업치료, 언어치료, 물리치료 등이 가능할 수 있는 기본적인 인프라 확충과 함께 공공의료서비스의 지속적인 확대가 요구된다.

장애인 보장구 지원과 관련해서는 장애인 보장구 등록 업체에 대한 지원책과 개별 장애인에 맞는 맞춤형 보장구사업지원, 그리고 이러한 보장구 개발을 위한 연구지원사업 등이 활성화되어야 한다. 정부의 장애인 보장구 지원은 「의료급여법」 제13조에 근거하여 등록된 장애인에게 전동휠체어, 보청기 등의 장애인 보장구 지원을 통해 경제적 부담을 완화하고 일상생활의 불편을 해소하려는 목적으로 시행되고 있다. 최근 절단장애인을 위한 의수족 기능복원 기술은 기계, 전기전자, 소재공학 등 다양한 분야의 첨단 기술과 정형외과, 재활의학 등 임상의학이 결합되어 괄목할 만한 진전을 보이고 있다. 특히 절단 부위와 의족을 연결하는 재질 및 체중으로 인해 생기는 압력과 마찰을 최소화하기 위해 실리콘이나 티타늄, 탄소섬유 등의 최신 재료들을 활용하고 있어 고비용의 보장구 지원의 필요성이 대두되고 있다.

현실적으로 장애인의 경우 경제적인 어려움 때문에 의료시설을 이용하기 어려운 경우도 있지만, 지역에서 의료접근성과 관련된 장애물로 인해 이용하기 어려운 경우가 많다. 즉, 병의원과 관련된 의료시설의 물리적 · 심리적 · 경제적 접근성을 포함한 정보접근성 측면에서 중증장애인의 경우 더욱 취약할 수 있다. 이런 이유로, 최근 들어 우리 사회에서도 장애인건강권에 대한 논의와 함께 이를 극복하기 위한 「장애인건강권 및 의료접근성 보장에 관한 법률」을 제정하여 시행 중에 있다.

여기서 장애인건강권이란 장애인 당사자가 양호한 건강상태에 도달하고 그것을 유지하는 데 필요로 하는 다양한 시설과 환경을 이용할 권리를 말한다. 「유엔장애인권리협약」의 제25조에 의하면, 당사국들이 장애인이 장애를 이유로 차별 없이 최고로 달성할 수 있는 수준의 건강을 향유할 권리가 있음을 인정하고 장애인들의 접근성을 보장하는 모든 적절한 조치를 취하도록 하고 있다. 또한 유엔의 경제적 · 사회적 · 문화적 권리위원회는 건강권을 제대로 실현하기 위해 국가가 이행해야 할 네 가지의 기본 기준으로 가용성, 접근성, 수용성, 그리고 질을 제시하고 있다(국가인권위원회, 2016).

이러한 장애인건강권은 차별금지와 인권의 측면에서 정부가 보장해야 할 의무이지만, 시민사회단체, 장애인단체, 비정부기구(Non Governmental Organization: NGO), 의료전문가 등 다양한 주체의 참여가 반영되어야 한다. 2018년부터는 「장애인건강권 및 의료접근성 보장에 관한 법률」이 시행됨으로써 장애인 건강증진에 대한 관심이 더욱 높아지고 있다. 이제 우리나라도 장애인의 건강권 구축을 위해 조기 장애 발견[2)] 시스템 및 인권적 측면의 장애 생애주기별 통계 구축이 요구되고 있다.

결과적으로, 장애인 의료보장은 장애인에게 필요한 기본적인 의료서비스에 대해 의료시장의 공급자 중심의 한계를 인식하고, 장애인의 의료비 지원과 의료기관의 접근성 향상에 초점을 두어야 할 것이다. 또한 의료비 지원이 현실화되기 위해서는 장애인의 의료비 부담과 고비용의 치료를 지원하기 위한 '장애인 의료비 산정특례제도' 도입의 필요성도 제기된다.

3) 고용보장

직업은 성인으로서 사회생활을 영위하는 데 기본적인 요건이며, 생계유지와 자아실현의 수단이고, 삶의 보람과 긍지의 원천이다. 장애인에게도 직업은 성취감과 대인관계의 원천으로 자아존중감과 삶의 만족도를 높이는 역할을 한다. 그러나 최근 우리나라의 사회 문제의 핵심은 무엇보다도 고용의 불안정, 정규직과 비정규직 간의 소득 양극화 현상이라고 할 수 있으며, 장애인 근로자 역시 이러한 현실에서 예외는 아니다. 우리나라의 장애인 고용은 1990년에 「장애인고용촉진법」이 제정되어 장애인의 노동시장 진출이 가능해지면서 경제 활동 참여율이 점차 증가하고 있으나 비장애인에 비해 매우 저조한 참여율을 보이고 있다.

---

2) 조기에 장애를 발견할 경우 치료와 재활의 효율성이 높을 수 있지만, 일반적으로 장애 발견과 진단까지 소요되는 기간이 길어지고 있다. 우리나라의 경우 아동의 장애발견부터 진단까지 평균적으로 2년여의 시간이 소요되고 있다.

〈표 4-3〉 **장애인 경제 활동 지표 총괄(15세 이상)**

(단위: 명, %)

구분		15세 이상 인구	경제 활동 인구			비경제 활동 인구	경제 활동 참가율	실업률	고용률
			계	취업자	실업자				
장애 인구	2014년	2,449,437	970,600	906,267	64,333	1,478,837	39.6	6.6	37.0
	2015년	2,444,194	921,980	849,517	72,463	1,522,214	37.7	7.9	34.8
	2016년	2,440,996	940,881	880,090	60,791	1,500,115	38.5	6.5	36.1
전체 인구	2014년	42,453,000	26,762,000	25,811,000	951,000	15,691,000	63.0	3.6	60.8
	2015년	42,975,000	27,211,000	26,189,000	1,022,000	15,764,000	63.3	3.8	60.9
	2016년	43,387,000	27,455,000	26,450,000	1,005,000	15,932,000	63.3	3.7	61.0

출처: 한국장애인고용공단(2017).

2019년 장애인 경제 활동 참여율을 살펴보면, 34.9%로 나타나 전체 인구 63.3%보다 현저히 낮은 수치를 보이고 있다. 이 중 장애인 취업자의 종사자 지위를 살펴보면, 상용근로자는 39.9%이며, 나머지는 임시근로자 20.9%, 일용근로자 10.4%, 그리고 기타 자영업이나 무급가족 종사자 등으로 파악되고 있다. 여기서 취업장애인의 직업 분포를 살펴보면 〈표 4-4〉와 같다.

〈표 4-4〉 **취업장애인의 직업 분포**

(단위: %)

제조업	농 · 어업 · 광업	건설업	도소 매업	보건 사회 복지	운수업	협회 단체/ 개인 서비스	시설 관리 사업 지원	공공 행정	숙박 음식업
15.3	10.7	9.7	10.1	11.5	6.5	3.4	5.4	7.3	5.1

출처: 한국장애인고용공단 고용개발원(2019).

이처럼 장애인의 경제 활동 참여도 힘들지만, 취업한 장애인의 직업 분포도 역시 단순 제조업이나 농업 · 어업 · 광업 및 건설업과 같은 저임금과 육체노동과 관련된 것이 대부분이라 장기적인 직업생활과 생활 유지가 어려운 상황이다. 그럼에도 불구하고 보건 · 사회복지 분야의 증가는 괄목할 만하다.

이에 따라서 우리나라는 장애인의 고용과 직업생활 참여를 보장하기 위해서 「장애인고용촉진 및 직업재활법」을 바탕으로 고용할당제인 장애인 의무고용제도를 운영하고 있는데, 2020년부터는 국가 및 지방자치단체, 공공기관 의무고용률 3.4%, 민간기업 의무고용률 3.1%로 각각 상향 조정되었다. 그러나 선진국들의 사례를 보면, 대표적으로 독일 5%, 프랑스 6%, 이탈리아 7% 등 우리나라보다 높은 의무고용률 수치를 적용하고 있다.

〈표 4-5〉 **2018년 장애인 의무고용 현황** (단위: 개소, 명, %)

구분	대상사업체	상시근로자	장애인	고용률	
				중증 2배수 미적용	중증 2배수 적용
전체	29,018	8,177,401	226,995	2.21(2.22)	2.78(2.76)
정부부문	616	1,215,270	38,861	2.59(2.70)	3.20(3.30)
공무원	314	885,727	24,615	2.39(2.50)	2.78(2.88)
비공무원	302	329,543	14,246	3.12(3.31)	4.32(4.61)
민간부문	28,402	6,962,131	188,134	2.14(2.14)	2.70(2.67)
공공기관	652	496,579	15,691	2.73(2.65)	3.16(3.02)
민간기업	27,750	6,465,552	172,443	2.09(2.11)	2.67(2.64)

출처: 고용노동부, 한국장애인고용공단(2019).

또한 우리나라는 중증장애인의 고용보장을 위해 지원고용제도와 보호고용제도를 운영하고 있다.

지원고용은 고용이 되었을 때 중단하거나 포기하는 일이 없도록 중증장애인에게 현장 훈련과 필요한 지원을 해 주어 지역사회 내에서 고용이 이루어지도록 한다. 이러한 지원고용은 「장애인고용촉진 및 직업재활법」 제13조에서 "고용노동부 장관과 보건복지부 장관은 중증장애인 중 사업주가 운영하는 사업장에서 직무 수행이 어려운 장애인이 직무를 수행할 수 있도록 지원고용을 실시하고 필요한 지원을 하여야 한다."라고 규정하고 있으며, 그 지원의 내용 및 기준 등에 필요한 사항은 대통령령으로 정하고 있다. 지원고용의 핵심적인 요소는 취업 후 적응지도, 즉 직무지도원의 역할이다. 직무지도원은 지원고용 훈련기간 및 취업 후 적응 기간 동안 중증장애인 훈련생의 출퇴근 및 직무적응을 위한 지도를 하며, 동료들과 원활하게 일할 수 있도록 관계 형성을 지원한다(한국장애인고용공단, 2016).

중증장애인 인턴제는 취업에 어려움을 겪는 미취업 중증장애인에게 사업체에서 인턴 근무 경험을 제공하여 직무 능력 및 직장 적응력을 향상시키고 정규직 전환을 지원하는 취업지원 프로그램이다. 이러한 중증장애인 인턴제는 사업체와의 협약을 통해 인턴 기간 동안에 사무, 기술 등 실무를 훈련하게 되는데, 미취업 중증장애인을 인턴으로 선발하여 연수 및 채용 기회를 제공하는 것을 목적으로 한다.

〈표 4-6〉 **중증장애인 인턴지원금**

구분	인턴지원금	정규직전환지원금
지원 기간	인턴약정기간(최대 6개월)	정규직 전환 후 6개월
지원 수준	약정임금의 80%(월 최대 80만 원)	월 65만 원
지급 시기	매월 지급	6개월분 일괄 지급

출처: 한국장애인고용공단(2017).

지원고용 외에 중증장애인의 가장 보편적인 고용방안으로 보호고용제도를 들 수 있다. 「장애인고용촉진 및 직업재활법」 제14조에서는 국가와 지방자치단체가 장애인 중 정상적인 작업 조건에서 일하기 어려운 장애인을 위하여 특정한 근로 환경을 제공하고 그 근로 환경에서 일할 수 있도록 규정하고 있다. 우리나라 보호고용제도의 일반적인 형태는 대부분 직업재활시설을 통해 이루어지고 있으며, 「장애인복지법 시행규칙」 제41조의 규정에 의해 직업재활시설은 장애인 보호작업장과 근로사업장, 그리고 직업적응훈련시설로 구분하여 운영되고 있으며,[3] 2016년 기준 장애인보호작업장은 516개소,

3) 장애인 직업재활시설의 구분 및 정의(이 교재의 '06 장애인과 재활지원'의 〈표 6-1〉 참조)

근로작업장은 63개소가 전국적으로 운영 중에 있다.

장애인 근로사업장 내에서는 보호작업장 프로그램을 운영할 수 있는데, 이는 보호된 환경에서 작업 능력을 향상시키기 위한 직업 훈련 및 보호작업 등을 통해 장애인 근로사업장이나 경쟁고용으로 전이될 수 있도록 하기 위함이다. 그리고 장애인 보호작업장 내에서 작업 활동 프로그램도 운영될 수 있는데, 이는 작업 능력이 매우 부족한 장애인들이 일정 기간 동안 일상생활 및 가사생활 훈련, 사회적응 훈련, 직업적응 훈련, 여가 활동 교육 등을 통해 근로사업장으로 전환될 수 있도록 하기 위함이다.

그러나 이러한 장애인 직업재활시설 유형의 가장 큰 차이는 근로사업장은 최저임금을 지급해야 하지만, 보호작업장은 그렇지 않다는 것이다. 우리나라 전체 직업재활시설 장애인 중 근로사업자 소속 장애인은 약 18% 정도에 불과하다. 나머지 82%는 이른바 훈련생으로 보호작업장에 소속되어 직업 훈련 등을 겸하고 있다. 이러한 보호작업장의 장애인 중 중증장애인의 비율은 95%가 넘기 때문에 주로 재활 및 사회적응 프로그램 등을 병행하고 있다(보건복지부, 2016). 우리나라는 「최저임금법」상 고용주는 정신 또는 신체의 장애로 인해 근로 능력이 현저히 낮다고 인정되는 예외적인 경우에는 장애인을 최저임금 적용대상에서 제외할 수 있게 되어 있다. 이런 이유로 인해 실제 중증장애인의 경우 최저임금 이하의 적은 임금을 받는 경우가 발생하고 있다.

한편, 우리나라의 장애인 구직자의 취업 경로를 살펴보면 [그림 4-1]과 같다.

장애인 직업재활의 궁극적인 목표는 안정적인 직업을 보장하는 것이며, 이는 장애인의 완전한 사회참여와 통합으로 요약되는 장애인복지의 기본이념을 구현하는 데 가장 중요한 요소라고 할 수 있다. 장애인들은 직업생활을 통해 경제적 독립성을 확보할 뿐만 아니라 사회적 접촉을 확대하고, 자의식 강화, 그리고 직업을 통한 사회적 인정 등을 성취할 수 있다. 아울러 장애인 스스로가 국가의 경제 및 사회 발전에 적극적으로 동참하고 기여할 수 있

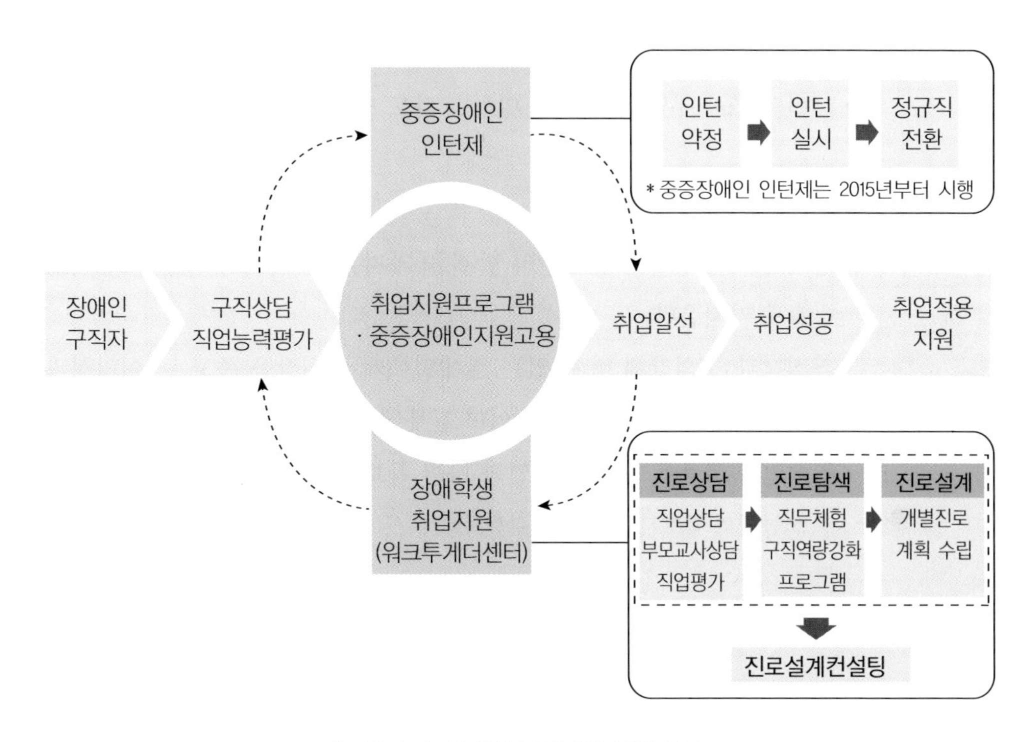

[그림 4-1] **장애인 구직자의 취업 경로**

출처: 한국장애인고용공단(2016).

다는 자부심을 부여해 준다는 의미에서 개인적으로나 사회적으로 매우 의미 있는 부분이다.

이처럼 장애인에게 직업생활은 매우 큰 의미를 가지고 있으며, 장애인에 대하여 고용 기회를 확대시킨 것은 그들의 자립과 발전을 도와준다는 복지 정책적 측면에만 필요한 것이 아니라 사회가 조화롭게 발전하기 위해서도 절대적으로 필요하다. 이러한 장애인 고용의 필요성을 다음과 같이 크게 경제적 · 사회적 · 정치적 측면으로 나눌 수 있다.

(1) 경제적 필요성

- 장애인 실업은 국가 경제력의 손실이 된다.
- 장애인 고용은 사회복지 지출을 감소시킴으로써 국가의 지출을 줄일 수

있다.

- 국민의 조세 부담을 줄일 수 있는 효과도 있다.

(2) 사회적 필요성

- 장애인 고용정책은 장애인의 발전을 가져올 뿐 아니라 고용주의 이득 창출도 가져온다.
- 좌절감과 소외감에 빠져 있는 장애인에게 성취감을 주고, 참여의식과 일체감을 줄 수 있으며, 삶의 의미를 부여할 수도 있다.
- 장애인의 고용은 고용주의 인력 자원 확보가 된다(현대사회의 기술 변화로 노동력의 확보가 많이 어려워졌다).

(3) 정치적 필요성

국민통합은 평등한 참여를 통한 균등화 위에서만 이룩될 수 있다(노동의 기회를 얻지 못한 장애인들이 사회에 대해 느끼는 소외감과 좌절감은 국가의 체제에 대한 반발심을 일으킬 수 있다).

일반적으로 중증장애인의 고용률이 경증장애인의 고용률에 비해 절반에도 못 미치는 상황이며, 실업률 역시 중증장애인이 경증장애인보다 높게 나타나고 있음은 주지의 사실이다. 중증장애인 역시 일할 의사가 있고, 또 일을 할 능력이 있는 장애인의 경우에는 일할 수 있는 조건들을 제공해 주어야 한다. 일할 권리, 즉 노동권은 장애인, 비장애인의 구분 없이 누구에게나 주어진 기본적인 권리이다. 한 나라의 국민이면 누구에게나 주어지는 기본권적인 권리임에도 불구하고 그 기본권으로부터 늘 소외당하는 이들이 장애인이다. 과거 정부에서 노동권이 보장될 수 있도록 일자리를 늘리고, 다양한 정책을 펼치며 제도를 개선해 보았지만, 장애인들에게는 늘 예외적인 상황이었다고 볼 수 있다. 최근 정부에서 장애인 고용정책들을 계속 발표하면서 점차 장애인 고용 확대방안을 마련하겠다고 제시하고 있지만, 현재까지 장애인의 노동권을 해결하기에는 미흡한 실정이다.

따라서 우리나라 장애인 고용보장을 위한 향후 과제들을 다음과 같이 제시해 볼 수 있다.

첫째, 우리나라는 중증장애인의 직업훈련시설과 고용 인프라가 매우 부족하다. 특히 감각 및 신체적 중증장애인, 지적 및 정신장애인의 경우 장애로 인해 부분적으로 상실된 근로 능력을 보완하고 업무의 효율성을 증대시키기 위한 방법들이 요구된다.

둘째, 민간의 고용률을 높이는 방안으로 자회사형 장애인표준사업장 설립을 확대하여 대기업의 장애인 의무고용률을 높이는 방안을 고려해 볼 수 있으며, 정부는 취업이 어려운 중증장애인의 일자리 창출을 위해 공공기관의 장애인 일자리 제도를 마련하여 최저임금보전제도의 도입 등을 적극 검토할 필요가 있다.

셋째, 장애인 일자리 창출에 대한 공공복지 인식과 더불어 사회적인 연대의 책임이 요구된다. 전통적인 고용창출의 주체는 국가와 시장이라고 할 수 있다. 그러나 최근 사회적 취약계층의 일자리 창출과 공동사회의 이익을 추구하는 사회적 기업과 같은 형태들이 등장하면서 장애인 일자리에 대한 당

독일 베를린의 자연친화적 장애인 직업재활시설

위성과 이에 대한 공공복지 인식 및 사회적 연대의 기본가치가 활발히 논의되고 있다. 더불어서 장애인 고용과 직업재활서비스를 보다 효과적으로 추진할 수 있는 정부 기구의 통합과 효율적인 시스템이 요구된다.

이를 통해서 궁극적으로는 장애인 당사자의 경제적 자립과 사회적 지위 향상 및 생활만족도 증진 관점에서 개인의 환경 특성과 생애주기에 따른 교육과 훈련지원체계의 내실화 및 고도화가 필요하다. 동시에 직업 및 사회심리재활 차원에서의 지역사회서비스방안들이 더욱 고안되어야 하며, 이를 위해 서비스체계의 효과성 및 효율성 제고를 통한 결함이나 공백을 극복하기 위한 촘촘한 복지기반 네트워크가 재기능화되어야 한다(이경준, 정명선, 2017).

4) 교육보장

우리나라의 교육현실은 1980년대까지만 하더라도 장애학생뿐만 아니라 비장애학생 역시 과밀학급과 인프라의 낙후로 교육환경이 매우 낙후된 상태였다. 당시의 시대적 분위기는 지금의 통합교육과 장애인 사회참여에 대한 인식과는 다소 거리가 먼 장애학생만의 특수교육이 지배적인 교육 상황이었다. 그렇다고 해서 특수학교가 지역사회에서 충분한 인프라를 갖추고 장애학생의 교육보장을 이루었던 시대도 아니었다.

우리나라에서 법률로 장애인 통합교육을 규정하기 시작한 것은 1994년 이후부터이다. 1995년부터는 장애학생 대학입학 특별전형제도의 실시로 장애학생들에게도 대학의 문이 개방되었다. 이러한 배경 속에서 당시의 「특수교육진흥법」(1994)에 따르면, 통합교육은 "특수교육 대상자의 정상적인 사회적응 능력의 발달을 위하여 일반학교에서 특수교육대상자를 교육하거나, 특수교육기관의 재학생을 일반학교의 교육과정에 일시적으로 참여시켜 교육하는 것"이다. 이러한 통합교육은 물리적으로 장애학생을 통합하는 것을 넘어서 교육과정 및 사회적 통합까지 이루는 것을 목표로 하고 있다.

현대사회에서 교육의 목적은 인간다운 삶을 누릴 수 있게 개인을 사회의 주체로서 권리를 행사하게 하고, 동등한 인격체로서 삶을 영위할 수 있도록 기반을 세우는 데 있다. 이러한 목적은 장애인에게도 똑같이 교육을 받을 권리가 있음을 국내외의 법률을 통해 알 수 있다. 먼저, 「유엔장애인권리협약」 제24조의 규정에 따르면, 장애인은 일반 교육제도에서 배제되어서는 안 되며, 다른 사람과 동등하게 통합교육을 받을 수 있고, 국가는 장애인의 학업과 사회성 발달을 위하여 완전한 통합이라는 목표에 합치되는 효과적이고 개별화된 교육을 제공하여야 한다고 명시하고 있다.

우리나라의 경우도 「헌법」 및 「장애인 등에 대한 특수교육법」 「장애인차별금지 및 권리구제 등에 관한 법률」 「발달장애인 권리보장 및 지원에 관한 법률」 등에서 이를 뒷받침하고 있다.

〈표 4-7〉 **우리나라의 장애인교육 관련 법률**

구분	관련 조항	세부 내용
「헌법」	제31조	모든 국민은 능력에 균등하게 교육을 받을 권리를 가진다.
「장애인 등에 대한 특수교육법」	제3조	만 3세부터 만 17세까지의 특수교육대상자는 의무교육을 받을 권리를 가진다.
	제4조	특수교육대상자 및 보호자를 차별하여서는 아니 된다.
「장애인차별금지 및 권리구제 등에 관한 법률」	제13조	장애인의 입학지원 및 입학을 거부할 수 없고, 전학을 거부할 수 없다.
	제14조	교육책임자는 교육기관에 재학 중인 장애인의 교육 활동에 불이익이 없도록 해야 한다.

최근 특수교육대상 학생의 교육 기회 확대 및 지원서비스 강화로 특수교육대상자로 등록하는 학생의 수가 지속적으로 증가하는 추세이며, 장애학생 통합교육의 확산으로 특수학교의 수는 크게 증가하지 않았으나 특수학급은 계속 늘어나는 추세이다. 또한 장애학생에 대한 고등교육 기회 확대를 위해

정부는 1995년부터 '장애인대학특례입학'을 허용한 바 있다. 또한 2019년 기준 장애인특별전형을 실시하는 대학은 전체 대학 중에 60%를 넘고 있으며, 373개 대학에 9,653명의 장애학생이 대학에 재학 중이다.

장애인의 교육보장은 한 사람의 사회인으로 성장하기 위해 민주국가에서 필수적인 사회보장이다. 장애인의 학습권 보장을 위해 향후 장애학생에 맞는 맞춤형 교육지원과 장애 유형에 따른 특성화 지원이 요구된다. 장애학생의 경우, 비장애학생에 비해 적절한 지원이 뒷받침되지 못하는 경우가 상대적으로 많아서 학습상 어려움에 처하는 것이 현실이다. 그러므로 장애학생에 부합되는 학습지원과 다양한 역량강화 프로그램이 제공되어야 한다.

이 밖에 이러한 장애인의 사회보장 외에 지역사회 내에서의 생활을 위한 주거보장이 요구된다. 우리나라의 「장애인복지법」 제27조 제2항에 의하면, 국가와 지방자치단체는 주택의 구입자금, 임차자금 또는 개보수비용의 지원 등 장애인의 일상생활에 적합한 주택의 보급 및 개선에 필요한 시책을 강구하도록 되어 있다. 또한 실질적으로 지역사회생활에서 자유로운 이동에 요구되는 이동권 보장도 필요로 한다.

하지만 우리나라 장애인의 사회보장 수준은 OECD 국가의 평균에 크게 못 미치고 있는 상황이며, 경제발전 수준에 비해 사회보장 정도는 크게 발전하지 못하고 있다. 서구 사회에 비해 장애인 예산 비중이 낮아 그만큼 보장성도 떨어지고 있는 것이다.

3. 사회서비스

사회서비스(social service)에 대한 관심은 최근 수년간 지속적으로 증가하고 있다. 이러한 관심은 여성의 경제 활동 참여 증가, 고용 불안정성 확대 등과 같은 노동시장 자체의 변화, 고령화 심화와 가족해체 증가 등과 같은 인구사회학적 구조 변화, 그리고 현금이전 위주의 복지 제공 확대를 제한하고 시장의 역할을 강조하는 신자유주의적 경제 이념과 밀접하게 관련된다(김은정, 2008).

사회서비스의 개념은 주로 사회복지서비스(social welfare service), 대인사회서비스(personal social service), 사회적 보호(social care) 등 다양한 용어로 사용되고 있다. 넓은 의미의 개념은 공공행정, 의료 및 교육 서비스, 사회복지서비스를 포함하며, 좁은 의미의 개념은 미국의 대인서비스, 영국의 사회서비스 등과 같은 사회적 보호의 개념이다. 대부분의 사회서비스는 '노인, 장애인, 아동' 등을 주요 대상으로 설정하여 이들을 위한 일상생활 및 교육에 대한 서비스를 의미한다. 이처럼 사회서비스란 사회적 방식으로 생산되고 소비되는 대인적 서비스를 뜻하는 개념이다.

일반적인 의미에서 사회서비스는 개인 또는 사회 전체의 복지 증진 및 삶의 질 제고를 위해 사회적으로 제공하는 서비스를 말한다. 여기에는 주로 공공행정, 보육 · 아동 · 장애인 · 노인을 포함한 사회복지 분야, 보건의료 분야, 교육 및 문화 분야가 포함된다.

한편, 「사회적 기업육성법」에 의거한 '사회서비스'의 정의는 "교육 · 보건 · 사회복지 · 환경 및 문화 분야의 서비스, 그 밖에 이에 준하는 서비스"를 말한다. 이러한 사회서비스의 특징을 몇 가지로 요약하면 다음과 같다.

- 사회적으로 필요하지만 시장에서 최적의 양이 공급되지 못해 주로 초기에 공공부문에서 제공 기반이 마련될 필요가 있는 서비스이다.
- 국민의 일상생활 지원 및 공동체를 위한 생활서비스로서, 사회적으로 상대적 불평등과 관련된 요구가 강한 서비스이다.
- 사회서비스의 공급 주체가 공공과 민간, 영리와 비영리라는 측면에서 특정한 영역으로 국한될 필요가 없으며, 이윤추구 등 경제적 동기보다는 이타주의, 사회연대[4] 등의 사회적 동기가 결합된다.

---

4) 일반적으로 개인 간의 상호의존에 근거한 결합의 총칭을 의미한다. 인간관계에 있어서 종적 관계보다는 횡적 관계를 그리고 권리가 아닌 의무를 강조하는 프랑스 고유의 사회 · 정치사상이다(이철수, 2013).

사회서비스는 크게 두 가지로 나누어 볼 수 있는데, 제공하는 서비스 내용과 서비스 제공의 목적에 따라 나뉜다. 서비스의 내용에 따라서는 청소와 장보기 같은 단순서비스와 어느 정도 전문지식을 기초로 한 보호서비스, 그리고 중독 및 가정 문제에 관련된 전문적인 프로그램 서비스 등으로 나뉜다. 또한 서비스 제공 목적에 따라서는 가사 및 아동 지원과 같은 보편적 목적의 서비스와 장애 및 노인 등에 관련된 특정 목적에 의한 사회서비스로 나뉜다(강혜규 외, 2007).

우리나라는 2007년에 사회서비스 전자바우처 제도를 실시하면서 장애아동재활치료지원사업과 시각장애인 안마서비스가 시행되었다.

2020년 기준으로 정부에서 사회서비스 일자리사업으로 관리하는 분야는 각 부처 4조 9,000억 원 규모로, 아이돌보미, 결혼이민자 지원, 노인돌봄, 보육시설종사자의 인건비, 산모 · 신생아 돌봄, 그룹홈, 자활후견기관, 방문보건, 가사간병, 의료급여사례관리사 등이다. 이 중 전자바우처 적용 사업은 노인돌보미사업, 가사간병돌보미사업, 산모 · 신생아돌보미사업, 장애인활동보조서비스사업, 지역사회서비스투자사업 등이 해당된다.

이처럼 우리나라에서 사회서비스가 다양한 형태로 시행된 배경은 다음과 같은 맥락에 따른 것이라고 볼 수 있다.

첫째, 최근 사회 양극화의 심화 및 확산은 상대적 취약계층의 증가로 이어져 사회복지서비스의 수요 증대가 가속화되고 있다. 경제적인 소득 감소로 사회복지서비스를 필요로 하는 소득층과 장애인, 노인 등의 취약계층은 그들에게 필요로 하는 서비스 구매력을 충분히 갖추고 있지 않다. 따라서 취약계층에게 필요한 서비스의 구매력을 보전해 주는 공공의 사회서비스를 제공하여 그들의 삶의 질을 향상시키고 빈곤층으로의 전락을 예방하는 것이다.

둘째, 취약계층 보호 외에 새로운 사회적 위험 등 환경 변화에 대한 전략적 대응이 요구된다. 저출산, 고령화 등 인구 구조의 변화, 핵가족화 등 가족 구조의 변화, 여성의 경제 활동 참여 증가로 인해 사회서비스에 대한 수요가 증가하였다. 특히 가족 내지 여성에 의존하던 비공식 돌봄은 그 한계에 도달하여 돌봄에 대한 신시장화 내지 사회시장화가 불가피하게 되었다.

셋째, 사회적 일자리 창출을 통해 고용 취약계층에게 적합한 일자리를 제공한다. 최근 사회복지서비스업의 취업 유발 효과는 서비스업 평균은 물론 제조업 평균을 상회하는 자체 고용창출 효과가 매우 큰 부문이라고 할 수 있다. 특히 여성 등 저소득층에게 적합한 일자리를 제공함으로써 빈곤층으로의 전락을 예방하고 경제 활동 참여 기회를 확대한다는 것이다. 그러나 우리나라는 사회서비스의 평균 취업 비중이 12.6%로, OECD 국가의 평균 사회서비스 취업 비중인 21.7%에 못 미치는 매우 저조한 실정이다.

요약

1. 장애인복지정책의 변화

장애인복지 패러다임의 변화에 따른 장애인복지정책의 기본방향은 장애인의 권리에 기반을 둔 자립생활과 사회참여를 보장하는 것이다. 우리나라의 장애인복지정책은 과거 제1차 아시아 · 태평양 장애인 10년 행동계획(1993~2002)을 통한 제1차 장애인복지발전 5개년 계획(1998~2002)을 시작으로 제4차 장애인정책종합계획(2013~2017)까지 많은 변화와 발전을 거듭해 왔다. 그동안 우리나라는 「장애인복지법」의 개정과 「장애인차별금지 및 권리구제 등에 관한 법률」의 시행, 그리고 「유엔장애인권리협약」(2006)과 최근 제5차 장애인정책종합계획(2018~2022)이 수립 · 발표되었으며, 장애인의 더 나은 삶과 사회통합을 목표로 하고 있다.

2. 소득보장

어떠한 원인으로 개인의 소득이 상실되거나 감소하는 경우에 기본적인 소득을 유지할 수 있도록 공적인 지원체계를 동원하여 소득을 유지시켜 주는 것을 의미한다. 이러한 소득보장은 장애로 인해 줄어든 소득과 추가로 소요되는 비용을 보전하기 위한 재정적인 지원을 통해 저소득 장애인이 기본생활을 영위할 수 있도록 장애로 인한 추가비용을 보전하고 생활안정을 도모하는 데 목적이 있다.

3. 의료보장

국민의 최소한의 생활 수준을 유지할 수 있도록 지원하는 국민의 기본적인 건강을 보장하는 것을 의미한다. 의료급여는 생활 유지 능력이 없거나 생활이 어려운 저소득 국민의 의료 문제를 국가가 보장하는 사회보장제도로 질병이나 부상, 출산 등에 대한 진찰, 검사, 약제 · 치료재료의 지급, 처치 · 수술과 그 밖의 치료, 예방 · 재활, 입원, 간호, 이송, 기타 의료 목적 달성을 위한 조치를 제공하는 것이다(「의료급여법」 제7조).

4. 교육보장

1980년대까지도 상당히 낙후되어 있었거나 관심의 대상이 되지 못했던 장애인 교육은 1990년대 인권의식의 발전과 함께 교육 관련 법령과 제도의 개선으로 점차 확대되는 추세에 있다. 궁극적으로 장애인이 사회의 일원으로서의 기본을 갖추고 자신의 사회적 역할과 기능을 수행하기 위해서는 장애인의 교육권이 더없이 중요하며, 인간다운 삶과 최종적인 사회통합으로 가는 데에 핵심적 역할을 수행하도록 지원해야 한다.

5. 고용보장

우리나라의 경우 중증장애인 고용보장을 위해 지원고용제도와 보호고용제도를 운영하고 있다. 지원고용제도와 관련하여 「장애인고용촉진 및 직업재활법」 제13조 제1항에서는 "고용노동부 장관과 보건복지부 장관은 사업주가 운영하는 사업장에서 중증장애인 중 직무수행이 어려운 장애인이 직무를 수행할 수 있도록 지원고용을 실시하고 필요한 지원을 해야 한다."라고 밝히고 있다.

6. 사회서비스

사회서비스의 개념은 주로 사회복지서비스(social welfare service), 대인사회서비스(personal social service), 사회적 보호(social care) 등 다양한 용어로 사용되고 있다. 넓은 의미의 개념은 공공행정, 의료 및 교육 서비스, 사회복지서비스를 포함하며, 좁은 의미의 개념은 미국의 대인서비스, 영국의 사회서비스 등과 같은 사회적 보호의 개념이다. 대부분의 사회서비스는 '노인, 장애인, 아동' 등을 주요 대상으로 설정하여 이들을 위한 일상생활 및 교육에 대한 서비스를 의미한다.

Issues & Discussion

1. 우리나라의 장애인복지정책의 변화에 대해서 설명하시오.

2. 장애인을 위한 우리나라의 사회보장 유형과 내용에 대해서 논하시오.

3. 사회서비스의 도입 배경과 의미에 대해서 설명하시오.

PART 3
장애인 생애주기와 재활지원

05

장애와 생애주기 관점

이 장에서는 장애인 생애주기 관점의 상관성과 생애주기별 특성 및 지원, 장애인가족지원에 관한 내용을 살펴본다. 인간은 전 생애에 걸친 발달과정에서 각 주기별로 새로운 과업과 개인적·사회적 욕구를 경험하며, 이를 해결하는 과정에서 다양한 차원의 지원을 필요로 한다. 이는 장애를 가진 사람과 그 가족에게도 똑같이 적용된다. 이런 맥락에서 장애인복지는 더 이상 특정 연령, 시기 및 상황 등에만 적용될 수 있는 단편적·단기적 차원이 아닌, 장애인과 가족의 전 생애에 걸친 지속적이고 통합적이며 보편적인 서비스 차원에서 접근하고 있다. 따라서 장애인복지와 생애주기의 상관성, 장애인과 장애인가족의 생애주기별 특성과 지원서비스 등에 대한 올바른 이해가 필요하다.

학습목표

1. 장애인복지와 생애주기의 상관성을 이해할 수 있다.
2. 장애인의 생애주기별 특성을 파악하고 지원의 필요성을 설명할 수 있다.
3. 장애인가족의 위기적 상황과 해결방안을 모색하고 관련 지원서비스 사례를 파악할 수 있다.
4. 장애인가족지원서비스의 원칙과 그 당위성을 이해할 수 있다.

키워드

장애인복지 / 생애주기 / 장애인 / 장애인가족 / 장애인가족지원서비스 / 장애인가족지원센터

1. 장애인복지에서의 생애주기 관점

생애주기(life cycle)란 개인의 출생에서 사망까지의 전 과정을 의미한다. 그 과정에는 개인이 공통으로 반복하는 발달상의 모든 변화 패턴이 내재되어 있다. 이는 입학, 진학, 취직, 결혼, 직업 전환, 은퇴 등의 일정한 지표에 의해 표시될 수도 있다. 이러한 지표는 개인이 속하여 생활하는 문화에 따라 다를 수 있지만, 그 순서는 공통적으로 연령과 관련되어 있다. 즉, 개인의 출생에서 사망까지 직간접적으로 경험하는 모든 변화는 나이를 먹는 과정의 일정한 순서로 진행되고, 모든 사람의 일생 가운데 반복되면서 다음 세대로 전승된다.

생애주기를 도식적으로 표현하면, 생애 기간의 중요한 생애사건(life events)이 연령 단계별로 수직적으로 연결되는 형태로 나타난다. 따라서 인간은 누구나 자연스러운 시간의 흐름에 따라 생활을 영위해 나가지만, 그 과정에서 각자가 처할 수 있는 특정한 상황에서 생애사건들을 경험함으로써 자신의 생활에 변화와 적응을 시도하고 새로운 과업들을 수행해 나간다. 그 과업수행의 결과에 따라 다음 생애주기로의 전이가 이루어지면서 질적인 차이를 보인다.

장애를 가진 사람이나 그 가족에게도 이러한 생애주기의 관점과 그에 따른 발달과업의 측면은 똑같이 적용된다. 다양한 발달과정과 단계를 거치며, 그 주기 속에서 자신의 개인적·사회적 욕구를 발전시키고 그에 상응하는 결과를 얻고자 노력한다. 현대의 장애인복지가 특정 생애단계의 장애와 현상에만 국한하지 않고, 좀 더 보편적인 복지서비스 접근을 지향하고 있다는 관점에서 생애주기 관점과의 상관성을 확인할 수 있다.

일례로 장애청소년의 경우는 동료관계의 형성, 이성관계의 탐색, 미래에 대한 준비 등이 가장 중요한 과업이 될 것이며, 이 연령 단계에 있는 장애인에 대한 사회적 대처는 아동기에서 성인기로 넘어가는 전환과정의 문제를 잘 처리할 수 있도록 돕는 것이 될 것이다(Anderson & Clark, 1982). 따라서 장애인복지와 생애주기는 특정 연령단계에 입각한 특수성을 이해하고 과업을 수행하도록 지원하는 것과 동시에 이것이 다음 생애단계와 관련되어 긍정적으로 영향을 미칠 수 있는 보편적이고 장기적인 관점에서 종합적 생애지원의 의미를 내포하고 있다.

2. 장애인과 생애주기 접근

1) 장애인의 생애주기별 특성과 발달과업

맥켈프랑과 샐즈기버(Mackelprang & Salsgiver, 1999)는 에릭슨(Erikson)과 마스(Mass)의 전 생애에 걸친 인간발달이론을 기초로 장애인의 일생에 걸친 발달과정을 출생부터 노년기까지 단계별로 나누어서 체계적으로 제시하였다. 이들의 단계별 이론을 기초로 장애인의 인생을 영유아기, 학령기, 성년기, 중장년기, 노년기로 나누어 살펴보고자 한다(김종인, 우주형, 이준우, 2007; 오혜경, 2005; 정영숙, 이현지, 2007).

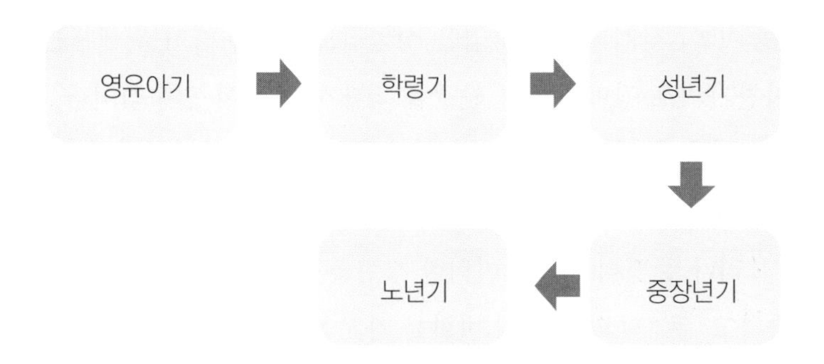

[그림 5-1] **생애주기**

(1) 영유아기(0~6세)

출생 또는 출생 직후에 장애를 갖게 된 영아는 인생 발달에서 중도에 장애를 얻는 사람들과는 애초부터 다른 삶을 시작하게 된다. 무엇보다도 이들은 자신의 장애를 인식할 수 있는 능력을 갖기 전에 장애를 가짐으로써 세상에 대한 그들의 경험은 모두 장애의 관점과 연관된다. 특히 가족, 친지, 주변 공동체나 사회가 장애인에 대한 병리학적 모델에 영향을 받은 경우, 그들은 아동을 장애아로서 대하며, 특히 가족은 이 아동을 비장애자녀와는 다른 방식으로 양육하게 된다. 반면에 부모나 주변 사회가 장애아동을 비장애아동과 같은 방식으로 양육했다면, 장애아동의 발달과정과 과업수행 능력은 비장애아동과 별 차이를 보이지 않는다(Wright, 1988).

이 시기의 발달과업은 주로 유아가 주변 환경에 대한 신체적 · 인지적 통제력을 획득하는 것이지만, 장애아동은 이러한 면에서 비장애아동보다 많은 어려움을 갖는다. 장애아동의 발달을 위한 환경적 지지를 중시한 마스(Mass, 1984)는 3세 이전에 장애 적응에 관한 전문적 교육을 받은 아동은 교육을 받지 않은 같은 유형의 장애아동보다 지적 · 인지적 기능 수준이 더 낫다고 주장하였다. 특히 3세가 되면 아동은 상징세계에 대한 이해력이 급속히 증가함으로써 언어와 비언어적 상징의 이해와 함께 가족을 넘어 친구와 다른 사회집단까지의 사회관계망 확대를 가져온다.

장애아동이 이 시기의 발달과업을 성공적으로 성취하기 위해서는 비장애아동과 마찬가지로 장애아동의 환경을 확대하는 것이 필수적이다. 다른 사람과의 상호작용의 기회 확대를 통해 때에 따라서는 부정적일 수도 있는 비장애인과의 접촉을 통한 좌절감, 성취감, 동질감, 이질감 등을 함께 경험하게 된다. 그러나 긍정적으로는 이러한 경험을 통해 아동 스스로 사회적응 기술을 학습하고 부모와의 관계에 변화를 가져옴으로써 이 시기의 발달과업인 독립과 자율성을 형성하기에 이른다.

발렌타인(Valentine)은 장애아동과 부모만이 경험하는 문제의 특성으로 다음과 같은 점을 제시하였다. 먼저, 장애자녀에 대한 부모의 과보호는 아동의 주변 환경과의 충분하지 못한 상호작용과 경험 부족을 유발한다. 이에 따라 유아기에 기대되는 적절한 지적 · 인지적 · 신체적 능력 발달의 미비를 가져올 수 있다. 또한 장애아동으로 하여금 장애 치료에 따른 주변 환경에 대한 부정적 인식이 고통이나 불신 등으로 각인될 가능성이 있고, 장애아동은 비장애아동에 비해 버림받고 학대받을 가능성이 크며, 대부분의 가족과 주변 환경은 장애아동에게 낮은 기대감을 갖는다. 이는 장애아동의 능력에 제약과 한계를 가할 수 있다. 따라서 장애아동은 발달시기에 따른 과업을 달성하는데 장애 자체 외에도 장애와 관련한 다른 어려움들에 직면하고 있기 때문에 이에 대한 지지적 환경이 조성되어야 한다(정영숙, 이현지, 2007에서 재인용).

(2) 학령기(7~18세)

학령기 아동은 초기와 후기 학령기로 나누어 볼 수 있다. 특히 초기 학령기에 들어선 아동은 학교생활과 또래집단과의 교제를 통해 더 이상 원가족에만 머물지 않고 보다 적극적으로 자신의 사회적 · 지리적 세계를 확대시켜 나간다. 또한 새로운 문제와 상황을 해결할 수 있는 구체적 문제해결 기술과 능력 발달을 도모한다.

특히 지금까지 주변 사람의 도움에 익숙해진 수동적인 아동에게 학교생활은 이들의 수동적 태도를 바꿀 수 있는 기회를 제공한다. 비장애아동과 상호작용하고 함께 학습하면서 사회화의 기회가 제공되며, 장애아동의 적극적인 사회 활동 참여를 통해 비장애아동이 장애아동을 편견 없이 동등한 위치에서 받아들이게 하는 데 도움을 줄 수 있다.

그러나 동시에 장애아동끼리의 관계 형성도 중요하다. 이들 간의 접촉은 자신의 장애를 부정적으로 바라보는 문화에 익숙해져 있던 시각을 일상적인 규범 안에서 바라보고 새로운 가능성이 있음을 함께 인식하도록 할 수 있기 때문이다.

후기 학령기인 청소년기는 개인의 정체감과 삶의 의미를 찾기 위해 노력하는 단계로서, 사춘기와 함께 나타나는 신체적 · 성적 · 사회적 변화에 어떻게 대처하느냐가 중요하다. 장애청소년의 경우, 자녀의 장애를 보살펴 주려는 부모의 행위에 따라 이 시기의 공통적 발달과업인 자녀의 독립과 정체성 확립이 제한될 수도 있다. 장애청소년의 발달과정은 더욱 복잡해지고, 일상생활에서 부모의 도움을 필요로 하는 욕구와 독립을 하려는 욕구 사이에서 심리적 갈등을 경험하며, 부모와의 관계에서도 갈등 상황이 나타난다. 따라서 이에 대한 적절한 상담과 지원체계가 형성되어야 하며, 동시에 고등학교 졸업 이후의 진로 등 미래에 대한 전략적 상담이 이루어져야 한다.

(3) 성년기

발달단계상 성년기의 특성은 성숙과 독립으로, 이는 자신에 대한 개인적 보호와 편안한 환경을 조직하고 계획하는 책임을 함께 의미한다. 성년기에 도달한 청년은 발달적 · 사회적 측면에서 부모로부터 분리되어 스스로의 생활을 책임질 수 있는 직장과 자신이 만든 가족으로 삶의 중심이 옮겨 갈 것이 기대되며, 이는 장애를 가진 청년도 예외는 아니다. 이러한 과정의 성공적 이행은 가족과 장애청년의 독립적 생활에 대한 준비 정도와 관련이 있으며, 자신의 계획을 원조할 수 있는 지역사회 내의 지지와 자원의 파악이 중요하다. 그 예로서 직업의 유형과 접근성, 교육적 자원, 교통, 그리고 다양한 영역의 서비스에 관한 정보는 장애청년이 발달적 과업을 완수하는 데 매우 중요하다(Rothman, 2003).

또한 타인과 친밀한 관계를 형성하고 그 폭을 확대하는 것도 이 시기의 중요한 발달과업 중 하나이다. 그러나 만일 실패할 경우에 고립에 처하지 않도록 장애로 인한 사회적 관계의 제약들을 제거하면서 자립과 통제의 기반 요소가 될 수 있는 적절한 자원을 소유할 수 있어야 한다. 이와 함께 취업알선 및 직업 훈련 등 직업재활에 대한 서비스 강화를 통해 이들의 안정적 경제활동을 지원할 수 있어야 하며, 직업생활에 대한 적응력과 실제 업무 기능의 함양으로 자립생활의 기틀을 마련함으로써 이후의 생애주기를 대비할 수 있어야 한다.

그런가 하면, 성인기에 장애를 얻게 된 사람은 종종 발달단계상의 과업 외에도 장애에 의한 새로운 삶의 적응에 직면하게 된다. 이들은 장애를 가지기 이전의 자기상(self-image)과 정체성 확립을 이미 발달과정을 통해 경험한 사람들이다. 따라서 장애로 인해 새로이 형성된 관계성은 아직 약할 수 있으며, 종종 장애인의 문화에서 생존하지 못하거나, 장애로 인해 경험하게 되는 상실감은 심리적으로 장애 자체보다 훨씬 더 크다고 할 수 있다. 그러므로 장애정체성과 장애인 문화와의 적절한 연결로 이어질 수 있도록 주위의 적절한 원조와 서비스가 요구된다.

(4) 중장년기

중장년기의 장애인은 비장애인과 마찬가지로 시간과 에너지를 가족에게 투자하고, 점차 외부 세계가 삶의 초점이 되며, 그 결과 지역사회에 깊이 관여하게 된다. 이 시기의 중요한 과업은 업적을 만들고 사회에 기여를 하는 것으로, 중장년기 장애인은 다음 세대의 장애인을 위한 새로운 장애인 문화를 발전시키고, 장애인을 위한 제도적 · 정치적 사업에 적극 참여한다. 이들의 다양한 형태와 수준의 사회참여와 개입은 젊은 장애인들에게 현실적 역할 모델을 제시하게 되는데, 중장년기 장애인은 개인적으로 이러한 과업을 달성함으로써 성취감과 만족감을 가질 수 있다.

현실적으로 이 시기에는 성인병 등 신체적 기능 이상으로 많은 사람이 장애를 갖게 되기도 하지만, 이들은 대부분 장애와 전혀 관계가 없는 문화 속에서 강한 정체성과 관계성을 확립하고 있었기 때문에 장애인 문화와의 관련성을 거의 갖지 않는다. 이들은 스스로를 단순히 부수적인 신체적 문제를 가진 비장애인으로 간주하여 예전의 비장애인으로서의 정체성을 유지하려는 경향이 강하며, 그 결과 장애를 포함하는 정체성으로의 전환을 시도하지 않는다.

그러나 이들도 장애를 수용하고, 장애와 그에 따른 변화를 자신의 삶에 통합시키는 것을 학습하는 것이 무엇보다 중요하다. 비록 이들이 두드러지게 장애인을 위한 권리운동에 참여하지는 않더라도, 이 시기는 개인적 차원에서의 성장과 더불어 세계와 자연에 대한 통찰을 발달시킬 수 있는 기회를 제공한다.

(5) 노년기

사람은 자연스럽게 노화와 마주할 수밖에 없고, 개별적 차이가 있긴 하겠지만 결국 여러 가지 형태의 불편함을 얻게 된다. 청각, 시각 및 지체장애가 가장 공통적으로 나타나는 장애이며, 그 외에도 다양한 종류와 정도의 장애현상이 발생한다. 이 시기에 장애를 얻은 사람은 중장년기에 장애를 얻은 사람과 마찬가지로 장애인 문화에 동화하지 않으며, 유사한 장애를 가진 사람과 사회적 관계를 갖지도 않는다. 이러한 이유로 장애노인은 사회적 고립을 경험할 가능성이 높다. 그러나 이들도 다른 장애인들과 마찬가지로 일상생활을 위한 자원과 도움이 필요하기 때문에 적절한 사회적 지지와 자원연계는 장애노인의 복지에 매우 중요한 의미를 지닌다.

반면에 이미 장애를 가진 상태로 인생을 살아와 노년기에 들어선 장애인들은 오랜 경험으로 사회체계에서 필요한 자원과 도움을 구하는 데 익숙해져 있기 때문에 노년기에 이르러 장애를 얻은 사람보다는 상대적으로 장애관련 문제에 잘 대처할 수 있다.

그러나 근본적으로 장애를 가진 노인은 일반 노인과 다름없이 사회적 관계와 의미 있는 활동을 유지하면서 적절한 독립생활을 유지하는 것이 중요하다. 특히 노년기 발달단계상의 특성인 자기완결성과 통합성의 성취는 당사자의 독립 정도와 깊은 연관성을 지니므로 장애노인에 대한 지지적 환경조성은 이 시기의 성공적 삶을 성취하는 데 결정적 역할을 담당한다.

2) 장애인의 생애주기별 서비스 욕구와 지원

(1) 학령기 이전

이 시기는 근본적으로는 포괄적인 조기교육의 실시가 매우 필요한 시기이다. 동시에 보다 실질적으로는 부모와의 관계 형성 및 발달지원으로 상호 협응과 유대감, 긴밀함을 촉진시켜야 하는 시기이다. 이를 위해 여러 가지 체계적인 부모교육을 통해 재활기초 지식 및 장애 수용의 기회 제공과 함께 부모 간 자조모임 형성을 통해 경험 및 정보 공유, 정서적 상호 지지를 도모할 필요가 있다.

특히 서비스 차원별로 영유아기에서의 직접적 접근으로서 클라이언트에 대한 장애사정 및 재활계획 수립, 장애 및 가족 관련 상담과 각종 교육 · 치료 프로그램 제공, 지역사회서비스 차원에서의 장애예방 자료 제작과 보급 등을 그 예로 들 수 있다. 반면에 영유아기에 대한 간접적 서비스 접근으로는 권익옹호 프로그램이나 이용 가능한 자원의 개발과 연계 및 각종 상황에 대한 자문 등이 있으며, 지역사회 차원의 서비스로는 장애예방 조치를 위한 입법 및 조례 제정 운동이나 관련 조사연구 활동 등을 예로 들 수 있다.

(2) 학령기

학령기는 기초학습 능력의 신장과 더불어 사회적 소통 관계의 형성 및 발전이 무엇보다 필요한 시기이다. 따라서 학교교육에서의 다양하고 효율적인 학습지원과 개별화교육 지원이 선행되어야 한다. 동시에 학교 및 지역사회 서비스기관을 통한 방과후교육 프로그램이 필요하며, 궁극적으로는 통합교육 프로그램의 실행으로 일반아동과의 학습 및 문화 활동에서의 교류 증진 및 관계 형성에 기여해야 한다. 또한 각종 사회재활 및 심리상담 프로그램을 통해 자신의 장애 이해와 사회적 소통 관계 형성을 지원할 필요가 있다.

청소년기로 접어드는 고학령기는 사춘기 등에서 오는 심리적 갈등을 경험하고 장래에 대한 계획을 수립하는 시기이다. 따라서 진로에 대한 상담, 성

역할과 기능에 대한 정보 및 정서지지 교육 프로그램이 필요하다. 즉, 장애인의 직업선택 가능성 확대와 진로 모색을 위해 정규적인 직업탐색 프로그램을 실시하면서 올바른 성교육을 통해 자신의 장애와 성에 대해 동등한 인식을 전달해 주어야 한다. 특히 성과 관련한 자신의 입장을 이성적 또는 감성적으로 적절히 표현해 낼 수 있는 기술전수 프로그램들, 예를 들어 미술교육 프로그램에서의 점토 모델링을 통한 신체 기관의 이해, 놀이교육 프로그램에서의 인형극이나 역할극 등을 통해 이해를 도모할 수 있다.

또한 서비스 차원별로 직접적 대인서비스로서 생활적응 훈련 프로그램의 제공, 간접적 대인서비스로서 부모 자조네트워크 형성 지원이나 장애형제지원 프로그램의 제공 등을 고려할 수 있다.

(3) 성인기

성인기에는 의료재활 외에 취업알선과 직업 훈련 등 직업재활의 욕구 충족을 가능하게 함으로써 올바른 독립생활을 유지할 수 있도록 해야 하며, 이는 가족보호 기능 입장에서도 자립적 능력을 최대화하고 스스로 사회체계 내에서 기능화할 수 있는 다양한 사회적응 및 직업적 기능 함양을 필요로 한다.

특히 성인 초기라 할 수 있는 청년기에는 장애인 고용에 관한 각종 정보접근성이 보장되도록 힘쓰고, 고용이 불가능한 중증장애인의 경우 지원고용을 통해 직무지도원 등을 통한 직업현장 훈련과 적응이 가능하도록 지원해야 한다. 또한 중증장애인을 위한 여가 활용이나 당사자 문제의 해결 및 정서적 지지, 정보의 공유 등을 위한 사회재활 프로그램으로서의 장애인 자조모임 형성 지원이 가능하다.

결혼기 장애인의 경우, 성상담과 함께 결혼상담을 통해 당사자들에 대한 부부역할과 책임의식 고취, 결혼 및 육아 예비교실이나 부모교실 운영 등으로 사전에 충분한 이해를 도모할 필요가 있다. 근본적으로는 장애인의 결혼과 모·부성권 등에 대한 가족 및 지역사회의 인식 제고가 필요하다. 결혼 이후에는 지속적인 가정생활 유지와 향후 출산 및 육아에 대한 정보제공, 예를 들어 양육환경 도모를 위한 적합한 주택개조서비스, 출산보조금 지원이나 산후조리도우미 파견 등과 같은 서비스 정보 전달이 병행되어야 한다.

장년기 장애인에게는 가정 및 사회 정착을 위한 직업 유지 전략과 정보제공 프로그램, 안정적인 주거유지 및 여가선용 프로그램 등이 필요하다. 이를 통해서 안정적인 노년기 진입이 가능하도록 기반을 조성해야 한다.

(4) 노년기

전 사회적인 고령화 현상에 따른 장애노인의 발생과 확산을 제대로 인식하고, 장애인복지 차원에서뿐만 아니라 노인 및 일반사회복지 차원의 대처가 시급하다. 특히 성인기 지원서비스의 지속성과 경제적 보장 관점에서의 의료보장과 더불어 기초생계보장과 독거노인 문제에 대한 지원방안들이 다양하게 고안되어야 한다. 이를 위해서는 주간보호 프로그램 및 단기보호 서비스를 비롯해서 당사자의 개인사회적 · 심리적 안정 도모와 함께, 부양가족의 부담 경감을 위한 거시적 정책과 제도 마련이 절실히 요구된다.

또한 장애를 가진 노인을 포함한 전 장애 연령 및 영역에서 재활 · 보조공학 분야에 대한 발전적 기대를 높이고 지원할 수 있는 방안이 매우 필요하다. 특히 실생활에서의 이동 및 접근권 보장을 위한 보장구 지원 등은 이들의 안정적인 신체적 · 정서적 활동에 기여하고, 가정 및 사회생활 유지와 삶의 질 향상에 기여할 수 있는 기초가 되기 때문에 건강보험상의 지원대상 품목 확대나 구매 관련 비용 지원 등 복지체감도를 높일 수 있는 방안들이 더욱 많이 고안되어야 한다.

3. 장애인가족과 생애주기 접근

장애인을 가족구성원으로 두고 있는 가족은 장애 당사자 못지않은 많은 개인적 · 사회적 부담과 제한적 환경에 놓일 위험성이 높다고 보고되고 있다. 장애가 있는 가족구성원의 생애발달에 따라 가족 전체의 기능과 역할도 많은 영향을 받을 수 있기 때문이다. 따라서 장애인가족이 갖는 생애주기별 위기 상황과 사회심리적 갈등 요인, 그리고 특히 장애인 부모의 심리적응에 대한 이해와 이들에 대한 개인적 · 사회적 · 심리적 · 정신 및 정서적 지원에 대한 종합적이고 적극적인 고려가 필요하다.

1) 장애인 부모의 반응 및 적응

레빈슨(Levinson, 1976)은 지적장애를 가진 자녀의 부모가 갖는 심리적 변화과정을 〈표 5-1〉과 같이 7단계로 나누어 설명한 바 있다.

〈표 5-1〉 **레빈슨의 지적장애아 부모의 심리적응 변화과정**

구분	정의
충격	자녀가 지적장애를 가졌다는 것을 처음 인지하는 단계
거부 및 부정	장애자녀에 대한 사실을 받아들이려 하지 않고 설마 하고 느끼는 단계
수치	장애자녀에 대한 사실을 커다란 수치와 모욕으로 느끼는 단계
책임과 죄책감	장애자녀에 대한 사실을 자신의 잘못이나 어떤 처벌이 가해진 것으로 생각하는 단계
고통	장애자녀에 대한 사실에 매우 괴로워하며 장애가 없는 자녀의 부모에 대해 질투심을 갖는 단계
과잉보호 혹은 배척	지나친 동정심으로 장애자녀에 대해 과잉보호하거나, 장애자녀를 다루기가 귀찮거나 어렵다고 생각하여 아예 배척해 버리는 단계
적응	장애자녀에 대해 제대로 이해하고 적절한 지도를 시도하는 단계

장애자녀를 둔 부모의 반응과 적응과정은 어쩌면 임신과 출산에서부터 자신의 생을 마감할 때까지 평생을 두고 서서히 진행되는 과정으로도 볼 수

있으며, 그만큼의 긴장과 부담으로 매우 불합리한 삶을 지속시킬 가능성이 높다. 특히 현실적으로 장애자녀가 갖는 발달적 특성과 각 생애주기별 발달과정은 장애자녀의 부모 내지 그 가족으로 하여금 해당 단계에서 매번 위기적 심리 변화와 갈등을 유발함으로써 현실적인 위기를 초래할 가능성이 크다.

2) 장애인가족의 생애주기별 위기

(1) 자녀의 임신 및 출산 시기

'정상적'이고 '건강한' 아기에 대한 자신이나 주변의 기대로부터 벗어나 장애아 임신 및 출산으로 인해 스스로 충격을 받고, 장애와 그러한 자녀에 대해 거부하게 되는 첫 번째 위기의 과정을 경험하게 된다. 이후 슬픔과 분노 등이 일어나지만 서서히 적응하고 자신감을 가짐으로써 장애자녀에 대한 재인식을 시도한다.

(2) 자녀의 영유아 시기

장애에 대한 진단이나 치료에서 장애 출현의 원인에 대해 지속적으로 의문을 제기하면서 불안감을 지속시킨다. 장애에 대한 긍정적 답변을 구하기 위해 지속적으로 전문가를 방문하여 조언을 받기도 하지만, 현실을 바꿀 어떠한 원인이나 합리화 요인을 찾아내기 어렵기 때문에 심리적 부담이 더해진다.

(3) 자녀의 학령 전 또는 초등교육 시기

장애자녀에 대한 사회적 발달 및 수용과 관련하여 사회적 인식이나 교육적 기회의 평등과 같은 환경 조성에 의문이나 불안감을 보이면서 사회심리적 긴장감이 가중된다.

(4) 자녀의 학령기 및 사춘기

자녀의 학교교육 환경에 대한 신뢰와 불신 사이에서 교육적 · 사회적 효과성을 높이기 위해 다양한 내외부 활동 정보들에 민감하다. 동시에 자녀의 생리적 · 사회적 · 심리적 변화 속에서, 특히 이성관계 등에서의 신체적 · 사회심리적 혼란과 대처에 관한 고민과 불안이 증폭된다.

(5) 자녀의 사회진출 및 적응기

정규교육이 마무리되어 가면서 상급 교육과정으로의 진학이나 취업 선택 등에 대한 문제와 교육적 · 직업적 · 사회적 참여 기회의 확대에 따른 부모역할의 고민과 불안이 일어난다.

(6) 자녀의 연령 상승과 부모의 노령화 시기

부모의 노령화에 따라 성인인 장애자녀에 대한 현실적 책임의식과 죄책감이 증폭되며, 자신의 사후에 장애자녀의 생계 등 생활 유지에 대한 불안감이 더해지면서 심리적 위기가 지속된다.

그 밖에 전 생애주기적으로 가족의 치료 및 교육, 직업 훈련 등에 따른 시간적 · 경제적 부담의 가중, 사회로부터의 고립감이나 죄책감, 장애자녀를 둔 부모의 자기존중감 저하와 우울, 장애자녀에 대한 과보호 또는 과잉애착, 비장애자녀의 소외 문제 및 부모와 비장애자녀 사이의 심리적 갈등의 문제 등 사회심리적 갈등의 양상은 매우 넓고 다양하다.

그뿐만 아니라 장애자녀의 성장발달에 따라 서서히 변화하기는 하지만, 일반적인 경향에 따르면 우리 사회에서 장애자녀의 돌봄은 우선 어머니 중심이다. 이로 인해 양육과 성장발달 지원 역할에 대한 적절한 분담과 스트레스 관리에 상당한 불균형을 초래하여 근본적인 부부 및 가족 관계에 적지 않은 역기능을 초래하기도 한다.

3) 비장애 형제자매의 정서적 측면

장애인가족 관점에서 또한 간과할 수 없는 부분이 비장애 형제자매의 심리사회적 반응과 문제 양상이다. 이들도 다른 아동과 똑같이 성장의 과정을 거치면서 각각의 단계와 수준에서 요구되는 일반적인 과업과 성취를 위해 다양한 관심과 지도 및 애정이 필요하다. 그럼에도 불구하고 장애를 가진 형제자매의 특수성이 비장애 형제자매들의 일반적 요구에 앞서면서 부모의 보살핌으로부터 상대적으로 좀 더 배제되거나 우선순위에서 밀리게 될 가능성이 존재한다. 그로 인해 이들이 느끼거나 행할 수 있는 정신적 · 심리적 · 사회적 · 정서적 문제로는 자기비하, 불안 및 우울, 수치감과 내향성, 죄책감과 부담감, 상대적 박탈감과 소외감, 분노 또는 공격성, 미래에 대한 근심과 장애와 관련한 예기불안 등을 들 수 있다.

4) 장애인가족지원서비스

장애아의 출생은 한 가정에 예기치 못한 각종 심리적 · 물질적 · 정신적 어려움을 발생시킬 수 있다. 예를 들어, 부부간의 불화, 비장애 형제자매와의 부정적 관계 형성, 치료 및 교육 등을 위한 각종 추가비용 발생 등의 어려움이 발생한다. 이에 대한 적절한 서비스 지원은 가족구성원 및 전체의 스트레스 경감과 원만한 가족관계 재성립에 기여하고, 가족의 긍정적 적응은 장애아동의 건전한 발달과 성장에도 긍정적 영향을 줄 수 있다. 따라서 부모나 비장애 형제자매, 즉 장애인가족이 갖는 생애주기별 또는 전 생애적 공통의 위기 상황에 대한 가족부담 경감 및 지원서비스의 관점에서의 적절한 방안이 모색되어야 한다.

(1) 장애인가족의 문제와 지원 욕구

가족지원은 장애아동을 양육하는 가족을 지원하는 데 목적을 두고 있으므로 "가족체계의 강화 및 유지, 작용을 하는 모든 행동, 특히 아동의 장애에 대한 가족의 수용과 이해와 관련이 있는 행동"으로 정의된다(Dunlap & Fox, 1996: 김종인, 우주형, 이준우, 2007에서 재인용).

이러한 가족지원의 대상은 장애자녀를 구성원으로 포함하는 장애가정으로서, 장애 발생에서 오는 각종 스트레스에 노출되거나 그럴 위험에 처하게 된 가정이다. 가족의 스트레스는 장애를 접하면서 자연스럽게 발생하는 슬픔, 우울, 거부, 분노 등의 감정이 정서적 긴장을 고조시키고, 부부 및 형제 사이의 갈등을 조장함으로써 생겨난다. 또한 장애자녀의 새로운 생애발달단계에 따라 반복되는 가족의 긴장이나 부적절한 서비스 전달체계로 인해 장애로 인한 욕구에 부합하지 못하며, 분절적이고 비인간적인 서비스 경험에서 가족의 스트레스가 유지된다.

그리고 부모와의 사별 등에 의한 장애자녀의 미래에 대한 불안, 자녀 부양에서 오는 경제적 부담 등으로 인해 그 스트레스는 더욱 강화된다. 이렇듯 장애인가족의 문제는 가족 간 관계부터 사회적 · 심리적 · 경제적 문제에 이르기까지 다차원적으로 발생할 수 있으며, 이에 대한 통합적 지원이 불가능할 경우 상당한 부담이 되어 가족의 위기를 초래할 가능성이 높다.

따라서 장애인가족은 만성적 스트레스와 위기를 효과적으로 극복하면서 가족구성원끼리의 상호작용을 촉진할 수 있는 욕구를 갖게 되며, 이들에게는 가족구성원의 장애에 대한 적응 능력, 문제에 대한 대처 능력, 자원 확보와 관련한 문제해결 능력, 가족의 기능과 역할을 강화시키고자 하는 역할분담 능력 등의 잠재력을 개발하는 서비스가 1차적으로 이루어져야 할 필요가 있다(강영실, 2008).

실제적인 가족지원이 이루어지기 위해서는 장애자녀 및 그 가족의 욕구를 사정한 후, 개별 가족의 필요에 따라 각 가족이 가진 욕구들을 충족시킬 수 있는 다양한 형식적 · 비형식적 자원 및 서비스를 확인하고, 그 가족의 기능을 강화하는 방법을 강구해야 한다. 이것은 자녀를 대상으로 하는 실천개입에 대한 가족의 효율적인 참여 능력을 갖추게 함으로써 자녀발달을 촉진하려는 것이다. 사회복지사는 가족과 협력관계를 형성함으로써 참여를 통한 실질적인 성과를 높이고, 가족이 지원과정에서 스스로 자신의 강점과 자원을 활용하여 독립적인 문제해결자가 되도록 강화한다(김종인, 우주형, 이준우, 2007).

이러한 기반 위에 우선 부모 및 형제자매의 고유 인격과 권리 인식을 바탕으로 상호 배려와 인정을 중시할 수 있도록 자아 기능 강화나 자아정체성 확립에 기여할 수 있는 구체적인 프로그램들이 필요하며, 장애에 대한 이해와 관련 정보를 접할 수 있는 교육 및 정보제공 프로그램, 상담 등의 지원이 특히 요구된다.

또한 가정의 경제적 측면에서 장애자녀에 대한 치료 및 교육기관의 직접적이고 전문적인 서비스의 확대 지원부터 결과적으로 가족의 통합성과 안정성을 도모할 수 있는 다양한 장단기적 가족원조 프로그램들이 강구되어야 한다.

궁극적으로 장애인가족의 지원 욕구와 그 해결은 각종 생애주기별 서비스에서 부모의 적극적 참여를 보장하고 그들의 권리를 강화하면서 전문가들과의 협력적 관계 형성이 이루어질 수 있도록 지지하는 것에서 시작해야 한다. 이를 위해서는 우선 부모교육의 필요성이 강조되어야 하며, 동시에 장애인가족 관련 서비스의 구상과 전달의 기본 관점으로서 '부모의 권리로서의 자유', 즉 고든(Gordon, 1975)의 견해처럼 때때로 고독을 즐길 자유라든가 자신의 취미와 흥미를 가질 자유, 아동을 동반하지 않고 데이트나 경축연, 주말나들이나 결혼기념일 등 연중휴가를 즐길 자유 등을 권리로서 실현할 수 있도록 적극 고려되어야 한다.

(2) 장애인가족지원서비스의 원칙

장애인을 포함하는 가정은 그렇지 않은 가정에 비해 각 개인이 경험하는 역할 갈등이나 심리적 긴장 등에서 가족 사이의 불화와 같은 역기능적인 상호작용을 초래할 위험이 높다. 그렇기 때문에 이들의 부정적인 심리적 정서를 완화시킬 수 있는 사회적 서비스가 절대적으로 필요하다. 그리고 장애인

가족도 장애인 당사자 못지않게 그들의 인권을 보호받고 복지서비스를 받아야 할 대상이기 때문에 장애인복지의 관점에서 포괄적인 장애인가족지원서비스는 중요한 의미를 갖는다. 특히 가족지원 프로그램은 장애인가족을 단지 문제와 결핍을 지닌 대상이 아니라 장애에서 비롯되는 가정 내의 다양한 문제와 그에 따른 적절한 대응 서비스가 필요한 대상으로 인식하고 계획되어야 한다.

따라서 장애인가족을 지지하기 위해서는 장애인가족의 욕구를 기초로 하여 다음과 같은 원칙에 따라 프로그램 개발이 이루어져야 한다(Dunst & Trivette, 1994: 김용득, 유동철, 2001에서 재인용).

첫째, 가족에 대한 지원은 공동체 의식을 증진하는 방식으로 제공되어야 한다. 즉, 공통의 욕구나 관심, 같은 종류의 장애가 있는 가족모임은 상호 의존적인 관계를 형성할 수 있어야 하며, 서로 도움이 되는 방식으로 지지해줄 수 있어야 한다.

둘째, 자원 동원과 관련하여 우선적으로 전문적인 지원체계나 사회제도에 의존하기보다는 가족이 이미 가지고 있는 비공식적인 자원과 자구적 지원체계 등을 먼저 확인함으로써 서비스에 기초한(service-based) 접근보다는 자원에 기초한(resource-based) 접근이 가능해야 한다.

셋째, 가족지원 프로그램의 목적은 가족의 능력 고취에 있다. 따라서 가족의 기능 강화를 위해 가족과 전문가가 서로 존중하고 협력하며 책임을 공유할 수 있도록 지지해야 한다. 이를 위해 전문가가 치료, 교육 등을 계획하고 진행시키는 과정에 가족의 참여를 유도하여 전문가와의 팀워크를 강조해야 한다.

넷째, 서비스와 관련하여 가족구성원의 의사를 반영하는 것을 전제로 가족 전체의 통합성을 유지하도록 함으로써 가족 스스로가 문제를 해결하도록 지원해야 한다.

다섯째, 가족 기능의 강화에 초점을 두고, 가족의 결점보다는 강점을 찾아내는 것이 중요하다. 동시에 가족의 생활방식을 전체적으로 변화시키는 것보다 기존의 생활방식을 존중하고 의사결정에 대한 가족의 통제력을 최대화

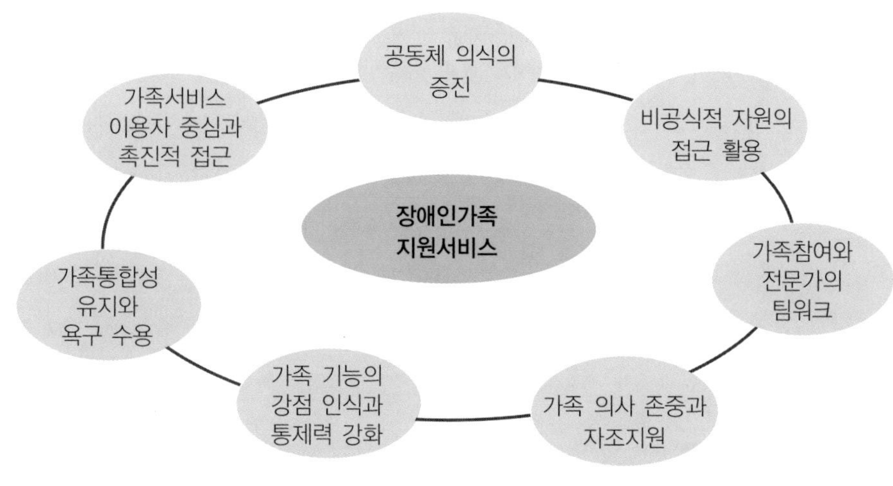

[그림 5-2] **장애인가족지원서비스의 원칙**

하는 방식으로 접근해야 한다.

여섯째, 가족구성원이 서로 건강하고 안정적인 관계를 유지하며 가족 전체의 통합성을 유지할 수 있도록 프로그램이 지원되어야 하며, 이 과정에서 가족구성원의 욕구와 불만에 대해 필히 고려해야 한다.

일곱째, 장애인가족지원서비스의 제공자인 전문가는 서비스 이용자 또는 소비자로서의 가족구성원의 욕구를 중심으로 치료적 접근(treatment approach)이 아닌 촉진적 접근(proactive approach), 즉 치료나 재활 의욕을 촉진시키는 데 중점을 두어야 한다. 그럼으로써 가족은 자신의 욕구 만족과 다른 가족구성원과의 통합성에 적극 가담할 수 있을 것이다.

(3) 장애인가족지원서비스 사례

장애인가족지원서비스는 기본적인 정보 공유나 제공에서부터 각 재활 및 전문분야별 상담과 정보 제공, 각종 개별 및 집단 프로그램 등과 함께 훈련이나 정서적 지원, 부모교육이나 대사회적 권익옹호 활동 등에 이르기까지 매우 다양하게 계획되고 실행될 수 있다. 또한 최근 발달장애인의 복지와 권리증진이 최대 이슈가 되면서 발달장애인가족지원에 대한 제도적 지원도 활

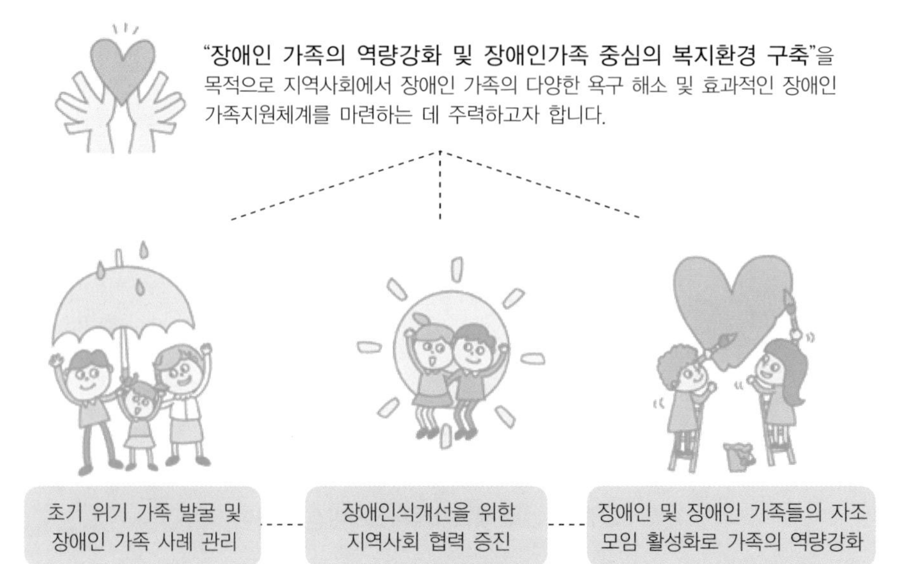

[그림 5-3] **장애인가족지원센터 비전 사례**[1)]

발하다. 특히 2018년부터는 발달장애인 가족휴식지원사업의 대상자 선정을 위한 소득기준을 폐지하는 등 많은 노력을 꾀하고 있다.

이 장에서는 장애인가족지원을 위한 대표적 기관으로서 장애인가족지원센터와 장애인복지관의 비전 및 장애인가족 프로그램 사례를 〈표 5-2〉로 대신한다.

〈표 5-2〉 **장애인복지관 장애인가족 프로그램 사례**[2)]

프로그램명	대상	내용
평생과정설계 액션그룹 자조 활동	평생과정설계 지원회의 참여가족	평생과정설계 실천 · 모니터링을 위한 자조 활동
평생과정설계 지원회의 '행복한 삶의 나침반'	평생과정설계 아카데미 수료자(장애인, 보호자)	장애인의 꿈과 행복에 기반을 둔 평생과정설계 영역별 미래설계 수립

1) 광진장애인가족지원센터 http://gj.dfsc.or.kr/main/index.php (2020. 7. 8.)
2) 성민복지관 http://www.sungminwelfare.or.kr/ (2020. 7. 8.)

<table>
<tr><td colspan="2">'Special Me' 개별</td><td>장애자녀 양육 보호자</td><td>1:1 미술심리 활동을 통해 부모효율성 및 심리·정서적 지원으로 가족 기능 향상</td></tr>
<tr><td colspan="2">'Special Me' 그룹</td><td>장애자녀 양육 보호자</td><td>그룹 미술심리 활동을 통해 서로 간의 공감대를 형성하여 심리·정서적 지지체계를 구축, 부모효율성 향상을 통해 가족 기능 향상</td></tr>
<tr><td colspan="2" rowspan="2">평생과정설계 보호자 아카데미 '나의 정원'</td><td>영유아청소년 발달장애 자녀 양육 보호자</td><td>평생과정설계 이해 및 영역별 교육, 다양한 여가 활동</td></tr>
<tr><td>성인 발달장애 자녀 양육 보호자</td><td>평생과정설계 이해 및 영역별 교육, 다양한 여가 활동</td></tr>
<tr><td colspan="2">아빠와 자녀가 함께하는 우리 가족의 '행복스토리'</td><td>아동 발달장애 자녀와 아버지</td><td>아빠와 자녀가 함께하는 테마여행, 부모교육, 아버지 모임</td></tr>
<tr><td rowspan="3">자조 활동</td><td>성인기 비장애 형제자매 지원 프로그램 '희희낙락'</td><td>성인 비장애 형제자매</td><td>청춘수다방, 그룹스터디, 형제자매와의 나들이, 캠프</td></tr>
<tr><td>어머니 자조모임 '맘모아'</td><td>발달장애인 자녀 양육 어머니</td><td>정기모임, 반찬나눔활동, 공동육아</td></tr>
<tr><td>PPP보호자 자조 활동</td><td>발달장애인 자녀 양육 보호자</td><td>장애자녀의 미래설계 준비를 위한 자치 활동 및 평생과정설계 실천 활동</td></tr>
<tr><td colspan="2">서울시지원사업 장애인가족 지원거점복지관</td><td>장애인 및 가족, 동북권역 복지 종사자</td><td>솔루션위원회, 가족지원콘퍼런스, 네트워크 지원, 장애인가족지원 아이디어 공모전, 장애인가족지원 정보지 발간</td></tr>
<tr><td colspan="2">장애인돌봄가족 휴가제</td><td>장애인가족</td><td>장애인가족의 온전한 쉼을 위한 개별 맞춤여행 지원</td></tr>
</table>

☞ 탐색하기: 장애인가족지원센터의 주요 기능과 서비스?
- 광역 서울장애인가족지원센터와 자치구센터 방문하기
http://seoul.dfsc.or.kr

요약

1. 장애인복지와 생애주기

인간은 태어나면서부터 각각의 발달단계를 겪게 되고, 각각의 연령과 기능 수준에 따라 과업을 수행한다. 장애를 가지고 있는 사람들에게도 삶의 단계에 따른 발달과정과 과업은 정도의 차이가 있지만 똑같이 유효하다. 그런 만큼 장애인복지서비스는 보편적 확대라는 측면에서도 어느 특정 연령, 시기, 상황 등에만 국한된 지원이 아닌, 전 생애에 걸친 지속적이고 체계적인 지원을 필요로 하게 된다.

2. 장애인가족과 생애주기

장애인 당사자 못지않게 그 가족이 겪는 개인적 · 사회적 부담 또한 적지 않다. 더욱이 장애인가족이라는 낙인으로 인해 사회적으로 제한적인 환경에 처할 수 있다. 부모의 장애자녀에 대한 심리정서적 반응과 갈등, 비장애 형제자매의 반응과 갈등, 부부역할 분담과 스트레스 등은 각 생애주기별 위기로 이어지면서 많은 고민과 과제를 제시한다. 따라서 장애인가족 지원을 위해 다양한 가족부담 경감 정책과 함께 심리사회적 문제해결을 위한 적절하고도 실질적인 방안이 모색되어야 한다.

Issues & Discussion

1. 장애인복지서비스와 생애주기 관점이 갖는 상관성에 대해 논하시오.
2. 장애인의 생애주기별 특성과 복지서비스의 필요성을 설명하시오.
3. 장애인의 생애주기별 주요 제도와 그 의미를 논하시오.
4. 장애인가족이 갖는 심리적 부담과 위기 상황을 이해하고, 이를 위한 지원서비스 방안 사례를 논하시오.

5. 장애인가족지원서비스의 원칙을 이해하고 그 당위성을 설명하시오.
6. 여러분이 거주하고 있는 지역의 장애인복지관이나 장애인가족지원센터를 방문해 보고, 주요 사업 및 프로그램 내용을 파악하여 공유하시오.

06

장애인과 재활지원

이 장에서는 장애인재활의 기본적 이해를 도모하고, 그 과정과 각 재활지원의 영역들을 파악한다.

장애인재활은 신체적 · 정신적 손상의 보상과 잔존 및 잠재 기능의 활용을 통해 자립을 도모함으로써 사회통합을 원조하는 필수적 과정이다. 이 과정에는 의료, 교육, 직업, 사회 및 심리 등 다양한 재활 영역이 관여하며, 더 나아가 법제도적 · 사회문화 및 의식적 차원도 고려된다. 또한 인권과 전인격성, 사회참여와 보장 등을 기본이념으로 하여 궁극의 목표와 실천적 접근이 이루어진다.

학습목표

1. 장애인재활의 기본이념과 원리, 목표를 이해하고 설명할 수 있다.
2. 장애인재활의 과정을 이해하고 실천현장에서의 접목 사례를 수집할 수 있다.
3. 장애인재활의 각 영역을 파악하고 주요 기능과 의의를 설명할 수 있다.

키워드

장애인재활 / 재활의 기본이념과 원리 / 의료재활 / 교육재활 / 직업재활 / 사회재활 / 심리재활

1. 장애인재활의 기본적 이해

1) 재활의 개념과 의의

'재활(再活)'을 표현하는 영어 'rehabilitation'은 어원적으로 '다시 알맞게/적합하게 하는 것(to make fit again)'을 의미하며, 어떤 원인으로 인해 인간다운 권리, 자격, 존엄에 상처받은 사람에게 그 권리, 자격, 존엄 등을 회복하게 하는 것을 가리킨다(김만두, 김융일, 박종삼 공역, 1999).

1943년의 전미재활회의(National Conference for Rehabilitation)에서는 재활을 "장애를 가진 사람에게 그가 가진 잔존 능력을 최대한 발휘하게 함으로써 신체적 · 정신적 · 사회적 · 직업적 및 경제적 능력을 회복시키는 것"이라고 정의하였다. 이는 곧 재활을 '장애인이 사회적 일상에 적극적으로 참여할 수 있는 능력을 보호하거나 유지 및 재형성하기 위해 의료적 · 교육적 · 사회적 및 경제적 관점에서 행해지는 목적적 행위'로 볼 수 있는 것이다.

유엔 장애인 10년(1983~1992)의 수행을 위해 마련되었던 '장애인에 관한 세계 활동계획안'에서는 재활을 "장애인이 최적의 정신과 신체 및 사회적 기능 수준에 도달할 수 있게 하기 위한 목표지향적이고 시간제한적인 과정"으로 정의하였다. 다시 말하면, 재활은 각종 신체적 · 사회적 제한에도 불구하고 당사자의 개인내외적 측면에서의 충분한 역량과 기능을 함유하게 함으로써 사회구성원으로서의 발달과 참여를 촉진시킬 수 있어야 함을 의미한다.

이와 같은 다양한 견해와 정의에 따라서 재활은 "육체적 · 정신적 안녕상태를 (재)형성하고, 나아가 더욱 포괄적인 사회(재)통합으로 가는 과정"(Badura & Lehmann, 1988)으로 종합해 볼 수 있다. 이것은 곧 장애 당사자가 삶을 영위하기 위한 어떤 한 가지 기능이나 기술 영역에 국한된 신체적 · 정신적 기능 회복뿐만 아니라 심리, 사회, 직업 등 삶의 전 영역에서 잠재력을 발산하고 고루 기능할 수 있도록 촉진하는 전인적(全人的) 인간상의 추구를 목표로 한다. 또한 사회 속에서 자립생활을 영위하기 위한 지속적이고 다차원적이며 보다 미래지향적인 원조 및 수용 활동으로 이해할 수 있다.

2) 재활의 이념과 원리

재활의 이념은 일반적으로 인간에 대한 세 가지 기본원리를 바탕으로 논의되고 있다. 그것은 바로 모든 인간에 대한 균등한 기회 보장, 전인격적 존재로서의 인간, 그리고 모든 인간은 각기 독특한 존재로서 개별적일 수 있다는 원리이다.

우선 인간은 누구든 사회적 현상에 동등한 기회와 방법으로 참여할 수 있으며, 특히 장애에 따른 개인의 불리를 해소하기 위한 조처들을 정당하게 요구할 수 있다. 그리고 신체적이든, 정신적이든, 사회적이든, 경제적이든 간에 상호 맥락에서 총체적인 자아실현을 도모할 수 있으며, 각자 특별한 잠재성과 그에 따라 각기 다른 삶의 목표와 가치를 인정받을 수 있다. 이를 바탕으로 재활 목표의 설정은 당면한 장애에 따른 손상과 기능적 한계보다는 인간에 대한 통합적 개념의 접근에서 출발해야 한다.

따라서 재활의 이념을 실현하기 위한 다양한 차원의 원리를 나열하면 다음과 같다.

> 인간 존엄과 권리 존중, 총체적이고 전인적인 인간발달 추구, 환경과의 상호작용 고려, 강점 중심과 역량강화, 당사자주의, 서비스 이용자의 참여 권리, 공적 서비스의 요구와 참여 권리, 각 재활 영역에서의 팀협력적 접근, 서비스 지원의 지속성 · 연속성 · 일관성, 개별 욕구 파악과 수용, 서비스의 질 관리, 가족 등 개인 환경 및 자원 고려, 사례관리, 사회정책적 과제와 효과적 전달체계, 전문인력 배치와 상호 기능 등

3) 재활의 목표와 방향

장애인재활의 궁극적 목표는 장애인 자신의 장애 문제해결을 도모하기 위한 지원과 당사자에게 가장 적절한 기능 및 환경의 조성, 그리고 사회적응을 통해 사회구성원으로서의 역할 함양 및 사회통합적 환경에서 자립적인 생활이 가능하도록 원조하는 것이다.

따라서 재활의 방향 또한 재활목표의 설정, 재활의 시기 및 장소 등에 초점을 두고 진행되어야 한다. 즉, 장애인의 현존 능력을 정확히 파악하여 잠재된 개발 가능성을 고려하면서 객관적 평가를 통해 이에 기초한 재활의 목표를 설정해야 함을 의미하며, 재활은 장애 발생과 동시에 가능한 한 빠른 시기에 시작됨으로써 당사자의 생활 및 사회연령에 적절하고 원활하며 정상적인 사회적응을 유도해야 한다. 이를 통해서 2차적 장애 발생이나 특정 장애 현상의 고착화를 적극 예방하도록 하는 것이다. 또한 재활의 장소는 가능한 한 지역사회를 중심으로 이루어짐으로써 지역사회 자원의 적절한 활용과 함께 장애 당사자의 지리적 환경 및 정서 유지에도 이바지할 수 있어야 한다.

4) 재활의 과정과 사례

재활의 과정은 우선적으로 재활의 이념과 원리에 기반한 상호 협력적 상담과 당사자의 개별 욕구 파악, 서비스의 구성 및 실행에서의 당사자 참여 등을 전제로 한다. 이어서 장애인에 대한 종합적인 진단과 객관적인 평가를 통한 재활목표 설정과 그에 따른 재활 프로그램이 구성되고 실행됨으로써 재활의 과정은 본격적으로 연속적이고 역동적으로 진행되기 시작하며, 동시에 각 재활 전문 분야 간에 협력적이고 총체적인 지원이 가능할 것이 요구된다.

일반적으로 장애인의 재활과정은 의뢰와 상담, 검사와 진단 및 평가 등을 통해 당사자의 욕구가 개진되고, 이에 따라서 치료 등 각종 서비스를 제공받는 과정으로서, 장애인복지관의 종합적인 재활서비스과정 사례를 살펴보면 [그림 6-1]과 같다.

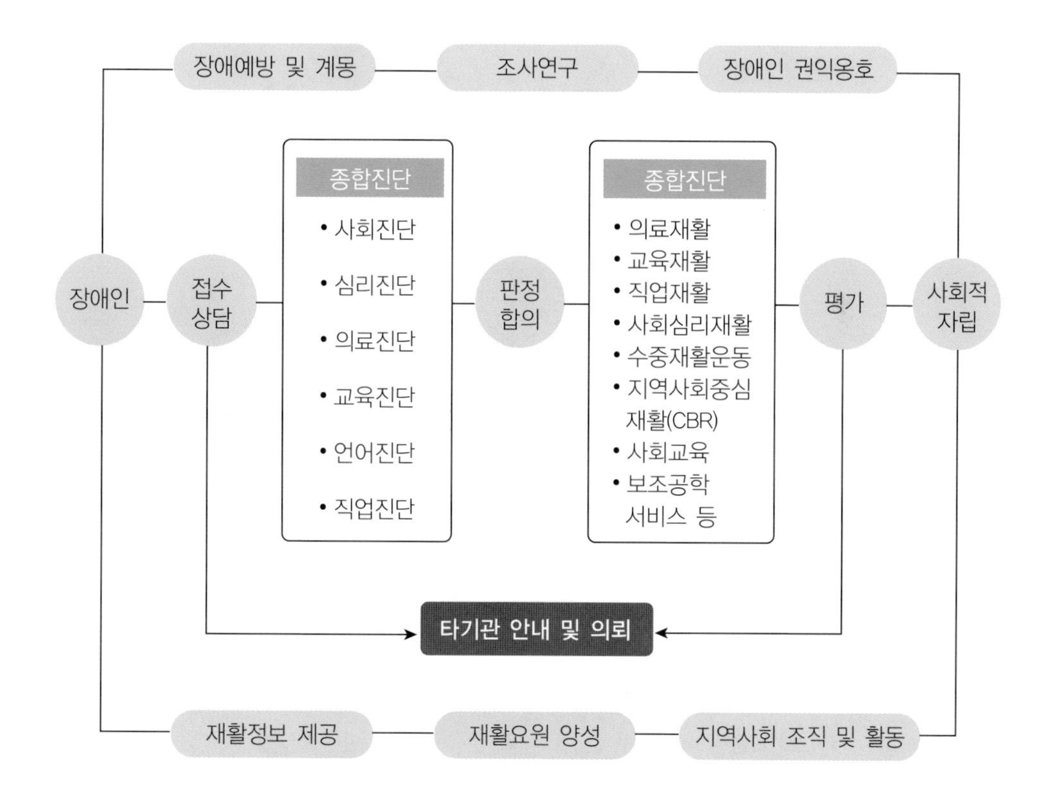

[그림 6-1] **장애인종합복지관의 재활서비스과정 사례**[1)]

또한 이러한 과정과 체계를 장애인 이용자의 요구에 더욱 부합하고 효율적으로 강화하도록 하기 위한 일종의 서비스관리시스템이 필요하다. 이는 [그림 6-2]와 같이 재활의 과정 및 그 과정을 통해 산출되는 재활서비스의 질을 보장하고 관리하기 위한 평가체계로서, 양질의 프로그램이 지속적 · 개선

---

1) 서울시장애인종합복지관 http://www.seoulrehab.or.kr/home/index (2017. 11. 19.)

적으로 제공됨으로써 체계적인 재활과정 설계에도 기여하게 되는 서비스품질관리(Quality Management: QM)체계를 의미한다.

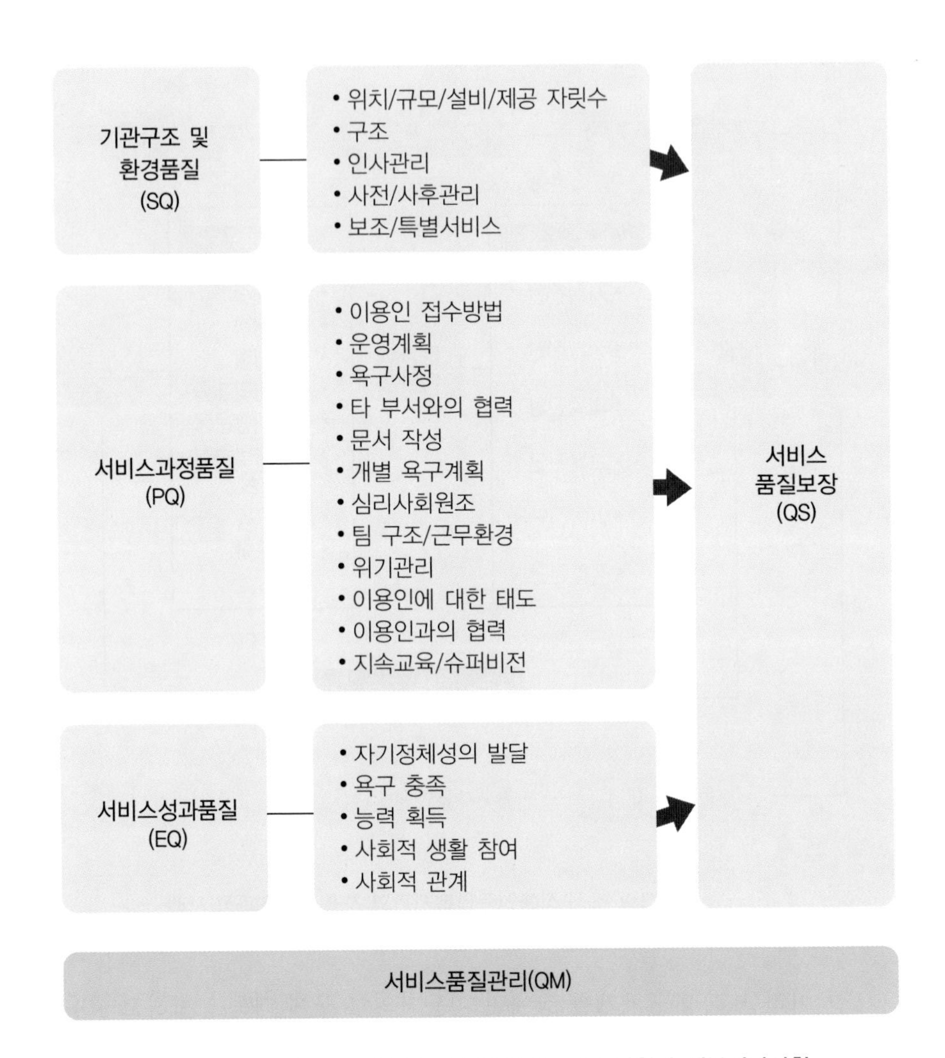

[그림 6-2] **주간시설 서비스품질보장의 세 가지 차원과 세부평가사항**

출처: Hensel (2002), p. 12를 재구성.

2. 장애인재활지원의 제영역

일반적으로 장애인재활 영역은 각 특성과 지원전략에 따른 서비스체계를 갖추고 있다. 동시에 다른 재활 영역들과의 긴밀한 협력적 관계 속에 놓이게 된다. 장애인재활지원의 주요 영역으로는 의료재활, 교육재활, 직업재활, 사회재활, 심리재활 등이며, 이 영역들은 장애인 당사자의 전인적 재활 관점에 기반한다.

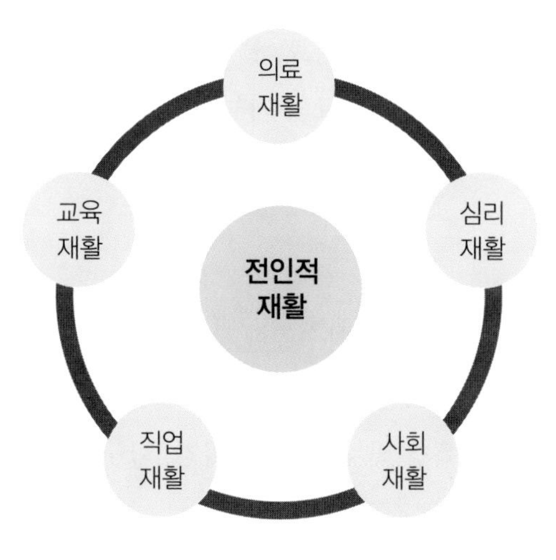

[그림 6-3] **장애인 전인적 재활의 5영역**

1) 의료재활

(1) 개념

의료재활은 종합적 재활서비스 영역에서의 첫 번째 단계이자 재활 영역 전체에 지속적으로 관여하는 중심 분야이다. 질병이나 외상에 대한 실질적 치료와 함께 조기 발견 및 치료를 통한 장애 심화 예방, 장애 발생 이후 일상생활에서 당사자의 기능을 최대화할 수 있는 훈련과정에의 관여 등 추후관리에 이르기까지의 광범위한 과정을 포함한다. 따라서 의료재활은 장애를 가진 사람의 정상화와 사회통합에 기여할 수 있는 근본적인 기회 부여의 과정으로서 전인적 재활의 기초라고 할 수 있다. 그런 만큼 이 과정에서는 타 재활 영역과의 상호 협력 및 보완적 관계가 중요하게 인식된다.

세계보건기구(WHO)에서는 의료재활의 개념을 "질병이나 사고에 의한 후유증, 만성질환, 노인병 등 치료 기간이 장기화되기 쉬운 환자의 잠재력을 활동시켜 자연치료를 적극적으로 촉진시키는 기술이며, 내과적 · 외과적 치료의 응용과 함께 소위 심리적 · 물리적 수단을 보완하고 보충하는 의료적 조치"로 정의하고 있다. 이러한 정의는 의료재활이 단지 치료를 위한 의학적 조치뿐만 아니라 작업치료, 언어치료, 물리치료, 보장구의 처치와 훈련, 사회복지사의 개입 등을 포함한 의료의 가능성을 최대로 활용하는 적극적 지지와 원조임을 의미한다.

(2) 대상

- 신경계 질환자: 척수손상 및 척수질환, 뇌졸중(뇌경색, 뇌출혈), 외상성 뇌손상, 중추신경 및 말초신경병증, 중추 및 말초신경 손상, 뇌성마비 등
- 근골격계 질환자: 근육병 및 근육질환, 골절, 탈구와 염좌, 결합조직질환, 스포츠 손상 등
- 사지절단으로 인한 장애인: 절단 환자의 의지(義肢) 착용 및 보행 훈련 포함
- 통증 수반자: 경추 및 요추 질환, 관절통증, 급성 및 만성 통증 등
- 호흡기 질환자
- 심장질환자
- 정신건강 분야: 정신 및 심리평가, 약물 및 알코올중독 환자, 뇌질환 후 정신장애 환자, 절단 환자 및 만성통증 환자의 정신건강에 대한 재활훈련 포함
- 기타: 언어장애 및 연하곤란증 환자, 암 환자, 시각장애 환자, 화상 및 동상 환자, 노인성 만성질환 등

(3) 접근방법과 서비스

의료재활의 접근방법은 크게 세 가지 차원에서 살펴볼 수 있다.

첫 번째 차원은 손상 부위에 대한 수술, 변형과 교정 등의 포괄적 치료를 통한 기본적 기능장애의 개선으로, 의료재활의 1차적 성격을 갖는다.

두 번째 차원은 기능장애의 대처로, 기본적인 기능장애의 회복에 한계가 있는 경우 다른 기능을 훈련시켜 통상적인 기능을 발휘할 수 있도록 전체적인 능력의 향상을 도모하는 데 목적이 있으며, 특히 재활보조기구(보장구)의 활용을 통해 손상 부위의 기능 대체 및 능력 향상에 기여한다.

세 번째 차원은 기능장애의 개선 및 능력 함양 이후 당사자가 스스로 자립생활을 영위할 수 있도록 의료적 입장에서 자문을 하는 것으로, 일상생활에서의 지속적인 사후관리의 기능을 담당한다.

의료재활에서의 실질적 서비스는 약물치료, 수술치료, 물리치료, 작업치료, 언어치료 등으로 이루어진다.[2)]

☞ 탐색하기: '장애인전문재활병원'이 필요하다!

2) 물리치료란 질환이나 손상에 의해 장애나 통증이 있는 환자를 치료적 운동, 열, 냉, 물, 광선, 전기 등의 물리적 요소를 이용한 방법으로 치료를 하고, 근육운동을 통해 정상적인 일상생활의 요소를 방해하는 조건과 손실된 기능을 회복시키며, 잔존 기능을 최대한 이용할 수 있도록 돕는 방법이다. 운동치료 분야에서 가정방문 개별지도 및 상담이나 자가운동 기능 향상을 위한 개별 및 집단 재활운동지도로서 등산 활동 등을 장려할 수 있다. 작업치료는 적절한 작업이나 동작, 놀이를 통해 불완전한 신체 기능을 회복시키고 일에 대한 동기를 부여하거나, 보조도구를 제시하고 사용법을 가르침으로써 일상생활에서 최대한 독립적인 생활이 가능하도록 지도하는 방법이다. 언어치료는 지적인 수준, 기질적 · 기능적 원인, 또는 환경적 · 정서적 요인 등으로 조음이나 의사소통에 장애를 가진 사람에게 장애가 심한 항목의 집중적 치료를 통해 장애 요소를 개선시키거나 최대한 발휘하도록 하여 언어장애를 최소화하기 위한 방법이다.

2) 교육재활

(1) 개념과 목적

교육재활은 각종 교육제도와 방법 및 기술 등을 통해 장애인 개개인의 잠재력 개발과 최대한의 능력 향상을 도모함으로써 사회생활 적응을 원조하는 교육적 서비스과정이다.

우리나라에서 교육재활은 크게 세 가지 영역으로 구분해서 설명할 수 있는데, 첫째는 학교 및 보육 전문시설을 중심으로 이루어지는 특수교육이고, 둘째는 장애인 직업교육이며, 셋째는 장애인 평생교육이다. 이 세 가지 영역 중에서 가장 보편적이면서도 크게 비중을 차지하는 부분은 역시 특수교육을 통한 교육재활이다. 그래서 교육재활의 개념을 특수교육이라는 측면에서 이해하려는 경향이 전 세계적인 현상으로 자리 잡아 가고 있으며, 직업교육은 직업재활의 영역에서, 평생교육은 재활의 전 영역에서 골고루 다루는 것으로 보인다(김종인, 우주형, 이준우, 2007).

「장애인 등에 대한 특수교육법」상에서의 장애인교육, 즉 '특수교육'이란 특수교육 대상자의 교육적 요구를 충족시키기 위하여 특성에 적합한 교육과정 및 특수교육 관련 서비스 제공을 통하여 이루어지는 교육으로 정의되고 있으며, 여기서 관련 서비스란 상담지원, 가족지원, 치료지원, 보조인력지원, 보조공학기기지원, 학습보조기기지원, 통학지원 및 정보접근지원 등 교육을 효율적으로 실시하기 위하여 제공되는 인적 · 물적 자원의 제공을 말한다. 이를 통해서 일반아동과 같이 '정상적인' 생활을 영위할 수 있도록 최대한의 독립 및 자립 능력 배양과 이에 대한 개인적 · 사회심리적 · 경제적 동기 부여, 자기관리 및 자아실현 등을 목표로 하며, 국가 및 사회의 연대와 책임을 통해 더욱 발전적인 지원의 틀이 형성되어야 한다.

이에 입각해서 특수교육의 목적은 일반교육의 목적과 결코 다르지 않다. 단지 일반교육이 갖는 보편성 내에서 그들의 특수성을 인정하고 고려하는 원칙이 필요하며, 특수교육 요구아동의 잠재성을 발굴하고 가능성을 최대한 신장시킴으로써 일상에서 자립적이고 인간다운 삶의 영위를 위한 기초 능력을 배양하는 것에 실천적 목적이 있다.

(2) 장애인교육의 원리

장애인의 교육재활을 위한 전제조건이자 중요한 틀로서 기본적인 인권의식의 제고와 함께 장애 현상의 다양성 인정, 그에 따른 개성과 개별 수준의 존중을 통해서 보다 효과적인 교육서비스과정이 계획되고 실행되어야 한다.

미국의 「장애인교육법(Individuals with Disabilities Education Act: IDEA)」에서는 장애인교육의 원리를 다음과 같이 여섯 가지로 정리하고 있다.

- 배제금지(zero reject): 장애학생의 학업권 보장 등 공교육에서의 통합을 지향
- 비차별적 평가(nondiscriminatory evaluation): 장애 유무에 따라 적절한 특수교육적 서비스를 계획하고, 평가에서 비롯되는 오류의 최소화를 위해 다양한 검사 및 언어나 습관 등 학생의 문화적 배경도 함께 충분히 고려되어야 함을 강조
- 적절한 교육(appropriate education): 개별화교육 등 장애학생 개인의 특성

출처: 한겨레신문(2009. 3. 18.).

에 적합한 교육이 제공되어야 함을 의미

- 최소제한적 환경(least restrictive environment): 교육에서 제한적 환경을 되도록 개선함으로써 원만한 교육환경적 요소를 지향
- 적법절차(procedural due process): 교육상의 불이익이나 차별이 발생할 경우 이에 대해서도 합당한 권리의 보장 요구
- 부모와 학생의 참여(parental and student participation): 교육에서의 당사자인 학생과 그들의 보호자이자 권익옹호자 내지 교육 관련 서비스 제공에서의 중요한 팀 구성원으로서 부모의 참여 권리 보장

(3) 장애인 통합교육

우리나라의 「장애인 등에 대한 특수교육법」에서는 통합교육을 "특수교육대상자가 일반학교에서 장애 유형과 정도에 따라 차별을 받지 않고 또래와 함께 개개인의 교육적 요구에 적합한 교육을 받는 것"으로 정의하고 있다.

문선화 등(2006)은 통합교육의 목적에 앞서 '통합교육의 ABC', 즉 차이나 다름의 인정(Acceptance), 집단이나 사회에 소속됨(Belong), 공동체(Community)를 언급한 바 있다.

통합교육의 배경으로는 기회의 균등과 '가능한 한 정상적인' 환경의 조성을 통한 사회통합을 강조하는 니르에(Nirje, 1969)의 정상화(normalization)와 이를 통한 사회적 환경의 변화 시도를 들 수 있다.

그런가 하면, 이미 장애인교육과 사회통합 관점에서 주요 논점으로 떠오른 '일반교육주도(regular education initiative)'와 '완전통합(full inclusion)'의 개념에 대해서도 주목할 필요가 있다.

우선 일반교육주도란 특수교육과 일반교육의 이중체계의 비효율성을 극복하기 위한 방책의 하나로, 특수교육과 일반교육을 일반교육이라는 단일체계로 구축하자는 논의를 말한다. 이는 1980년대 중반에 윌(Will, 1986)에 의해서 처음 주창됨으로써 통합교육의 가속화에 기여하였다.

완전통합이란 일반주도 특수교육의 한 형태로서, 일반학급에서 일반교

사와 특수교사가 협동하여 장애아동을 교육하는 것을 의미한다(국립특수교육원, 1997). 이와 관련한 주된 개념은 장애의 형태나 정도에 상관없이 모든 장애학생이 일반학급에 참여하는 것으로, 분리된 특수교육이 존재하지 않고, 모든 장애학생이 자신이 속한 지역사회 학교에 다니며, 특수교육이 아닌 일반교육이 장애학생을 위한 주된 책임을 지는 것 등으로 정리될 수 있다(Hallahan & Kauffman, 2003).

이와 함께 '통합'에 대한 integration과 inclusion 관점의 차이를 이해하는 것이 중요하다. 이는 지금까지의 통합교육적 모델에 대한 이해와 향후 통합교육의 방향과도 맥을 같이하는 중요한 과제이다. 내용인즉, 지금까지 활용되어 오던 integration은 학교생활의 일부를 통합하여 장애학생을 일반학교 체제에 적응하도록 유도하는 부분통합의 개념이다. 반면에 inclusion은 장애의 다양성과 그에 따른 개별성을 인식하고 수용하는 동시에 일반학교의 체제 개선을 통해 비로소 완전한 통합을 이루고자 하는 개념이다. 따라서 앞서 언급되었던 일반교육주도의 관점과 완전통합의 이념이 상통하는 것임을 알 수 있다.

(4) 장애인 평생교육

최근 사회적으로 장애인에 대한 평생교육의 중요성과 필요성이 매우 높아지고 있으며, 이에 상응한 법적 근거와 국가적 발전 과제도 구체화되고 있다.[3] 이는 학령기 장애학생들에게뿐만 아니라 장애를 가지고 있는 성인들에 대한 생애주기별 교육지원의 맥락과 함께하는 것이다.

현실적으로 장애성인의 평생교육 수혜율은 비장애인에 비해서 현격히 낮은 수준으로서, 특히 발달장애 성인에 대한 평생교육지원 관점은 더욱 미약한 현

---

3) 장애인 평생교육은 본래 2008년 시행에 들어간 「장애인 등에 대한 특수교육법」에 근거하고 있었으나, 2017년 5월 30일부로 「평생교육법」으로 이관, 시행에 들어갔다. 이에 따라 국가는 '국가장애인평생교육진흥센터' 설립을 비롯해 장애인 평생교육 기회 제공을 위한 국가정책적 수립을 본격화하고 있다.

실임을 감안할 때 앞으로 더 많은 성장과 발전의 과제를 갖고 있는 분야이다.

장애인 평생교육의 분야로는 일반적으로 기초문해, 직업 능력 향상, 정보교육, 문화예술, 생활역량, 건강, 사회적응, 학력보완, 인문교양, 시민참여 등이 있으며, 다양한 세부프로그램을 통하여 당당한 사회구성원으로서 더불어 살아갈 수 있는 역량과 이미지를 갖출 수 있도록 지원한다.

☞ 탐색하기: 발달장애인평생교육센터?

3) 직업재활

(1) 개념

오늘날 현대사회에서 노동과 그에 따른 직업생활의 영위는 기초생계유지에서부터 사회구성원으로서의 사회참여와 통합에 이르기까지 매우 중요한 수단이자 가치를 내포한다. 또한 인간의 권리이자 의무인 노동을 통해 개인의 삶의 질 향상과 자아실현이라는 인간 삶의 궁극적인 목적에도 매우 크게 기여한다. 이러한 의미에서 직업재활은 신체적 · 정신적 손상에 따라 직업에 대한 상당한 개인적 · 사회적 차원의 제한점들을 가지고 있는 장애인에게 1차적인 치료적 기능과 함께 직업적 가능성을 제시하고 능력 개발을 도모함으로써 향후 취업과 직업 유지 등을 원조하는 장애인재활의 핵심 분야로서 이해가 가능하다.

국제노동기구의 장애인 직업재활에 관한 권고 99(ILO Recommendation concerning Vocational Rehabilitation of the Disabled, 1955)에 따르면, 직업재활은 "직업지도, 직업 훈련, 그리고 취업알선 등과 같은 직업적 서비스를 포함하는 연속적이고 협력적인 재활과정의 일부로서, 장애인이 적절한 고용을 확보하고 유지할 수 있도록 원조하는 과정"으로 정의된다.

맥고언과 동료들(McGowan, Porter, & Thomas, 1967)은 "직업재활이란 심신의 결함을 지닌 장애인의 신체적 · 정신적 · 사회적 · 직업적 · 경제적 능력을 최대한으로 찾아 길러 줌으로써 일할 권리와 의무를 일반인과 같게 하는 것은 물론 장애인의 성공적 사회통합을 위한 최대의 과제인 자립생활을 영위하도록 하는 것으로 재활사업 중 가장 중요하고 핵심적인 과제"라고 정의하였다.

또한 직업재활은 장애인의 인간 존엄성을 높이는 인도주의적 사업이며, 비경제적 인간을 경제적 가용인간으로 변환시킴으로써 사회적 부담을 없애고 사회적 생산에 기여하게 하는 경제적이고 생산적인 재활사업으로도 그 의의를 가늠해 볼 수 있다(Dimichael, 1977: 정영숙, 이현지, 2007에서 재인용).

우리나라의 「장애인고용촉진 및 직업재활법」에서 장애인의 직업재활을 다루고 있는데, "장애인이 그 능력에 맞는 직업생활을 통하여 인간다운 생활을 할 수 있도록 장애인의 고용촉진 및 직업재활을 꾀하는 것"(제1조)을 명시하였으며, 이어서 고용촉진 및 직업재활과 관련하여 "장애인의 직업지도, 직업적응 훈련, 직업능력개발 훈련, 취업알선, 취업, 취업 후 적응지도 등에 대하여 이 법에서 정하는 조치를 강구하여 장애인이 직업생활을 통하여 자립할 수 있도록 하는 것"(제2조 제3항)이라고 명시하였다.

따라서 직업재활이란 장애인의 직업적 능력을 최대한 개발하여 그 능력을 회복시키는 활동으로서 취업과 자립생활을 목표로 하며, 장애인이 직업에 종사하고 또 그것을 유지할 수 있도록 하는 직업상의 모든 원조, 즉 직업상담, 직업적응, 직업 훈련, 취업알선 및 사후지도 등을 포함하는 계속적이고 종합적인 재활과정이다.

(2) 대상

국제노동기구(ILO)의 권고에서는 직업재활의 대상을 신체적 또는 정신적 손상에 따라 적당한 취업의 장을 얻고 또한 그것을 지속할 수 있는 상황이 현저히 감퇴한 사람으로 정의하였다. 우리나라의 「장애인고용촉진 및 직업재활법」에서는 직업재활의 대상인 장애인을 "신체 또는 정신상의 장애로 장기간에 걸쳐 직업생활에 상당한 제약을 받는 자"로 규정하고 있다.

이는 곧 직업재활의 대상으로 모든 장애인이 해당되는 것이 아님을 의미한다. 원론적으로는 재활과정을 굳이 거치지 않더라도 일반적인 업무 등 자립적 활동이 가능한 경증장애인은 직업재활의 대상이 되지 않는다. 동시에 너무 심한 장애로 인해 재활과정을 겪더라도 유의미한 독립생활이 불가능한 사람 또한 그 대상이 될 수 없다. 따라서 직업재활은 신체적 · 정신적 장애에 의해 직업을 갖는 데 어려움을 갖지만, 의료적 · 교육적 · 사회적 원조 등 재활서비스를 통하여 직업적 적응과 능력 향상이 가능한 장애인이 대상이다.

그러나 최근 첨단 현대 과학 기술을 접목한 재활 및 보조공학 분야가 지속적으로 발전해 오면서 최중증의 장애를 가진 당사자들일지라도 이들에게 상당한 기능을 부여할 수 있는 시도들이 나타나고 있다. 따라서 직업재활의 대상에 대한 원론적 입장도 향후 현격한 변화와 실질 적용 수준 등에 따라서 충분히 조정될 가능성을 가지고 있음을 살펴볼 수 있다.

(3) 직업재활 훈련의 원칙

1985년 국제노동기구(ILO)에서는 다음과 같은 일곱 가지의 직업 훈련 원칙을 제시하였다.

- 통합성의 원칙: 직업 훈련은 지역사회 내 학교, 직업훈련기관, 회사 등과 같이 통합된 형태에서 이루어질 것
- 기회균등의 원칙: 장애인이 직업 훈련을 받을 때에는 국가나 민간기업 등 모든 영역에서 동등한 기회가 주어져야 할 것
- 동등 조건의 원칙: 장애인이 비장애인과 함께 또는 동등한 조건에서 훈련을 받을 수 있게 할 것
- 특수성의 원칙: 장애 유형과 정도 등 개별적 특수성에 맞추어 개개 장애인에게 적합한 훈련방법, 훈련시설, 훈련과정 등을 실시할 것
- 평생 훈련의 원칙: 직업 훈련은 생애주기에 따라 지속적으로 직업 능력을 개발, 유지하도록 평생 동안 계속될 것

- 고용주 지원의 원칙: 고용주는 지속적 관심을 갖고 장애인의 능력 개발을 지원하고 배려할 것
- 훈련 직종 취업의 원칙: 직업 훈련을 받은 직종이나 그와 유사한 직종에 취업할 수 있도록 할 것

(4) 장애인 직업재활시설

장애인 직업재활시설이란 「장애인복지법」 제58조에 의거하여 "일반 작업 환경에서는 일하기 어려운 장애인이 특별히 준비된 작업환경에서 직업 훈련을 받거나 직업생활을 할 수 있도록 하는 시설"로 규정되어 있다. 또한 동법 시행규칙 제41조 [별표 4]의 규정에서 장애인 직업재활시설의 종류와 기능을 〈표 6-1〉과 같이 명시하고 있다(2015. 12. 31. 개정).

〈표 6-1〉 **장애인 직업재활시설의 구분 및 정의**

구분	정의
장애인 보호작업장	직업 능력이 낮은 장애인에게 직업적응 능력 및 직무기능향상 훈련 등 직업재활 훈련 프로그램을 제공하고, 보호가 가능한 조건에서 근로의 기회를 제공하며, 이에 상응하는 노동의 대가로 임금을 지급하며, 장애인 근로사업장이나 그 밖의 경쟁적인 고용시장으로 옮겨 갈 수 있도록 돕는 역할을 하는 시설
장애인 근로사업장	직업 능력은 있으나 이동 및 접근성이나 사회적 제약 등으로 인해 취업이 어려운 장애인에게 근로의 기회를 제공하고, 최저임금 이상의 임금을 지급하며, 경쟁적인 고용시장으로 옮겨 갈 수 있도록 돕는 역할을 하는 시설
장애인 직업 적응훈련시설	작업 능력이 극히 낮은 장애인에게 작업 활동, 일상생활 훈련 등을 제공하여 기초작업 능력을 습득시키고, 작업평가 및 사회적응 훈련 등을 실시하여 장애인 보호작업장 또는 장애인 근로사업장이나 그 밖의 경쟁적인 고용시장으로 옮겨 갈 수 있도록 돕는 역할을 하는 시설

4) 사회재활

(1) 개념

사회재활은 장애인에 대한 사회적 측면에서의 재활지원을 의미한다. 즉, 장애인의 전체적이고 만족스러운 사회생활을 지원함으로써 사회에서의 문제점을 제거하고, 장애인으로 하여금 사회적 기능 함양과 적응을 가능케 하여 완전한 사회참여와 평등을 이루게 하는 매우 포괄적인 원조과정이다. 그런 만큼 사회재활은 의료, 교육, 직업 등 각 재활 전문 영역의 궁극적인 목적을 실현하는 데 반드시 상호작용해야 하는 전인재활체계에서의 절대협력 기능을 갖는다.

사회재활을 위한 원조과정에서는 단순히 재활전문가에 의한 지식 및 기술적 측면에서의 원조뿐만 아니라 공동체 의식하에서 각종 물리적 · 제도적 · 문화적 · 경제적 관점을 포함한 주류 사회의 장애 및 장애를 가진 사람에 대한 수용적 태도와 긍정적 인식의 형성이 전제되어야 하며, 그에 따른 환경의 정비가 필요하다. 이를 통해서만이 전체적이고 실효성 있는 사회적 재활과 통합을 이룰 수 있으며, 가정 및 경제 생활을 포함한 실질적이고 정상적인 사회생활이 가능할 것이다.

이러한 의미에서 국제재활협회(Rehabilitation International: RI)의 사회재활

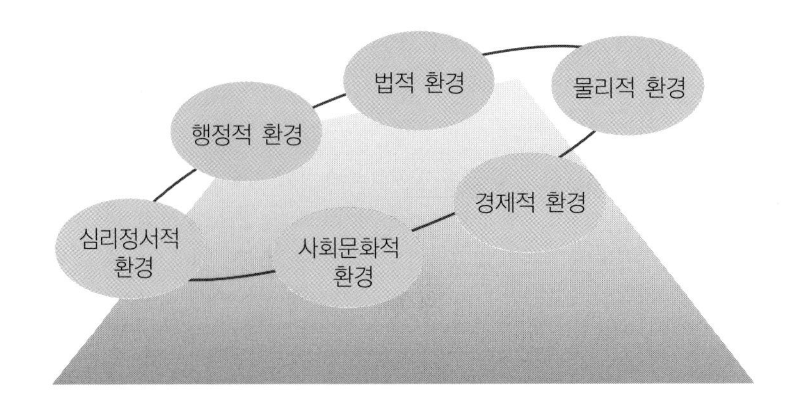

[그림 6-4] **사회재활을 위한 환경 정비 영역**

위원회(1972)에서는 사회재활을 장애인이 사는 물리적 · 사회적 · 경제적 · 심리적 환경조건을 정비하여 인간다운 만족스러운 생활을 영위하는 것으로 정의하였으며, 사회재활을 실현하기 위해서는 장애인 관련 정책 및 행정적 환경의 정비, 경제적 환경의 정비, 물리적 환경의 정비, 법적 환경의 정비, 심리정서적 환경과 사회문화적 환경에서의 문제해결과 기회 확대 등의 정비가 필요함을 밝혔다.

따라서 사회재활은 장애인 자신에 대한 다양한 측면에서의 사회기능적 능력 촉진과 함께 사회적 장벽 제거를 위한 사회 전반의 노력이 전제된다. 만일 이러한 노력이 충분하지 않은 환경이라면 장애인이 언제든 소외, 분리, 배제, 거부로 차별받는 사회 구조가 만연할 수 있다. 이를 소위 장애사회(handicapped society)라 칭할 수 있으며, 결국 억압적이고 불합리한 체계 속에서 장애를 가진 사람들뿐 아니라 '장애적' 현상에 놓일 수 있는 다양한 사회적 약자도 함께 불이익에 처해짐으로써 사회 전반에서의 존엄과 권리를 보장받지 못하는 상황이 지속될 것이다. 그러므로 보다 거시적인 관점에서 장애 현상을 바라보는 것이 중요하며, 이에 대한 다양한 환경 인식의 제고와 정비 노력은 사회재활의 궁극의 과제이자 정상화를 이루기 위한 절대적인 필수 단계임을 인식할 필요가 있다.

(2) 대상

사회재활의 대상은 우선 장애로 인해 신체적 · 정신적으로 손상받고 사회적 불이익에 처한 당사자를 대상으로 한다. 그러나 장애를 가진 사람으로서 일반 사회복지의 대상 또는 사회생활을 하는 모든 사람으로 보다 넓게 포함할 수 있으며, 동시에 그들의 가족, 지역사회 등 장애 당사자의 사회적 환경 요소들도 함께 고려될 수 있다.

(3) 사회재활 방법 및 프로그램

사회재활을 이루기 위한 실천의 관점은 다음과 같은 표적체계의 문제점에 대한 여러 가지 해결방법 가운데서 전개된다(문선화 외, 2006).

- 일반인 본위로 만들어진 물리적 환경 문제: 지역 조직화와 복지건축학과의 협력에 의한 지역개발계획
- 장애인 생존을 위한 경제 기반의 미정비 문제: 사회보장제도와 취로의 기회를 정비하여 그것을 개개의 특수 생활에 맞추어서 소득과 기회를 분배해 가는 제도상 및 운용상의 노력
- 생활, 취로 등의 생활 활동 전반에 걸친 권리의 실질적 정착의 지연 문제: 법의 정비에 따른 권리의 실질화와 행정망의 정비, 적정 운용에 따른 서비스 분배의 공정화 접근
- 외견상으로는 통합되어 있어도 사회인의 편견 때문에 심리적 · 감정적으로 소외되어 참다운 사회통합이 실현되지 않고 있는 인간 소외의 사회 현상: 심리적 · 문화적 · 사회적으로 눈에 보이지 않는 환경상 문제의 내부 개조에 작용시키는 사회교육적 개발

사회재활지원의 실질적 접근은 기본적으로 장애인 자신의 사회적 기능 향상 및 역량강화를 바탕으로 그들의 생활터전인 가정과 지역사회를 포함한 사회생활에의 적응에서부터 시작한다. 이어서 사회에서의 동등과 존엄 및 권리를 실현시키기 위한 사회 변화 또는 변혁에 이르기까지 접근 양상은 다양하며, 그 방법 또한 각각의 문제 상황과 환경 등에 따라 다양하게 진행될 수 있다.

이때 사회재활 전문가는 장애 당사자, 가족, 지역사회 및 일반 사회를 대상으로 한 개별사회사업, 집단사회사업, 지역사회 조직 및 개발과 같은 접근방법을 통해 당사자에 대한 지지적 상담이나 당사자 간 또는 가족 및 지역사회 등과의 관계 조정, 문제해결을 위한 정보 제공 및 사회참여 촉진 등을 수행해야 한다.

각종 사회재활 프로그램의 일부 사례들로는 장애아동 방과후교실, 장애아

동 캠프, 장애 이해 및 예방 교육, 부모교실, 사회시설체험 훈련, 문화체험교실, 의사소통 훈련, 성상담이나 결혼상담, 장애인야간학교, 순회상담 및 진료 등이 있다.

5) 심리재활

(1) 개념

심리재활은 장애인 자신과 그를 둘러싼 인적 환경에 대한 심리적 향상을 도모하는 원조과정이다. 특히 장애인이 갖게 되는 장애에 따른 불가피한 신체 및 사회행동적 제한 인식과 그에 따른 부정적인 심리 상태, 즉 사회적 · 심리적 · 정서적 불안감이나 분노 또는 소외감, 우울, 욕구 불만 등과 같은 문제 요인 및 상황을 개선함으로써 심리적 안정을 도모하여 장애인으로 하여금 (새로운) 재활의지를 북돋는 과정이라고 할 수 있다. 심리재활은 현실적인 장애 극복과 사회 기능의 획득 또는 회복을 가능하게 해 주며, 전인적 재활의 관점에서 보다 가치 있는 개인 발달과 정서를 형성하는 데 기여한다. 따라서 심리재활은 의료 · 교육 · 직업 · 사회 측면에서 당면 문제를 해결했다 하더라도, 지속적으로 건전하고 긍정적인 심리 · 정서 상태를 유지하도록 체계적이고 전문적으로 도와야 하는 총체적 재활의 의미도 갖는다.

(2) 대상과 목표

일반적으로 심리재활의 대상은 심리적 문제에 직면한 장애인과 그의 가족 및 주위 사람들이다. 그러나 좀 더 넓은 의미에서는 사회 속에서 생활하는 심리적 문제를 지닌 장애인과 이들에게 심리적 영향을 줄 수 있는 모든 사람이 포함된다.

심리재활의 목적은 궁극적으로 사회통합이며, 이를 위해서 자아존중감이나 가치의 재발견, 장애에 대한 긍정적 자의식 형성 등이 가능하도록 원조함으로써 현실적인 장애 극복에 기여하도록 하는 것이다. 따라서 심리재활의 구체적 목표로는 동기 강화, 감정 노출, 잠재력 개발 및 원조, 습관 변화, 인지 구조의 변화, 의사결정 능력의 향상, 자기통찰, 대인관계의 개선, 의식상태의 변화 등을 들 수 있다.

(3) 심리재활과정 및 프로그램

심리재활의 과정은 일반적으로 검사, 상담, 치료로 이루어진다. 이를 과정별로 구체적으로 살펴보면 다음과 같다.

① 심리검사

신뢰도와 타당도가 확립된 심리검사도구를 통해 개인의 다양한 심리적 특성을 측정하여 진단, 분류, 상담, 치료 등에 유용한 정보를 얻고자 하는 과정을 말한다. 개인의 행동방식을 객관적이고 표준화된 방식으로 측정하는데, 지능검사와 성격검사 등으로 나눠 볼 수 있다.

지능검사는 인간의 감각, 지각, 사고, 판단력 등 일련의 정신 기능을 측정하는 표준화된 질문과 과제로 구성된 심리측정도구이며, 성격검사는 성격의 특성과 심리 선호적 경향의 일부를 과학적으로 측정, 평가함으로써 학업이나 진학 및 취업, 성격지도와 교정 등의 기초 자료로 사용하며, 피검사자 자신에 대한 객관적 이해를 높이는 것을 지원하기 위한 방법이다.

② 심리상담

장애인과 그의 가족이 가진 심리적 문제를 수용하고, 문제해결을 위해 지역사회의 자원을 연결시킴으로써 문제해결력을 개발시킬 수 있도록 지지하는 과정을 말한다. 흔히 개별상담, 가족 및 집단상담, 전화상담 등의 방법을 통해 이루어진다.

③ 심리치료

심리검사 및 상담을 거치면서 얻게 된 객관화된 정보를 바탕으로 심리치료의 과정이 전개된다. 즉, 심리재활 분야 전문가와 치료대상자의 의도적 관계 형성을 통해 정서적 문제를 심리학적 방법으로 치료하는 것을 의미한다. 이때 상담과 심리치료의 차이는 어떤 방법으로 어느 정도까지 접근하느냐에 따라 다르다. 상담은 주로 상황적 문제해결과 의식적 내용의 자각에 중점을 두는 반면, 심리치료는 심층분석적 문제해결과 무의식적 동기의 통찰에 중점을 둔다.

심리치료에는 주로 음악치료, 미술치료, 놀이치료, 가족치료 등이 있으며, 최근에는 정서 및 행동의 심리치료적 접근방법으로 말이나 애완견을 이용한 동물매개치료(Animal-Assisted Therapy: AAT), 독서치료, 원예치료 등에 이르기까지 다양한 측면의 방법이 활용되고 있다.

심리치료 전문가는 치료대상자의 발달단계나 연령, 사회적 성숙도나 적응행동의 정도 및 수준에 따라 개별, 가족 또는 집단 지도를 통해 다양한 정서적·행동적 발달을 촉진하는 과제를 갖는다.

☞ 탐색하기: 동물매개치료란 무엇일까?

요약

1. 장애인 재활지원

장애인 재활지원이란 장애 발생으로 인한 신체적·정신적 손상의 보상과 잔존기능 및 잠재력 확인을 통해 장애 당사자의 자립을 원조하는 활동이다. 궁극적인 사회통합 촉진을 위한 필수적 과정으로서 의료, 교육, 직업, 사회, 심리 분야 등에서의 다양하고 협력적인 서비스 지원체계를 기반으로 전인적 인간상을 추구한다.

2. 재활의 이념과 원리

재활의 이념은 모든 인간에 대한 균등한 기회 보장, 전인격적 존재로서의 인간, 개별적 수준의 존중으로 집약된다. 여기에는 다양한 사회참여 보장과 사회적 불리에 대한 적절한 조치들을 요구할 권리도 포함된다. 이에 따라 장애인재활에서는 당사자의 총체적 자아실현을 도모하기 위한 다양한 원리가 작동하며, 근본적으로는 장애로 인한 손상과 기능적 한계보다는 인간에 대한 통합적 인식과 기능하는 인간으로서의 관점에 바탕을 둔다.

3. 재활의 목표와 방향

재활은 객관적이고 적절한 평가를 통해 장애 발생과 동시에 가능한 한 조기에 실시됨으로써 사회적응 유도 및 2차적 장애 발생 예방에 기여할 수 있도록 설정되어야 한다. 지역사회를 중심으로 가능한 한 기존의 다양한 지역 자원을 활용함으로써 상호 협력적 접근이 가능하도록 지원하며, 개별 욕구 파악, 서비스 구성과 프로그램 실행 및 평가 등에서 장애 당사자의 참여를 전제로 한다.

4. 의료재활

종합적 재활서비스 영역에서의 첫 번째 단계이자 전 재활 영역에 지속적으로 관여하는 중심 분야로서, 궁극적으로는 장애 심화 예방, 장애 발생 이후 일상생활에서 당사자의 기능을 최대화할 수 있는 훈련과정에의 관여 등 추후관리에 이르기까지의 광범위한 과정을 포함한다. 장애를 가진 사람의 정상화와 사회통합에 기여할 수 있는 근본적인 기회 부여의 과정이자 전인적 재활의 기초라 할 수 있다.

5. 교육재활

각종 교육제도와 방법 및 기술 등을 통해 장애 당사자의 생애주기에 따른 최대한의 능력 향상과 잠재력 개발을 도모함으로써 사회생활 적응을 원조하는 교육적 서비스과정이다. 이 과정에서 통합교육과 관련한 서비스 지원은 기본적으로 기회균등과 정상화를 바탕으로 단순한 물리적 통합뿐만이 아닌, 다양한 사회환경적 측면에서의 긍정적 변화와 통합을 지향함으로써 integration 또는 이를 넘어서는 inclusion 개념의 실현에 기여할 수 있어야 한다.

6. 직업재활

신체적 · 정신적 손상으로 인해 노동 및 직업 활동 영위에 제한이 따름으로써 기본적 생계유지에서부터 궁극적인 사회참여와 자아실현 등에 이르기까지 개인-사회적 불이익을 갖게 되는 장애 당사자에게 1차적인 치료적 서비스와 함께 직업적 가능성을 제시하고 능력 개발을 도모함으로써 향후 취업과 직업 유지 등을 원조하는 장애인재활의 핵심 분야이다.

7. 사회재활

장애인의 전체적이고 만족스러운 사회생활을 지원함으로써 사회에서의 문제점들을 제거하고, 장애인으로 하여금 사회적 기능 함양과 적응을 가능케 하여 완전한 사회참여와 평등을 이루게 하는 매우 포괄적인 원조과정이다. 이를 위한 전제로서 사회 내 행정적 · 법제도적 · 물리적 · 경제적 · 문화적 · 심리적 환경 등에서의 정비 노력이 필요하다.

8. 심리재활

장애인 자신과 그를 둘러싼 인적 환경에 대한 심리적 향상을 도모하는 원조과정이다. 특히 장애인이 갖게 되는 장애로 인한 불가피한 신체 및 사회행동적 제한 인식과 그에 따른 부정적인 심리 상태, 즉 사회적 · 심리적 · 정서적 불안감이나 분노 또는 소외감, 우울, 욕구 불만 등과 같은 문제 요인 및 상황을 개선함으로써 심리적 안정을 도모하여 장애인으로 하여금 재활의지를 북돋는 필수과정이다.

Issues & Discussion

1. 장애인재활의 개념과 의의를 설명하시오.
2. 장애인재활의 기본이념과 원리에 대해 논하시오.
3. 장애인재활에서 '전인적' 관점의 중요성과 의의에 대해서 논하시오.
4. 여러분이 거주하는 지역의 장애인종합복지관을 찾아가서 주요 재활과정을 파악하고 공유하시오.
5. 의료재활의 주요 기능과 필요성에 대해서 설명하시오.
6. 교육재활의 주된 내용과 중요성에 대해서 논하시오.
7. 직업재활의 주요 기능과 복지적 의의에 대해서 논하시오.
8. 사회재활에서 환경정비 영역의 내용과 의의를 파악하시오.
9. 심리재활의 필요성과 주요 프로그램들을 찾아 공유하시오.

PART 4

지역사회와 장애인 자립생활

07

장애인과 지역사회기반지원

이 장에서는 장애인의 지역사회기반지원의 기본적 이해와 이를 바탕으로 한 지역사회중심재활의 다양한 측면을 탐구한다.

장애인의 사회통합과 그 지원을 위한 서비스는 이제 더 이상 제공자나 전문가 중심, 시설보호 중심이 아닌 당사자의 인권과 자기결정, 선택과 참여가 보장되고 지역사회 내의 다양한 자원이 적극 활용될 것을 기본으로 하는 지역사회중심재활이 자리 잡고 있다. 이는 거시적 차원의 지역사회기반지원의 개념에 입각하여 장애 당사자 및 가족, 지역사회구성원들의 참여와 협력, 자원들 간의 연계를 통해 최적의 서비스를 구성하고 최대한의 정상화를 도모함으로써 진정한 사회통합을 촉진하고자 하는 현대장애인복지실천의 기초이다.

학습목표

1. 시설중심재활과 지역사회중심재활의 주요 차이점을 비교하여 설명할 수 있다.
2. 지역사회중심재활의 원칙과 실천방안을 이해할 수 있다.
3. 지역사회중심재활사업의 대상과 내용을 파악할 수 있다.
4. 장애인 지역사회재활시설의 종류와 주요 기능을 파악할 수 있다.
5. 장애인복지에서 지역사회기반지원의 개념이 중시되는 배경과 향후 과제에 대해 논의할 수 있다.
6. 지역사회중심지원서비스(CBSS) 모형 개발의 배경과 주요 요소를 이해할 수 있다.

키워드

지역사회기반지원 / 지역사회중심재활 / 시설중심재활 / 지역사회재활시설

1. 장애인과 지역사회기반지원

1) 시설중심재활과 지역사회중심재활

(1) 시설중심재활

시설중심재활(Institution Based Rehabilitation: IBR)이란 시설을 기반으로 제공되는 재활서비스 개념을 말한다. 즉, 시설에 거주하는 장애인을 중심으로 제공되는 서비스 형태로서, 과거 장애인 시설은 집단수용과 통제를 기제로 생활하고 있는 장애인의 기능이나 성격, 개인적 · 사회적 영향 면에서 적지 않은 문제점을 노출시켜서 비판의 대상이 되었다.

구체적으로 거주 장애인을 수용 및 보호, 치료의 대상 정도로 간주하였으며, 의료적이고 전문가 중심의 제한된 자원에 의한 서비스가 주류를 이루었다. 이 과정에서 장애인의 인간다운 권리와 개별적이고 다양한 욕구는 시설 운영자 등 서비스 제공자 중심의 일방향적 사고에 따라 제대로 인정받지 못했던 것이 사실이다. 또한 시설수용의 통제적 관점에서 지역사회와의 교류를 제한함으로써 장애인의 타율성과 사회적 격리를 초래하기에 이르렀다. 이러한 형태의 시설중심서비스는 장애인복지의 궁극적 목적인 가족, 이웃, 지역사회와의 상호작용이나 적응 도모, 그에 따른 사회통합에 역행하는 역사적 오류를 낳았다는 비판에 직면하였다.

현실적으로 장애인이든, 비장애인이든 간에 다양한 이유로 인해 자신을 스스로 돌보지 못하거나 상황에 적절한 결정을 내리지 못하는 경우가 존재하기 마련이다. 하지만 이와 같은 상황에서 시설화와 결부되어 더 많은 보호나 구제에 맞춰진 장애인서비스 영역에서 장애는 곧 무력감이나 자기결정에 대한 무능력으로 치부될 위험이 높다. 이는 곧 인간 존재의 본질이자 권리로서의 자기결정과 선택권, 책임의 박탈을 의미하며, 결국 '학습된 무기력'(Seligman, 1986)과 같은 타율화된 삶의 방식으로 고착될 수 있다.

1930년대 독일 남부의 장애인 수용시설

이러한 시설수용화에 대한 문제점과 한계의 인식으로 마침내 1960년대부터 선진국들을 중심으로 이른바 탈시설화(deinstitutionalization)운동이 주창되기에 이르렀으며, 동시에 정상화(normalization) 이념의 대두로 더욱 적극적이고 활발한 지역사회중심 내지 지역사회기반의 장애인복지서비스에 대한 논의가 시작되었다.

(2) 지역사회중심재활

1981년 세계보건기구(WHO) 재활전문위원회에서는 '지역사회중심재활(Community Based Rehabilitation: CBR)'의 정의와 관련하여 "장애인의 재활 성취를 위하여 지역사회의 자원, 즉 장애인 자신과 그의 가족 및 전 지역사회를 가동 활용하기 위하여 지역사회 수준에서 채택된 모든 방법을 포함할 것"을 권고하였다. 다시 말해, 지역사회중심재활이란 장애인의 재활과 사회통합을 목적으로 지역사회의 인적 및 물적 자원을 적극 활용할 것을 기본으로 하며, 직접적 서비스 외에도 지역사회 인식과 태도의 변화, 물리적 환경의 개선 등을 포함하는 포괄적인 재활과정이자 도구로 재정리할 수 있다.

그러나 지역사회중심재활은 무엇보다도 시설중심재활의 비판과 대안으로써 나타난 것이니만큼 시설에서의 한계점을 극복할 의무를 갖는다. 따라서 지역사회의 다양한 자원을 동원하여 인간 중심의 서비스를 계획, 실행함으로써 장애인의 진정한 사회통합에 기여하는 것을 최고의 이념으로 하는 지역사회기반지원의 근간이라 할 수 있다. 이를 위해서는 지역사회 장애문제의 체계적 관리와 장애 당사자를 비롯한 모든 지역사회구성원의 참여가 전제되어야 하며, 이들의 연계와 협력으로 최적의 서비스를 제공함으로써 장애인의 능력 개발과 사회참여를 촉진해야 하는 중대한 과제를 갖고 있다.

역사적으로는 1960년대 말 아일랜드의 장애인재활 관련 종사자들의 공통된 인식이 가시화됨으로써 지역사회중심재활이 제안된 것으로 알려져 있다. 즉, 이들은 급속하고 다양하게 변화하는 사회환경 속에서 재활지원에 관한 욕구를 가진 장애인의 수가 증가하는 반면에 훈련된 전문가나 기존의 재활서비스 구조하에서는 현실적 문제를 효과적이고 효율적으로 해결하는 데 한계가 있음을 인식하고 그에 대한 대안을 제시하였다. 이를 통해서 장애 당사자와 그의 가족 및 이웃, 지역주민이 상호 이해와 협력으로 장애인재활 영역에서의 문제에 공동으로 대처해 보자는 취지로 확산되기에 이르렀다. 따라서 지역사회중심재활이란 현대적 의미에서 '지역사회기반지원'이라는 거시적 · 보편적 관점을 바탕으로 전문가의 직접적이고 주도적인 개입보다는 장애 당사자가 지역사회에 내재한 다양한 인적 및 물적 자원을 활용함으로써 스스로의 욕구에 이바지할 수 있도록 기능화하는 것에 우선적인 원칙을 두고 있다.

그러나 이러한 원칙과 추구 방향이 곧 재활전문가의 개입을 전적으로 배제해야 한다는 의미는 아니다. 단지 지금까지 일방향적이었던 전문가 중심의 서비스 지원체계를 개선하고 지역사회와의 적극적 협력과 협조를 전제로 전문가의 역할과 기능 재정립이 필요하다는 의미를 갖는다. 따라서 지역사회기반 지원은 장애 당사자를 둘러싼 환경에 존재하는 사회적 자원들을 적극 발굴하고 동원하여 활용함으로써 장애인재활에서의 자발성이나 참여적 가치, 서비스 제공과 이용의 비용효율성이나 정서적 지지 · 유지 및 확대 등에 기여하는 것이 핵심인 것이다.

지역사회기반지원 관점에서 재활의 개념은 다음과 같은 핵심적 기능을 포함한다.

- 지역주민에 대한 장애인 및 재활에 대한 올바른 이해 증대와 공동책임 의식 고취
- 자조자립의 의지와 능력 강화, 장애 당사자와 그의 가족 및 지역주민 훈련을 통한 지원인력으로서의 인적 자원 확보
- 지역 수준에 적합한 적용과 전수 및 효과적일 수 있는 재활 기술과 방법의 활용 권장으로 전문가와의 역할 분담과 자구적 해결 기회의 제공
- 재활서비스 전달체계의 구축 및 확대를 위한 기존 지역사회 관련 기관 및 단체 등의 활용으로 국가적 차원에서 재정적 자원의 효율성 극대화 조장

이에 따라서 지역사회기반지원은 인간 평등의 권리와 책임성, 존엄성, 사회적 연대와 의무, 사회정의의 실현, 그리고 사회통합에 기초하며, 실제적인 재활지원사업이나 프로그램 또한 장애 당사자와 그의 가족, 지역사회구성원에게 가능하고 적합한 자체적 자원의 활용을 통해 최대한의 성취를 이루고, 최종적으로는 지역사회와 통합하는 기본이념들을 포함하고 있다. 따라서 기존의 시설중심재활과 지역사회에 기반한 자원과 역량을 활용하고자 하는 지역사회중심재활은 성격상 분명한 차이를 나타낸다(〈표 7-1〉 참조).

〈표 7-1〉 **시설중심재활과 지역사회중심재활 비교**

구분	시설중심재활(IBR)	지역사회중심재활(CBR)
추구 목적	• 개인 변화	• 개인-지역사회 변화
서비스 접근	• 의료/치료 중심 • 단편성	• 관련 분야 간 연계/통합 • 지속성

서비스 전달	• 중앙집권/통제 • 하향식	• 관련 분야 간 연계/협력 • 평행식
서비스 자원	• 제한적/특정적 • 산발성	• 포괄적/보편적 • 기존성
서비스 기술	• 고도/특정 전문 기술 의존	• 보편적/기존 지역사회 기술 활용
서비스 이념	• 공급자-전문가 중심 • 복지/관리/정책 지향	• 이용자-가족-지역사회 중심 • 욕구/권리/정치 지향
서비스 구성 및 실행	• 비합의적/일방적(공급자-전문가-대변자 중심) • 일시적/비계발적 • 단기적/물질적	• 합의적/민주적(당사자-지역사회 참여 전제) • 지속적/계발적 • 장기적
서비스 평가	• 폐쇄적 • 수동적 변화	• 개방적/적극적/참여적 • 능동적 변화
장애인상	• 치료/수혜 대상자 • 수동적 태도	• 서비스 이용 당사자/소비자 • 자기결정적 태도

2) 지역사회중심재활의 원칙과 실천방안

(1) 지역사회중심재활의 원칙

1976년 세계보건기구(WHO)에서는 지역사회중심재활사업의 효율적 수행을 위한 기본원칙과 방향을 제시한 바 있다. 이에 따르면, 우선 장애인에 대한 지역사회의 인식 증진과 장애인의 권리 인정 및 장애 예방과 재활에 대한 지역사회의 책임 등을 전제로 하면서, 지역사회가 재활사업의 기초가 되고 이를 연계하는 차원에서 정부 차원의 체계적이고 광범위한 확산 노력과 서비스도 함께 고려되어야 한다는 점을 강조하였다.

이를 바탕으로 최대한의 지역 자원 가동으로 지역사회 전체가 재활 훈련에서 능동적 역할을 담당하게 하고 지역사회의 상황에 적합한 간단하고 일반화된 방법을 활용할 것, 기존의 서비스 전달체계와 협력 및 통합 체계를 구축하고 지역적으로 충족되지 못한 수요를 해결하기 위한 후송 의뢰체계와 보다 나은 성취를 위한 조정체계를 개발할 것을 언급하였다. 아울러 지역사회중심재활사업은 효율적인 재활사업의 한 방법으로서 각 국가별로 고유의 적합한 모델 개발이 필요함을 논하였다.

(2) 지역사회중심재활의 실천방안

지역사회중심재활사업의 정착과 발전을 위한 프로그램의 실천방안으로는 다음의 사항이 고려되어야 한다(김윤태, 2002).

- 지역사회중심재활 프로그램의 1차적인 목적은 장애를 가진 사람의 삶의 질 향상에 있다.
- 지역사회중심재활 프로그램의 초기 계획 수립과 전개과정 등 전 과정에 장애 당사자가 포함되어야 하며, 의사결정에서도 서비스 이용권자로서 그들의 참여가 중요하다.
- 지역사회중심재활 프로그램 활동은 지역사회가 장애를 가진 사람에게 긍정적인 태도를 갖는 데 초점을 두고, 지역사회구성원이 그 활동을 지원하고 참여할 수 있도록 동기화할 수 있어야 한다.
- 지역사회중심재활 프로그램은 모든 연령과 장애 유형 등을 막론하고 특별한 지원을 필요로 하는 모든 사람을 대상으로 제공되어야 한다.
- 지역사회중심재활 프로그램은 각 지역의 조건과 수준에 맞게 유연하게 실행되어야 하며, 그 해결방법도 다양하게 강구되고 실행되어야 한다.

이 외에도 보건, 의료, 교육, 직업, 복지 등 지역사회 내의 장애인재활 관련 부문이 조정위원회를 통해 전달체계의 통합적 접근을 이루어야 하며, 지역사회중심재활 프로그램의 체계적 유지와 점검 및 평가를 통해 프로그램의 실효성 제고와 지역사회의 책무를 인식하게 할 필요가 있다. 또한 재활 프로그램의 운영결정권을 지역사회에 위임함으로써 해당 지역사회의 자조적 ·

자율적 문제해결을 도모하고, 지속적인 기술 축적 및 관리, 활용이 가능하도록 해야 한다.

지역사회중심재활 접근은 우선 장애에 대한 사회 인식과 태도 변화를 목표로 하는 장기적 전략의 지역사회기반지원 프로그램을 수립하는 것과 지역주민의 권리 보장과 삶의 질 향상이라는 측면에서 장애인 문제도 함께 검토되어야 한다는 전제가 필요하다.

현실적으로는 새로운 기구나 단체, 장비 및 건물의 조성보다는 기존 지역사회의 전달 및 협력체계를 개선하는 것으로 효과성을 이루도록 하고, 지역사회 내의 장애인 관련 자조단체 등 지역사회 조직화를 통해 장애인복지서비스 지원계획 및 평가과정에 주체적으로 참여할 수 있어야 한다. 이 과정에서 지역사회 문제해결을 위한 전문가 의뢰 및 협력체계를 구축하고, 사회구조에 따른 보건의료, 교육, 직업, 복지 등 관련 부문의 지역협의체나 조정위원회가 효과적으로 개입함으로써 성공적인 지역사회기반지원의 이념이 실현되는 것이다.

따라서 지역사회중심재활사업은 장애인에 대한 지역사회의 인식을 증진시키는 데 매우 효과적이며, 지역사회 내 장애 당사자의 재활을 비롯한 복지지원에 대한 책임을 지역사회 자체의 연대와 협력으로 수용함으로써 다양한 사회적 참여방안을 촉진시킬 수 있다.

3) 우리나라 지역사회중심재활사업의 개요[1)]

(1) 사업 목적

- 지역장애인의 건강상태 개선 및 자가 건강관리능력 향상
- 의료 전달체계의 유지기 역할을 위한 장애인 대상 지역사회 인프라 구축

---

1) 보건복지부, 국립재활원, 한국건강증진개발원(2020)의 내용을 일부 발췌 및 축약함.

(2) 사업 목표

- 지역 장애인 중 보건의료 미충족 대상자에 대한 건강보건 행태 개선
  - 지방자치단체의 사례관리 공공조직을 통한 대상자 발굴 및 의뢰
  - 맞춤형 장애인 보건의료 서비스 지원
  - 지역 내 보건의료-복지 서비스 연계 지원으로 통합적 서비스 제공
- 재활의료기관 등에서 의뢰되는 자(지역장애인보건의료센터에서 보건소로 연계되는 예비 장애인 및 장애인)에 대한 지역사회 내 사회복귀 지원
  - 지역장애인보건의료센터와의 협력으로 대상자 발굴 및 인적·물적 자원 연계
  - 맞춤형 보건의료-복지 서비스의 연계 지원으로 대상자의 사회참여 증진

(3) 추진 전략 및 체계

① 추진 전략

- 장애인 건강문제를 총체적으로 파악하여 맞춤형 건강보건관리 서비스를 제공하고, 보건소 내 내외 자원과의 연계 및 지역장애인보건의료센터의 조정 기능을 통해 지역장애인의 사회참여 증진
  - 장애인건강보건관리의 지역 내 전달체계 확립: 지역장애인보건의료의료센터의 관내 보건소 간 보건의료-복지 연계와 조정 기능을 구축, 보건소 지역사회재활협의체의 내실화로 지역 내 자원 발굴, 개선 및 서비스 지원
  - 유형별 장애 특성에 맞는 맞춤형 건강관리 지원: 유형별 장애 특성에 맞는 보건의료 서비스 지원 및 건강생활실천 프로그램 제공, 장애감수성 및 인식 제고를 위한 장애인과 그 가족, 의료인 및 업무담당자의 교육 등 실시

② 추진체계

추진 주체	기능 및 역할
보건복지부	• 장애인건강보건관리사업 전달체계 수립, 법령 · 제도개선 등 사업총괄 • 장애인건강보건관리사업 예산 지원, 운영지침 수립 및 지도 · 감독 • 성과평가를 통한 사업 질 관리 및 운영 효율화 도모
중앙장애인 보건의료센터 (국립재활원)	• 장애인건강보건사업의 전달체계 구축, 평가지원 및 교육 · 훈련 • 장애인건강보건 관련 기획, 연구, 정보 · 통계의 수집분석 및 제공 • 재활의료기관과 협력기관 간의 서비스 연계 · 조정, 홍보 및 국제협력 • 장애예방 · 진료 · 재활의료서비스 제공 및 신기술 · 가이드라인 개발 보급 • 그 밖에 보건복지부 장관이 필요하다고 인정하는 사업
광역지자체 (건강보건과, 장애인과)	• 예산지원, 관리감독 • 사업 활성화 협력
지역장애인 보건의료센터 (공공보건의료 수행기관)	• 지역사회 유관기관 및 서비스 연계 · 조정 · 지원, 홍보 • 장애인건강보건사업의 전달체계 구축, 지원, 교육 · 훈련 • 장애인 건강검진, 진료, 재활 등 전문 의료서비스 제공 • 그 밖에 보건복지부 장관이 필요하다고 인정하는 사업
기초지자체 (보건소, 장애인복지과)	• 대상자별 특화된 건강보건관리서비스 제공으로 일상생활과 자립 능력 증진 • 보건의료-복지자원 개발 · 연계 및 의료인 · 주민 · 가족의 장애인식개선

[그림 7-1] **우리나라 지역사회중심재활사업 추진체계**

출처: 보건복지부, 국립재활원, 한국건강증진개발원(2020).

③ 추진체계도

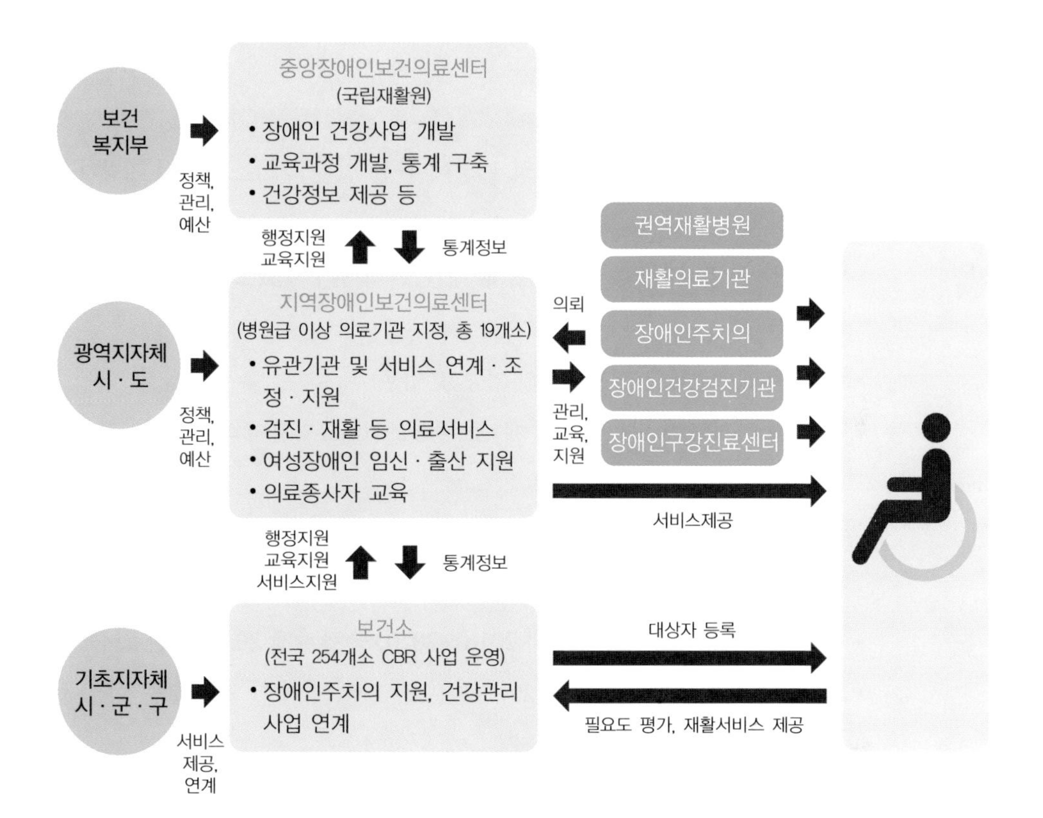

[그림 7-2] **우리나라 지역사회중심재활사업 추진체계도**

출처: 보건복지부, 국립재활원, 한국건강증진개발원(2020).

(4) 사업운영 방향

- 장애인 건강보건사업 전달체계의 기반 구축
  - 지역장애인보건의료센터 지정과 보건소 CBR사업 전담인력의 단계적 확충
  - 전달체계가 구축된 지역과 그 외 지역 간의 CBR사업 구분 운영
- 장애인의 통합적 건강관리 지원을 위한 보건소 CBR사업 기능 강화
  - 보건소 지역사회재활협의체의 운영 내실화

- 수요자를 위한 질적 서비스 지원에 중점

(5) 법적 근거 및 정책

① 법적 근거

- 「장애인 건강권 및 의료접근성 보장에 관한 법률」 제4조(국가와 지방자치단체의 책무)
- 「장애인 차별금지 및 권리구제 등에 관한 법률」 제31조(건강권에서의 차별금지)
- 「지역보건법」 제11조(보건소의 기능 및 업무)
- 「공공보건의료에 관한 법률」 제7조(공공보건의료기관의 의무)

② 정책

- 국정과제 3-1-42-5 장애인 소득 및 의료 지원을 통한 자립생활 향상
- 제4차 국민건강증진종합계획 2016~2020, 중점과제 26, 장애인 건강
- 제5차 장애인정책종합계획 2018~2022, 1-5, 장애인 건강수준 향상을 위한 기반 마련

(6) 사업 대상자

장애인 건강보건관리사업 대상자는 법적 등록 장애인 및 예비 장애인(손상이나 질병 발생 후 완전한 회복이 어려워 일정 기간 내 장애인이 될 것으로 예상되는 자)이며, 지역사회 장애인(예비 장애인 포함) 중 5%를 장애인 건강관리사업 대상자(집중관리군, 정기관리군, 자기역량지원군)로 확보

사업 대상자 우선순위 선정 기준

- 사례관리가 필요한 중증의 법적 등록 장애인
- 의료기관*에서 보건소 CBR사업으로 의뢰 · 연계된 관할 지역 내 거주하는 퇴원환자(예비 장애인)

  * 모든 의료기관은 퇴원환자에게 보건소 CBR사업 서비스를 받게 하기 위해서 반드시 「서비스 의뢰서」 체계와 「개인정보 참여 및 개인정보처리 동의서」를 갖추어야 함
- 저소득층으로 지역사회에서 지속적 관리가 필요한 법적 등록 장애인

사업 대상자 이관 기준

- 지역사회 등록 장애인 중 정신장애는 정신보건사업 대상자로 분류되므로 제외
- 고령 및 만성질환자 등 비장애인은 타 사업으로 이관

※ 발달장애인은 필요시 발달장애인지원센터로 안내 및 연계

※ 전국 발달장애인지원센터 현황은 부록 〈참고 12〉 기관별 연락처 참조

(7) 대상자 군별 서비스 분류 및 내용

	서비스 구분	군 분류		세부 프로그램(예시)
		집중관리군 정기관리분	자기역량지원군	
Ⅰ	건강관리 서비스	필수	선택	① 배뇨 · 배변관리 ② 욕창 · 피부관리 ③ 영양관리 ④ 구강관리 ⑤ 통증관리 ⑥ 연하관리 ⑦ 호흡관리 ⑧ 만성질환관리 ⑨ 기타

2	재활훈련 서비스	필수	선택	① 재활운동교육 ② 일상생활동작훈련 ③ 관절구축예방교육 ④ 2차장애예방교육 ⑤ 생활안전교육 ⑥ 기타
3	사회참여 서비스	선택	선택	① 외출/나들이/체험 ② 동료상담/자조모임 ③ 스포츠/레크리에이션 ④ 가족소모임 ⑤ 기타
4	자원연계 서비스	필수	선택	① 통합건강증진사업 내 연계 ② 의료기관과 연계(지역장애인보건의료센터 등) ③ 장애인복지관과 연계 ④ 자활센터와 연계 ⑤ 행정기관과 연계 ⑥ 보조기기센터와 연계 ⑦ 장애인단체와 연계 ⑧ 자원봉사자(활동보조)와 연계 ⑨ 가옥 내 편의시설 지원 ⑩ 장애인 운전 지원 ⑪ 기타
5	자기역량 서비스	선택	필수	① 자가 건강운동, 복지정보 가이드북 및 리플릿 제공 ② 기타

그런가 하면, 보건복지부는 2018년 지역사회 노인, 장애인 등 취약계층 대상의 '커뮤니티 케어(Community Care, 지역사회 통합돌봄)' 추진 계획을 발표하였다. 커뮤니티 케어란 "노인, 장애인 등이 살던 곳에서 살아갈 수 있도록 주거, 보건의료, 요양, 돌봄 등을 통합적으로 제공하는 혁신적 사회서비스 정책"으로 정의된다(보건복지부 보도자료, 2019. 7. 9.). 이는 곧 복합적 요구를

가진 지역사회 거주 당사자들의 보건복지 욕구에 부응하는 지역사회 보호와 안정적 사회 돌봄을 지향하는 사회서비스 전략을 의미하는 것이다. 따라서 지역사회 취약계층에 대한 복지사각지대 해소와 자원연계를 통한 안정적 생활유지와 사회통합 지향으로 지역사회 돌봄 수준을 강화함과 동시에 서비스 이용자의 권리를 증진함으로써 포용적 복지 실천을 지향한다고 볼 수 있다.

보건복지부는 지역 실정에 맞는 서비스를 발굴하고 제공 모델을 검증, 보완하여 다양한 커뮤니티 케어 모델 개발을 목적으로 2019년 6월부터 커뮤니티 케어 선도사업을 진행하고 있다. 선도사업의 영역은 모두 네 가지로, 노인 통합돌봄 모델, 장애인 자립생활 및 지원 정착 모델, 정신질환자 지역사회 정착 모델, 노숙인 자립지원 모델이다.

이 중 장애인 자립생활 및 지원 정착 모델은 현재 대구광역시 남구와 제주특별자치시에서 진행중이며, 이의 지원과정은 다음의 [그림 7-3]과 같다.

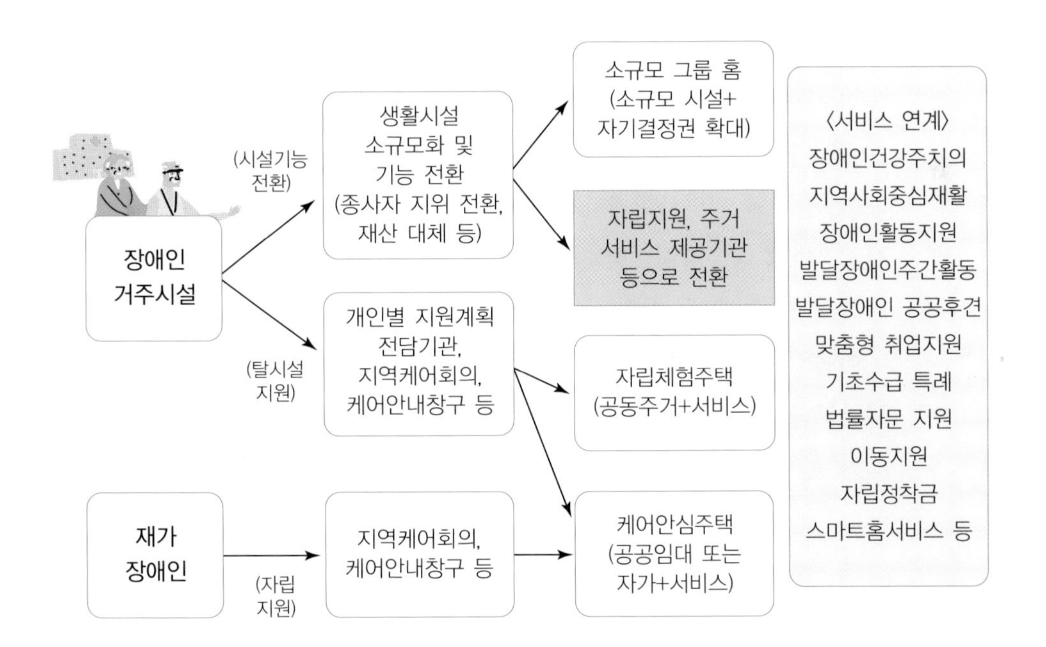

[그림 7-3] **장애인 지역사회 통합돌봄 지원체계**

출처: 보건복지부(2019. 1. 10.).

2. 장애인 지역사회재활시설 및 기관

일반적으로 지역사회재활시설이라는 용어는 입소나 입원 등을 통하여 장기간 머무르며 보호받는 거주 또는 생활시설체제가 아닌, 일상에서의 주간 시간을 이용하여 지역사회 내의 장애인 이용자에게 필요한 서비스를 제공하기 위해 지역사회에 위치한 시설체제를 의미한다.

그러나 동시에 지역사회재활시설은 지역사회 내 자원 발굴과 연계 및 활용을 전제로 더욱 포괄적인 재활서비스를 구축하고 제공하는 시설체제로 이해할 수도 있다. 즉, 기본적으로 질적인 프로그램의 구상과 실행으로 실질적 서비스를 도모하는 기능적 과제도 중요하지만 지역사회의 가정이나 학교, 직장이나 각종 생활현장에서 장애 당사자의 자연스러운 참여와 정서적 유대 및 지지 획득이 가능할 수 있도록 지원하는 시설체제로서 이념적으로 사회통합을 지향한다. 따라서 장애인 지역사회재활시설은 재활서비스 제공의 기능적 측면과 사회통합 지원의 이념적 측면을 함께 아우르는 핵심체계이다.

우리나라의 「장애인복지법」 제58조에서는 장애인복지시설을 장애인 거주시설, 장애인 지역사회재활시설, 장애인 직업재활시설, 장애인 의료재활시설, 그 밖에 대통령령으로 정하는 시설 등으로 구분한다(「장애인복지법」 개정, 2012. 3. 31. 시행).

이 중 장애인 지역사회재활시설이란 "장애인을 전문적으로 상담, 치료, 훈련하거나 장애인의 일상생활과 여가 활동 및 사회참여 활동 등을 지원하는 시설"을 말하는데, 구체적인 시설 유형을 살펴보면 〈표 7-2〉와 같다.

〈표 7-2〉「장애인복지법」상 장애인 지역사회재활시설의 구분 및 정의

구분	정의
장애인 복지관	장애인에 대한 각종 상담 및 사회심리, 교육, 직업, 의료재활 등 장애인의 지역사회생활에 필요한 종합적인 재활서비스를 제공하고, 장애에 대한 사회적 인식개선사업을 수행하는 시설
장애인 주간보호시설	장애인을 주간에 일시 보호하여 장애인에게 필요한 재활서비스를 제공하는 시설
장애인 체육시설	장애인의 체력 증진 또는 신체 기능 회복 활동을 지원하고, 이와 관련된 편의를 제공하는 시설
장애인 수련시설	장애인의 문화, 취미, 오락 활동 등을 통한 심신수련을 조장 및 지원하고, 이와 관련된 편의를 제공하는 시설
장애인 생활이동지원센터	이동에 상당한 제약이 있는 장애인에게 차량 운행을 통한 직장 출퇴근 및 외출 보조나 그 밖의 이동서비스를 제공하는 시설
수화통역센터	의사소통에 지장이 있는 청각 · 언어 장애인에게 수화통역 및 상담서비스를 제공하는 시설
점자도서관	시각장애인에게 점자간행물 및 녹음서를 열람하게 하는 시설
점서 및 녹음서 출판시설	시각장애인을 위한 점자간행물 및 녹음서를 출판하는 시설
장애인 재활치료시설	장애아동을 포함한 장애인에게 언어, 미술, 음악 등 재활치료에 필요한 치료, 상담, 훈련 등의 서비스를 제공하고, 서비스를 이용한 자로부터 비용을 수납하여 운영하는 시설

3. 지역사회중심재활사업의 과제

우리나라 지역사회중심재활사업에 대한 현실적 논의로서 다음과 같은 여섯 가지 지향점을 제시하고자 한다.

첫째, 서비스 이용자로서 장애인의 권리 강화가 이루어져야 한다. 지역사회중심재활사업은 지역사회에 거주하는 장애인 당사자의 자기결정과 그에 따른 자발적 참여가 전제되어야 한다. 그럼으로써 다양한 재활 기술의 습득

과 기능 강화로 재활 의욕을 고취시켜 사회통합에 스스로 기여하도록 하는 것이다. 따라서 지금까지의 일방적인 서비스 수혜자로서의 장애인상(象)과 역할을 지양하고, 당사자의 욕구와 권리에 기반한 장애인서비스의 계획과 실행 및 평가 등이 이루어져야 하며, 이 과정에서 그들에 대한 주체적 참여자로의 인식 전환과 실제적 서비스 이용자의 참여방안들이 다양하게 강구되어야 한다. 이는 장애인에 대한 지역사회 전반의 인식 변화 고취를 위한 전략체계로서도 적극 활용될 수 있다.

둘째, 지역사회 내의 서비스 제공 및 공조체제의 수평화가 더욱 진행되어야 한다. 즉, 의료적 서비스 측면이 다소 강한 현재의 거점 보건소 중심의 지역사회중심재활사업은 앞으로 그 지향 및 실천에서 지금보다도 더욱 균등하게 교육, 직업, 사회심리 등 다양한 측면에서의 서비스 개발과 협력이 이루어져야 한다. 이러한 맥락에서 보건의료인력뿐만 아니라 사회복지사 등 다양한 인력의 구성 및 배치, 교육과 훈련 활성화를 통해 지역사회재활요원으로서 보다 효율적이고 체계적인 팀 접근을 구상하여야 한다.

셋째, 장애인종합복지관과 장애인자립생활센터 등 그 활동 내용에서 중첩성이 있거나 혹은 그 성격 면에서 다소 경쟁적 측면이 강하게 인식되는 관련 단체들 간의 개방적이고 협력적인 사업연대를 도모하여 궁극적으로는 지역장애인들의 통합서비스 구축과 연대책임에 적극적으로 임할 수 있도록 해야 한다.

넷째, 지역사회중심재활 관련 기관의 기존 서비스 내용 및 이용에 관한 전문분야별 조사가 지속적으로 이루어지고, 주민 조직이나 장애인 자조모임 등과 같은 지역에 기반한 참여적 민간 조직들에 대한 표집과 그들에 대한 지역사회 내 정보관리체계가 마련되어야 한다. 또한 정부 주도 이외에 지역장애인 및 그의 가족 등을 대상으로 복지 욕구에 대한 정기적인 전면 조사가 필요하며, 이때 지역사회 관련 기관들의 상호연계를 바탕으로 보다 효율적으로 기능할 수 있도록 도모해야 한다.

다섯째, 장애인을 위한 재활전문적 접근으로서의 지역사회 조직을 이해할 필요가 있다. 지역장애인에 대한 공동체 구성원으로서의 소속감이나 연대의식, 책임감 등을 도모하면서 지역사회 자원의 자발성과 적극성으로 연대적 참여가 가능하도록 지역사회 계획과 개발 및 조직행동을 통한 다양한 프로그램이 구성되어야 한다.

여섯째, 장애인의 다양하고 복합적이며 지속적인 욕구에 대한 전문적 관리체계로서의 케어매니지먼트(care-management)를 가속화시켜야 한다. 이는 지역사회에 위치한 기존의 다양한 자원을 적절히 연계하고 협조체제를 공고히 함으로써 지역사회보호 차원에서 장애인의 재활의지와 능력을 배양하며, 그러한 환경을 더욱 적극적으로 조성하도록 하기 위한 서비스 지원체계를 의미한다. 따라서 장애인의 지역사회재활과 관련한 당사자의 욕구와 그에 따른 각종 자원들, 그리고 각 사례들에 따른 개별성과 고유성을 인정하면서도 포괄적이고 통합적이며 체계적인 서비스 제공이 가능하도록 하기 위해서는 지역사회기반재활서비스 제공기관에서의 과학적인 관리가 필요하며, 이것이 곧 케어매니지먼트의 활동 전제가 되어야 한다.

4. Excursion: 지역사회중심지원서비스(CBSS)

앞장에서 살펴보았던 지역사회중심재활(CBR)의 핵심은 궁극적으로 지역사회 내 장애인의 자립과 사회통합을 위한 안정적이고 효율적인 서비스 시스템의 구축과 실행으로 정리될 수 있다. 그중에서 장애인복지관은 지역사회 수요자들에 대한 서비스 제공과 관리의 일선이라는 측면에 있어서 그 어떤 조직 이상으로 장애인 재활에 핵심적 역할을 담당해 온 것은 사실이다.

그러나 여전히 부족하고 미흡하다고 평가받는 장애인복지 재정이나 자립생활 패러다임에 입각한 사회적 지원체계, 반면에 그 어느 때보다도 고조되고 있는 장애와 인권에 대한 감수성이나 그에 기반한 서비스 이용자 권리에 대한 사회적 인식 등 다양한 측면의 요인들을 종합적으로 돌아볼 때, 지금까지의 지역사회중심재활 수행 체제와 장애인복지관의 역할과 기능에 대한 적절한 변화 모색이 필요한 시점이다.

전통적인 지역사회중심재활 방식은 두 가지 비판에 직면해 있다. 첫째, 지역사회중심재활은 기본적으로 의료적 접근에 기반하고 있으며, 세계보건기구에서 제안하고 있는 내용도 의료자원이 빈약한 조건에서 의료전문가를 중심으로 준전문가나 지역사회자원을 활용하는 방법이 핵심을 이루고 있다. 둘째, 지역사회중심재활은 세계보건기구가 개발도상국가들에서 실행할 수 있는 재활전략으로 공식화한 것이다(김용득, 윤재영 외, 2013). 즉, 이 방식은 최근의 자립생활 패러다임의 확산이나 사회적 내지는 복합적 모델에 의한 서비스 지원체제 및 요소들을 충분히 수용하지 못하고 있다는 점과 그동안 개선되어 온 국가 및 장애인복지 환경에 적용되기에는 이미 시기적으로 적절하지 않을 수 있다는 점에서 이제는 우리 현실에 보다 적합한 형태로의 전략 수정이 요구된다는 것이다.

따라서 지금까지 지역사회중심재활이 주된 대상으로 삼았던 건강이나 복지문제를 포함하여 정치, 경제, 교육, 문화, 인권 등 지역사회 환경 및 생활 전반에 영향을 미치는 요소들과 그와 관련한 문제들을 고루 다루고 욕구를 해소시킬 수 있는 대안적 모델에 대한 고민이 등장하기 시작하였는데, 그것이 바로 '지역사회중심지원서비스(Community-Based Supporting Services: CBSS)이다.[2)]

1) 장애 패러다임 변화와 지역사회중심지원서비스(CBSS)

세계보건기구(WHO)가 공식화했던 지역사회중심재활(CBR)은 30여 년의 흐름 속에서 더 이상 지역사회의 각종 문제들을 해결하는 데에는 완벽하지 못한 상태로 근본적인 한계점들을 노출하기 시작하였다. 물론 이 방식은 적

2) 이 장에서는 김용득, 유석영 등(2013)의 내용 일부를 인용 및 수정하여 기술함.

용되는 문화적 맥락에 맞게 다양하게 구성될 수 있다는 철학 정도로 이해하는 것이 더 적절할 것으로 여겨지고 있다. 그만큼 새로운 사회적 욕구와 해결을 하는 데 있어서 변화된 대안적 형태의 개입방안들이 필요함을 인식하게 되었다.

이에 따라 기존 지역사회중심재활에 대한 대안적 모형은 건강이나 사회복지 문제뿐만 아니라 정치와 경제 또는 인권의 문제, 장애인의 참여 문제 등을 반영해야 하는 과제를 가지게 되었다. 동시에 전문가에 의한 재활보다는 장애인 당사자의 참여를 강조하고, 분야도 보편적인 인권의 문제, 통합적인 삶의 문제, 지역사회 개발 문제 등으로 확대되어야 할 필요가 있기에 '재활'보다는 '지원서비스'라는 용어가 더 적합할 것으로 보인다. 따라서 지역사회중심재활(CBR)의 'R'을 대신하여 'Support Service(SS)'의 개념을 포함시켜 '지역사회중심지원서비스(CBSS)'라 명명할 수 있다.

2) CBSS와 자립생활 모델과의 관계

지역사회에서의 자립생활을 목표로 하는 CBSS에 근거한 서비스 실천은 지역사회의 준전문가가 장애인과 더불어 협력관계를 이루어 실천해야 함을 기본으로 한다. 또한 준전문가가 선택하고 결정하기보다는 장애인 당사자의 선택과 자기결정이 강조되어야 한다. 지역의 준전문가 또는 주도집단은 사회환경의 개선에 더욱 노력하여야 하며, 장애인이 선택할 수 있는 환경을 조성하도록 노력해야 한다.

이에 CBSS와 자립생활 모델의 관계성은 이용자 중심 사고에 입각한 서비스 지원체계를 더욱 공고히 하면서 지역사회 서비스 철학과 실천 기반을 상호 제공하는 데에 기여하도록 기능한다.

3) 지역사회중심지원서비스(CBSS)의 구성 요소

(1) 장애인의 자기결정과 자조 조직화

자기결정과 자조집단을 강조하는 새로운 대안으로서의 지역사회중심지원서비스(CBSS)는 다음과 같은 요소들을 강조하여야 한다.

첫째, 장애인의 부모와 장애인들의 능동적인 참여
둘째, 지역의 장애인부모들과 장애인들의 조직화 지원
셋째, 지역 장애인단체와 전국 조직과의 정보 교류
넷째, 장애인과 장애인단체들에 대한 역량강화를 위한 지원 활동 등

(2) 지역사회조직사업

지역사회중심지원서비스(CBSS)사업은 장애인복지라고 하는 지역사회의 이슈를 지역사회 활동을 통해서 해결한다는 점에서 지역사회조직사업의 한 실천 분야라고 볼 수 있으며, 지역사회조직사업은 지역사회의 문제해결을 위하여 사람들을 조직하고 동원하는 과정이며, 지역주민의 자치적인 능력 향상을 위하여 상설적인 자치 기구를 결성하는 과정에서 활용될 수 있는 방법이다.

(3) CBSS 1개별적 지원

지역사회중심지원서비스의 기본적인 목표는 지역사회에 존재하는 활용 가능한 자원을 총동원하여 포괄적인 도움을 필요로 하는 장애인의 서비스 욕구와 연결하는 것이다. 이런 활동을 CBSS 1(Community Based Supporting Services 1)이라고 할 수 있으며, 이러한 과정에서 중요한 방법론으로 개별적 지원 기술이 활용될 수 있을 것이다. 또한 개별적 지원의 과정은 사정, 계획의 수립, 서비스의 실행과 점검, 서비스의 평가 등의 과정을 통해서 이루어진다.

(4) CBSS 2 지역사회 역량강화

장애인의 자립생활을 이루기 위해서는 장애인 개인에 대한 지원뿐만 아니라 장애인 주변의 사회환경을 개선하여 지역사회가 장애인의 자립을 지원할 수 있도록 하여야 한다. 이를 위해 지역사회 전체가 문제해결을 위하여 집단적으로 노력하도록 하는 지역사회 역량강화(empowerment)를 수행해야 하며, 이런 활동을 CBSS 2라고 할 수 있다.

이 프로그램은 지역사회 주도기관이 주체가 되어 CBSS 2 기금을 조성하고, 이 기금으로 지역사회의 작은 모임들에게 장애인의 자립을 지원할 수 있는 활동을 신청받아 지원한다. 말 그대로 지역사회 문제를 해결하고자 하는 집단적인 '작은 불씨'를 통해 지역사회의 문제를 해결함과 동시에 지역사회 자체의 역량이 강화되는 것을 말한다.

(5) 훈련 프로그램

지역사회지원서비스(CBSS)가 효과적으로 수행되기 위해서는 관련 주체들의 참여를 촉진할 수 있는 구조화된 훈련 프로그램이 필요한데, 훈련 프로그램의 유형은 제도적인 환경, 인구 규모와 특성, 경제 및 문화적 조건, 인적 자원의 특성, 장애에 대한 지역적 의식 등에 따라 다양하게 구성될 수 있다.

(6) 종합 모형

지역사회중심지원서비스(CBSS) 실천과 관련된 구성 요소들을 정리하면 다음과 같다.

첫째, CBSS에 근거한 서비스 실천의 목적은 지역사회중심의 자립생활을 이룩하는 데 있다.

둘째, 장애인복지관은 지역사회에서 주도 조직을 만들고, 이 조직이 제대로 활동할 수 있도록 적절하고 지속적인 지원을 해야 한다.

셋째, 주도 조직은 개인단위를 지원함으로써 개인적인 역량강화를 이루도록 해야 한다(CBSS 1).

넷째, 주도 조직은 지역사회단위 지원을 함으로써 지역사회의 역량강화를 이루도록 해야 한다. 즉, 지역사회 전체가 문제해결을 위하여 집단적으로 노력하도록 하는 지역사회 역량강화(empowerment)를 수행해야 한다(CBSS 2).

다섯째, 주도 조직이 이상과 같은 활동을 원활하고 적절하게 할 수 있도록 지속적으로 훈련 프로그램이 실행되어야 한다.

요약

1. 지역사회중심재활

지역사회중심재활은 장애인에 대한 시설수용 및 보호체계를 대표하는 이른바 시설중심재활에 반대하여 나타난 것이니만큼 지역사회의 다양한 자원을 동원하여 인간 중심의 서비스를 계획·실행함으로써 장애인의 진정한 사회통합에 기여하는 것을 최고의 이념으로 한다. 이를 위해서는 지역사회 장애문제의 체계적 관리와 장애 당사자를 비롯한 모든 지역사회 구성원의 참여가 전제되어야 하며, 이들의 연계와 협력으로 최적의 서비스를 제공함으로써 장애인의 능력 개발과 사회참여를 촉진해야 하는 중대한 실천과제를 갖는다.

2. 지역사회중심재활의 원칙

장애인에 대한 지역사회의 인식 증진, 장애인의 권리 인정, 장애 예방과 재활에 대한 지역사회의 책임 등을 전제로 최대한의 지역 자원을 발굴 및 활용함으로써 지역사회 전체가 능동적 역할을 담당하게 한다. 지역사회 환경에 적합하고 일반화된 기술을 활용하며, 기존의 서비스 전달체계와의 협력을 필요로 한다. 서비스 욕구에 대한 지역 차원에서의 충족과 추가 수요에 대처하기 위한 후송과 의뢰 및 조정체계를 개발해야 한다.

3. 지역사회중심재활 프로그램의 실천방안

장애인 및 그 가족의 삶의 질 향상을 1차적 목적으로 두고 서비스 프로그램의 수립과정에서 당사자들이 참여함으로써 욕구를 표현할 수 있도록 지원한다. 지역사회중심재활 프로그램은 모든 연령과 장애 유형 및 정도 등을 막론하고 특별한 지원을 필요로 하는 모든 사람을 대상으로 제공되어야 한다. 각 지역의 조건과 수준에 합당한 개입과 유연한 해결방법 모색에 힘써야 한다.

4. 장애인 지역사회재활시설

장애인과 그의 가족을 대상으로 전문적인 상담 및 치료, 훈련 등을 제공하거나 여가 활동 및 사회 활동 등에 편의를 제공하는 시설로서 장애인복지관, 주간보호시설, 체육시설, 수련시설, 생활이동지원센터, 수화통역센터, 점자도서관, 점서 및 녹음서 출판시설, 재활치료시설 등이 있다.

Issues & Discussion

1. 시설중심재활과 지역사회중심재활의 주요 관점을 비교하여 설명하시오.
2. 지역사회중심재활의 원칙과 실천방안에 대해 논하시오.
3. 지역사회중심재활을 위한 추진체계와 주요 사업 내용을 파악하시오.
4. 여러분이 거주하는 지역의 사회재활시설 및 기관을 찾아보고, 주요 기능과 제공 프로그램 사례들을 조사하여 공유하시오.
5. 지역사회기반지원의 개념과 장애인복지서비스 차원의 의의를 설명하시오.
6. 지역사회중심지원서비스(CBSS) 모형 개발의 배경과 주요 요소를 파악하시오.

08

장애인과 자립생활

이 장에서는 장애인과 자립생활의 관계성과 관련 모델의 비교, 실천접근과 중증장애인 자립생활지원을 위한 기반 및 서비스 등에 대해 알아본다.

장애인의 자립생활은 현대 장애인복지 패러다임 변화의 핵심으로서 장애인 당사자의 인권 존중을 바탕으로 진정한 사회참여와 통합을 추구한다. 장애인 당사자의 자기결정과 선택, 자조와 자립, 소비자인식 등을 바탕으로 다양한 자기 능력 고취와 동시에 사회적 환경과의 영향관계 재정립 등을 요구하는 등 대사회적 변혁을 주도하고 있다.

이에 따라 장애인의 자립생활지원서비스도 서비스 이용자 또는 소비자로서의 욕구 존중과 개별화 원칙을 바탕으로 비차별적이고 포괄적이며 자기선택적인 서비스 보장이 가능해야 한다. 이를 실현하기 위한 핵심구조로서 장애인자립생활지원센터가 지역사회 기반, 비거주, 비영리 등의 원칙에 입각하여 설치, 운영되고 있다.

또한 사회생활에서 더욱 취약하기 쉬운 발달장애인의 자립생활을 도모하기 위한 지원생활 모델에 대한 실천적 의미도 살펴볼 필요가 있다.

학습목표

1. 장애인 인권과 자립생활의 관계를 이해할 수 있다.
2. 장애인복지의 재활 모델과 자립생활접근 모델을 비교하여 설명할 수 있다.
3. 자립생활의 철학적 배경 및 이념적 요소를 이해할 수 있다.
4. 중증장애인자립생활지원센터의 기능과 역할을 설명할 수 있다.
5. 중증장애인자립생활지원을 위한 서비스 사례를 조사하여 공유할 수 있다.
6. 발달장애인 지원생활의 개념과 모델화의 의미를 설명할 수 있다.

키워드

장애인 인권 / 자립생활 / 재활 모델 / 자립생활접근 모델 / 자립생활이념 / 중증장애인자립생활지원센터 / 중증장애인자립생활지원서비스 / 발달장애인 지원생활 모델

1. 장애인 인권 동향과 자립생활

장애로 인해 사회 활동을 포함한 전반적인 일상생활에서 쉽게 제약을 받으며 장애가 불이익과 동정의 대상으로만 여겨지던 시대가 있었다. 물론 오늘날에도 여전히 존재하는 부분이기도 하지만, 세계적 추세로 보아 최소한 현재는 '장애를 가진 사람'에 대한 보다 인간다운 권리와 욕구를 바탕으로 다양한 장애인복지서비스의 개발과 확대에 노력을 기울이고 있는 것은 사실이다. 그것은 바로 장애인에 대한 인식과 서비스 측면에서 과거의 불합리성을 시정하는 중요한 증거로도 볼 수 있다.

1981년에 유엔이 정한 '세계장애인의 해(International Year of Disabled Persons)'는 장애인 관련 문제에 대한 중점을 '권리'의 차원에서 접근하기 시작하였고, 장애인의 '완전 참여와 평등(full participation and equality)'을 위한 노력들이 더욱 구체화되는 계기를 마련하였다.

2006년 12월 13일에는 유엔총회에서 192개 참가국의 만장일치로 「유엔장애인권리협약(UN Convention on the Rights of Persons with Disabilities: UNCRPD)」이 통과되면서 각국의 비준을 통해 국내법과 같은 효력을 발휘하는 매우 의미 있는 국제연대의 결과를 갖게 되었다. 이로써 장애인의 권리와 존엄에 대한 전 국가적인 인식 제고와 구체적 행동 노력에 더욱 강한 불씨를 당겼으며, 실제로 이 협약은 우리나라에서도 2009년 1월 10일자로 발효되기에 이르렀다.

「유엔장애인권리협약」은 장애인의 전 생활 영역에서의 권익 보장을 명시함으로써 그들의 인권과 자유보장의 향상, 그에 상응하는 다양한 정책적 지원의 합리성을 포함한다. 특히 협약의 제19조에서는 장애인의 '자립생활과 지역사회 통합(living independently and being included in the community)'을 요구하고 있으며, 이 안에서 장애인의 선택권을 포함한 사회 내 동등한 권리의 인정, 지역사회의 완전 통합 및 참여 촉진을 위한 효과적이고 적절한 지원으로서 인권을 바탕으로 한 자립 및 통합 생활의 촉진을 강조하고 있다.

이러한 추세에 맞춰 우리나라에서는 장애인복지 관련 핵심법이라 할 수 있는 「장애인복지법」이 2007년에 전부 개정되었다. 특히 주목할 것은 기존의 법상에서 규정하지 않았던 '중증장애인자립생활지원'을 별도의 장으로 마련함으로써 실질적인 지역사회기반지원의 틀을 갖추기 시작하였다. 또한 혼자서 일상생활과 사회생활을 하기 어려운 장애인에게 활동지원급여를 제공하여 장애인의 자립생활을 지원하고, 그 가족의 부담을 줄이기 위한 목적으로 「장애인활동 지원에 관한 법률」(2011. 10. 5. 시행)이 마련되면서 보다 안정적이고 합법적인 활동지원의 기반을 갖추었다.

이후 가장 최근에는 「발달장애인 권리보장 및 지원에 관한 법률」(2015. 11. 21. 시행)에 이르기까지 장애와 인권에 대한 상당한 정책적・제도적 변화를 모색하며 자립생활지원과 권리 보장을 기반으로 궁극적인 장애인 사회참여와 통합 및 삶의 질(quality of life) 제고에 커다란 의미를 부여하게 되었다. 이러한 변화들은 동등한 시민으로서의 장애인에 대한 인권의식 증진과 권리를 보장하기 위한 전 사회적 연대와 협력의 결실로서 앞으로도 지속 가능한 노력들로 이어져야 할 가치라고 할 수 있다.

2. 장애 관련 패러다임 변화

장애에 대한 인식은 당시의 시대적 사회 현상과 가치 등에 부합하여 복합적이고 복잡다단하며, 국가나 사회별로 다양한 양상으로 나타나기 때문에 일률적으로 판단하기도 쉽지 않다.

그러나 최소한 과거에서 현재까지의 역사를 거슬러 올라가면 장애에 대해 가졌던 사회적 관심이 어디에서 어떻게 흘러 왔으며, 어떠한 방법으로 어느 정도 영향을 끼쳤는지에 대해서 개괄적이나마 입장을 정리해 볼 수 있을 것이다. 그러한 입장에서 한 사회의 구성원들이 공유하면서 함께 느끼는 장애에 대한 보편적 관점을 이른바 '장애 관련 패러다임'이라 말할 수 있으며, 그 패러다임의 변화 요소와 내용을 이해함으로써 오늘날의 장애에 대한 인식과 앞으로의 바람직한 변화의 방향을 가늠해 볼 수 있다.

1) 패러다임 변화의 요소

일반적으로 장애 관련 패러다임의 변화는 개념의 변화, 관점의 변화, 서비스 접근방법의 변화, 그리고 서비스 모델의 변화 등 네 가지 요소로 살펴볼 수 있으며, 그 내용은 다음과 같이 정리될 수 있다(정무성, 양희택, 노승현, 2007).

- 장애 개념의 변화: 일반적으로 장애를 신체적 · 지적 결함 정도의 한도 내에서만 인식함으로써 장애인 또한 결함을 지닌 자 정도로 보았던 견해에서, 이제는 일을 할 수 있는 능력과 가정 및 사회 생활의 불편 정도 등으로 장애인을 판정하고 구분하는 것이 타당하다는 견해로 변화하는 추세를 말한다. 즉, 장애는 더 이상 개인적 신체 손상이나 기능상 제한의 의미에 국한된 것이 아니라, 개인적 장애와 사회환경 간의 부적절한 상호작용의 결과로서 나타날 수 있는 기능 및 활동상의 제한까지를 포함하는 개념으로의 변화를 의미한다.
- 장애 관점의 변화: 장애라는 사실 자체에 초점을 두고 장애 자체를 문제시하거나 개인의 비극이자 책임의 문제로 치부하던 과거의 관점, 즉 비장애인이 차지한 주류 사회의 가치, 신념 및 구조의 결과로 생성되었던 관점에서 장애를 가진 사람의 사회적 문제해결과 사회적응 및 통합을 강조하는 현대적 관점으로의 변화를 말한다.
- 장애 관련 문제의 서비스 접근방법의 변화: 장애인 문제에 대한 서비스들이 주로 시설수용 및 보호, 치료 중심의 단계에서 이루어졌던 과거의 접근방법에서 지역사회 내에서 생활하면서 이루어지는 전인적이고 포괄적인 서비스 접근으로의 전환을 뜻한다.

- 서비스 모델의 변화: 현대 사회복지실천의 특징이라 할 수 있는 개인과 환경 간의 균형에 대한 강조, 클라이언트의 자기결정의 존중, 자립생활의 강조, 현존 지역사회에서의 다양한 자원의 확보와 유지 등을 강조하는 것으로, 과거 서비스 공급자 중심, 전문가 중심 등의 서비스 관련 형태들의 근본적인 수정 및 전환을 강조하는 것이다.

이러한 장애 관련 패러다임의 변화들은 장애인의 인권 보장과 사회화 및 통합적 생활 영위, 그리고 궁극적으로는 인간적인 삶의 질적 향상 등 다양한 차원에서의 이념들과 그 맥을 같이하게 된다.

2) 재활 모델과 자립생활 모델

장애인 문제와 그에 대응하는 서비스 모델은 크게 재활(rehabilitation) 모델과 자립생활(independent living) 모델로 나누어 살펴볼 수 있다.

〈표 8-1〉 **재활 모델과 자립생활 모델 비교**

항목	재활 모델	자립생활 모델
문제 요인과 소재	• 신체적 손상, 직업 훈련 기술의 결여, 심리적 부적응, 동기/협력 부족 → 개인	• 전문가/가족에의 의존, 부적절한 지원체계, 사회환경 및 경제적 장애 → 환경/재활체계
장애인의 역할	• 환자/복지수혜 대상자	• 서비스 이용자/소비자
문제해결 및 관리	• 의료 및 치료 접근 → 서비스 제공자/전문가	• 자조, 동료상담, 사회적 장애 제거 등 → 당사자/서비스 이용자
기본관점 및 이론	• 장애는 개인 차원의 문제 • 치료 중심 재활 필요 → 개인비극이론, 분리화	• 장애는 사회환경적 문제 • 사회행동 필요 → 사회억압이론, 정상화이론, 통합화
추구 목표	• 최대한의 일상생활동작, 직업 훈련 및 유급 고용 • 개별 적응 및 동기화	• 자기관리, 최소제한적 환경, 개인의 사회경제적 가치 향상 • 지역사회체계 및 인식 변혁
지원 형태	• 시설수용(분리화)	• 지역사회 거주(통합화)

출처: Dejong (1981)에서 재인용.

〈표 8-1〉에서 보는 바와 같이, 전통적인 모델로서의 재활 모델은 주로 장애인 개인의 손상이나 부적응 등 개인적 관점에서 문제를 정의하였다. 따라서 개인적 요인들을 치유함에 있어 장애 당사자를 병리적 관점에 따라 환자나 요보호자로 간주하여 왔다. 그러면서 전문가는 장애 현상을 극복하기 위한 통제자로서 당사자인 장애를 가진 사람의 측면보다는 서비스체계를 구성하고 제공하며 직접 지휘하는 역할을 수행하였다.

반면에 자립생활 모델에서는 기존의 재활 모델 안에서의 장애에 대한 개인 문제적 접근이나 의료적 해결 접근 자체에 문제가 있음을 인식하였다. 그 결과, 주위 환경에의 의존 및 지원 체계의 개선을 위한 동료상담이나 자조활동, 소비자 주권, 각종 사회적 장애의 제거 등을 강조함으로써 능동적인 장애 문제해결에 나서기 시작하였다. 그럼으로써 재활 모델에서 궁극적으로 추구하던 최대한의 일상생활수행능력(ADL) 습득이나 신변처리 정도를 훨씬 넘어서서 사회 속에서의 진정한 자기관리와 권리옹호, 사회·경제상의 생산적 시민으로서의 역할 부여 등을 추구하기에 이르렀다.

그러나 재활 모델에서 자립생활 모델로의 변화과정에서 지금까지 신체적 장애 영역들에 비해 발달장애나 정신장애는 상대적으로 덜 주목받았던 것이 사실이다. 이는 정신적 차원의 불가피한 한계로 인해 이성적 판단이나 적절한 자기옹호를 하지 못할 것이라는 선입견과 주류 사회에 적응하지 못하는 것이 도태를 의미할 정도의 억압적인 사회 구조가 만연했던 결과로 볼 수 있다. 그로 인해 정신적 장애를 가진 사람들은 주로 시설이나 병원에서 또는 지역사회에 머문다 하더라도 이들에 대한 몰이해로 인해 장애인 당사자의 자기결정과 선택의 권리를 박탈당함으로써 인간으로서의 존엄과 가치는 제대로 인정받지 못하였다.

그러다가 최근에 이르러서는 정신적 장애를 가진 사람들에게도 기회균등과 정상적 생활환경 조성 등 사회적인 합리적 고려를 통해 자립생활이 가능하다는 인식이 서서히 자리를 잡아 나가고 있다. 특히 이들이 자립을 위해 불가피하게 요구하게 되는 각종 지원들을 반드시 의존적 형태로 보거나 부적절하고 역기능적으로만 이해하지 않게 되었다. 오히려 적절한 지원체계 구축과 적극적 활용을 통해서 궁극적으로는 자립을 도모할 수 있도록 한다는 관점에서 '상대적 자립(relative independence)' 개념이나 보다 직설적이고 현실인식적 차원에서 이른바 '의존적 자립(dependent independence)' 관계를 이해할 필요가 있다. 이러한 지원 관점이 전문가 집단과 당사자 집단 간의 상호 기능적 역할을 중시하는 '자립생활지원 모델(IL Support Model)'이라고 할 수 있다. 즉, 전문가와 장애인 당사자가 서로의 역할을 인식하며 수직적 관계에서 수평적 관계로의 전환을 꾀하는 모델로서 인정된다고 할 수 있다.

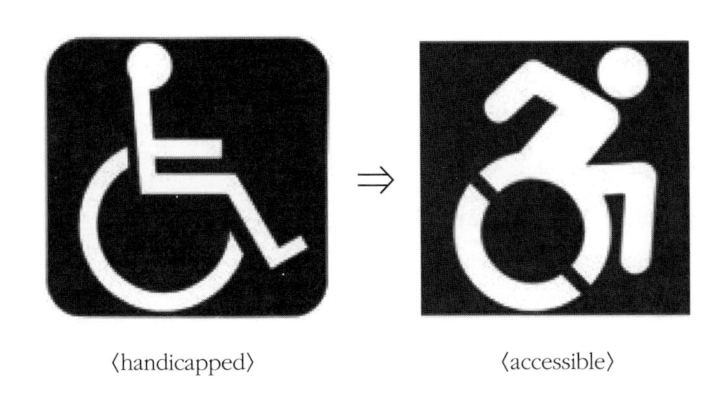

〈handicapped〉 〈accessible〉

[그림 8-1] **미국 뉴욕주의 장애인 마크 교체**[1]

출처: 조선일보(2014. 8. 1.).

1) 미국 뉴욕주가 장애인 표지판을 더 역동적인 모습으로 교체하는 방안을 통과시켰다. 기존의 정적인 모습에서 장애인이 휠체어 바퀴를 굴려 전진하는 역동적 모습으로 변화한 것이다. 새 표지판에는 '접근가능(accessible)'이라는 단어를 넣기로 하였다. …(후략)

3. 자립생활의 철학과 개념

1) 자립생활의 기본 철학과 이념적 요소

자립생활은 장애인과 비장애인의 동등 권리와 정상화를 배경으로 한다. 또한 우리 사회의 장애에 대한 개념 인식 확산과 최대한의 통합 지향을 위한 장애 당사자의 자율의지(Cloerkes, 2001)가 전제되어야 한다. 이를 통해야 진정한 자기결정과 선택이 가능하며, 주체적 정상화를 통한 지역사회 내의 자립적 삶의 영위가 가능하기 때문이다.

이러한 전제와 이유에 기초하여 데종(Dejong, 1979)은 자립생활의 기본 철학으로서 소비자 주권(consumerism, consumer sovereignty), 자기결정권(self-determination), 자조자립(self reliance), 정치경제적 권리(political and economical rights) 등을 제시하였으며, 이를 좀 더 분명한 입장에서 해석해 보면 다음과 같다.

- 소비자 주권: 장애인은 자신과 관련되어 제공되는 서비스의 소비자로서 자신의 욕구에 가장 적합한 서비스를 요구하고 구매할 수 있는 권력자임을 의미하며, 장애인 스스로 자신의 삶의 질에 영향을 미칠 수 있는 서비스의 자율적 선택 및 이용의 권리자임을 강조한 것이다.
- 자기결정권: 장애인 자신의 생활과 관련한 모든 분야에서 스스로 결정할 권리가 있으며, 그러한 능력을 지니고 있음을 전제로 한다. 따라서 장애인 자신이 생활의 중심에 서 있으며, 그에 따른 문제와 해결에도 장애인 당사자가 판단할 권리를 가진다.
- 자조자립: 일상에서의 장애인 당사자의 권리와 행위는 전문가 등 타인의 개입이나 감독에 의해서보다는 자신의 강점과 함께 연계된 자원을 동원함으로써 우선적인 자조적 해결을 도모할 수 있어야 함을 말한다.

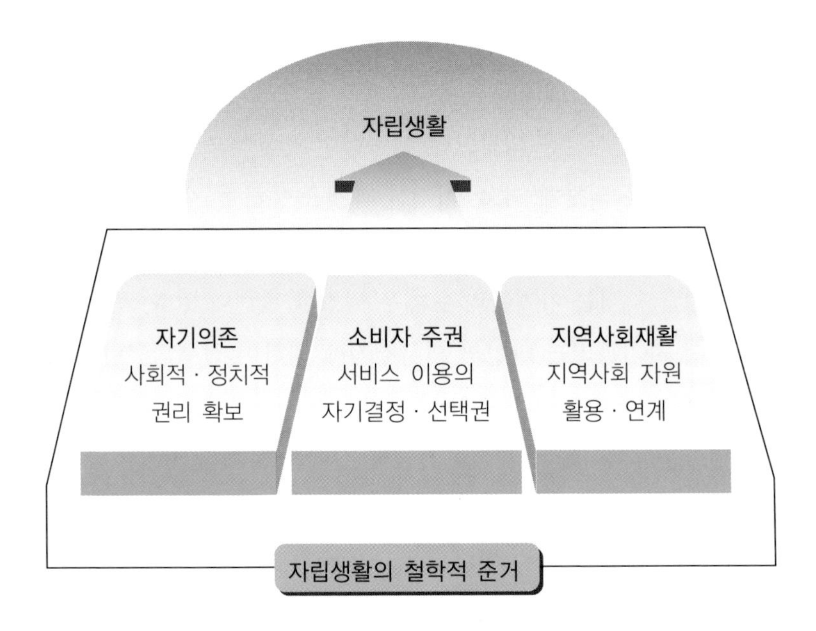

[그림 8-2] **장애인 자립생활의 철학**

- 정치경제적 권리: 앞선 세 가지 권리 및 행위의 원칙을 통해서 지역사회 안에서 정치적 · 경제적 활동에 적극 참여하여 일정 기능 및 영향관계를 가질 수 있는 능력의 부여를 의미한다.

이를 바탕으로 자립생활의 기본 철학을 정리하면 [그림 8-2]와 같다.

또한 장애인 자립생활에서의 이념적 요소들은 여러 학자의 자립생활에 대한 견해와 이념 등의 고찰을 통해 다음과 같은 네 가지 요소로 설명할 수 있다(정종화, 주숙자, 2008).

- 자기관리: 자립생활은 장애의 유형이나 유무에 관계없이 그 의미가 가지는 뜻은 자신의 생활을 자신이 관리할 수 있느냐, 없느냐에 관한 것이다. 이것은 본질적 자립생활의 필수 요소이다.
- 심리적 자기확신: 현대에 와서 자립생활에서의 심리적 자기확신이라는

용어를 'empowerment'라고 부르기도 한다. 이는 자립생활 철학의 3요소라 불리는 선택, 결정, 책임에서 매우 중요한 역할을 한다. 장애라는 장벽을 넘어 자신감을 되찾고 잃어버렸던 자신의 가치를 되찾게 될 때, 새로운 의욕을 되찾게 되고, 이러한 과정을 통하여 자신의 귀중한 가치를 인간 중심적 사고에서 재조명하게 되는 것이다.

- 인지적 자립성: 이는 자기관리와 매우 밀접한 관련이 있다. 즉, 자립생활운동에서 자기관리는 타인의 의사결정에 의하여 선택되었던 인생관을 자기의 의지와 주도권을 통하여 되찾고자 하는 노력으로 표출되었다. 자립생활운동에서는 신체적 · 기능적 장애는 문제라고 규정하지 않고, 오히려 타인에 의존하는 삶이 더욱 큰 문제라고 규정하며, 이를 통해 인지적 자립성을 이해할 수 있다.
- 환경: 지금까지의 장애인 문제해결에서 환경에 대한 문제는 중요하게 다루어지지 않았다. 장애라는 문제를 사회의 물리적 환경이나 심리적 환경에서보다는 개인의 기능 회복으로 극복하고자 해 왔던 것이다. 2001년 세계보건기구(WHO)의 장애 개념 모델(ICF)은 장애를 설명하는 다양한 영역 및 요소를 감안하였고, 그 안에서 '기능과 장애'와 더불어 핵심적 요인으로서 '상황적 요소(개인적 요소와 상황적 요소)'를 함께 제시함으로써 장애에 대한 환경의 영향력을 설명하였다.

2) 자립생활의 개념

우선 '자립(自立)'과 '자립생활'에 대한 어원적 의미를 살펴보면, "남에게 예속되거나 의지하지 아니하고 스스로 섬"(표준국어대사전) "남에게 의지하거나 남의 지배를 받거나 하지 않고 자기의 힘으로 해 나감"(두산동아사전) "타인의 도움 또는 지배 없이 자신의 힘으로 홀로서기가 가능한 정도" "타인의 지배나 의지에서 벗어나 홀로서기를 하는 과정" 또는 "타인의 도움을 받지 않고 자신의 힘으로 생계를 유지하며 살아가는 과정" 등을 의미한다. 즉, 자

립 내지 자립생활의 단순한 사전적 의미는 신체적 · 경제적으로 타인에게 의지하지 않는 것, 자신의 힘으로 살아가는 것 등을 핵심으로 하고 있다.

전미장애인자립생활협의회(National Council on Independent Living: NCIL)에서는 자립생활을 "삶에 대한 자신의 결정에 대하여 타인의 개입 또는 보호를 최소화하여 스스로의 삶에 대하여 선택하고 결정하는 모든 과정에 장애인 당사자가 참여하는 과정"이라고 정의하였다. 이러한 맥락에서 존스(Jones, 1993)는 "장애인 자신의 건강관리, 식사조절, 취침시간과 같은 모든 일상의 활동뿐만 아니라 보호자의 결정, 금전관리, 거주지 결정까지 모두 스스로의 선택과 판단에 의해 의사결정과정에 참여하는 과정"이라고 정의함으로써, "장애인의 자립생활은 의사결정을 하거나 일상적 활동을 수행하는 데 가능한 여러 가지 대안 중에서 다른 사람의 의존을 최소화할 수 있는 선택을 하도록 자신을 통제하는 것"이라고 강조하였다. 또한 일본전국자립생활센터협의회는 자립생활을 장애인의 지역사회 및 더 넓은 사회에서의 자기결정권과 자유로 표현함과 동시에 본인과 사회의 적극적이고 능동적인 노력, 그리고 이러한 노력이 법적으로 보장되어야 함을 강조하였다.

그런가 하면 영국의 장애운동가 브리센덴(Brisenden, 1989)은 "자립적인 사람은 자신의 생활 전반을 조정하고 관리하지만, 그렇다고 해서 자신의 모든 과업을 수행하는 것은 아니다. 따라서 장애인 스스로 필요한 원조와 지원을 다양한 지원체계를 통하여 제공받음으로써 장애인의 자립생활이 가능해지게 되는 것"이라 전제하였다.

이와 같이 자립생활 개념에는 인간 권리 및 존엄을 바탕으로 한 당사자의 선택과 자기결정 및 책임, 주체성, 그것을 위한 개인적 · 사회적 노력과 지원 등이 핵심으로 자리 잡고 있음을 확인할 수 있으며, 특히 그중에서도 자립생활을 가능하게 하기 위한 장애인의 자기결정과 보장에 관한 충분한 이해가 더욱 필요할 것으로 보인다.

자립생활의 개념 정의에서 또한 간과할 수 없는 것이 장애인의 자기결정이다. 이는 자립생활을 실현하는 기본 철학이자 원리로서, 곧 자신의 삶을 주도적으로 영위해 나가기 위한 필수 요소인 것이다. 따라서 이러한 자기결정(self-determination)은 '인간 존재에 포함되는 본질적 요소'(Hahn, 1994)이자 '삶의 설계를 위한 기본원칙'(Speck, 2000)으로서, '내가 어떻게 살 것인지를 스스로 결정하는 것뿐만 아니라 어떻게 살고자 하는지에 대해 문의와 동의가 가능한 상황까지도' 그 범위에 포함된다(Goebel, 1998). 이를 바탕으로 자기결정이란 '삶을 지속시키는 하나의 발전과정'(Polloway, Smith, Patton, & Smith, 1996)으로서, 인간의 자유로운 결정, 자신의 강점을 인식하여 활용하는 자기실현, 자기관찰과 통제 및 자기규제, 스스로 목적을 설정하고 그에 따라 행동할 수 있는 가능성, 자신의 생활환경 조절과 운용 등의 행위로 특징지을 수 있다. 다시 말해, 인간은 자기결정의 주체로서 자신의 소망과 욕구를 인식하고 그것들을 사회적 · 물리적 환경과의 관계에서 숙고한다는 것이다(Fornefeld, 1997). 이러한 자기결정을 이해하고 다양한 결정 가능성을 제대로 인식하며, 각각의 상황적 맥락에서 얼마나 의미 있는 결정을 하고 그것이 관철될 수 있는지에 대해 장애인 당사자가 검토할 수 있어야 하며, 아울러 이를 위한 교육의 필요성이 강조되고 있다.

따라서 장애인의 자립과 자립생활에 대한 정의는 단순히 신체적 · 경제적 차원에서의 자립만이 아니라 한 개인의 삶의 전 영역에서의 자립을 전제로 하며, 장애를 유발할 수 있거나 이미 장애를 유발한 개인적 · 사회환경적 요인과 함께 각종 한계나 제약에서 시정을 요구할 수 있는 권리의 개념이 충분히 인정되어야 한다. 그럼으로써 실질적으로 의존 내지는 상대성을 인정하는 자립과 독립이 가능할 수 있으며, 이를 위해 장애 당사자의 역량강화(empowerment)와 함께 보조(assistance)의 개념이 함께 정립되어야만 장애인의 자립생활을 실질적으로 표현해 낼 수 있을 것이다(이경준, 2005).

4. 자립생활과 사회통합

'통합'이란 가장 일반적인 체계이론적 표현으로서 "어떤 새로운 요소들과 기존 요소들 사이에서 더 이상 차이가 없이 하나의 체계 안으로 수용되는 과정"이다(Endruweit & Trommsdorff, 1989). 그에 상응해서 사회적 과정으로서의 통합은 무엇보다도 그 과정에서 한 사람 혹은 그 이상의 사람들이 지위와 기능을 배분하여 어떤 한 사회적 체계 구조 속으로 수용되는 것이라 할 수 있다. 따라서 통합은 최소한 수용된 사람의 관점에서는 사회문화적 전환의 한 형태를 경험하는 것으로 볼 수 있다(Markowetz, 2001).

슈나이더(Schneider, 1983)는 통합을 '배제 상태의 감정에 대항하는 노력'으로 이해하고 일상생활에의 참여가 가능해야 함을 강조하였으며, 이러한 권리를 주장하고 스스로 적극 활용하고자 한다면 대사회적인 자조(self-help) 의식을 통해 통합의 감정을 발전시키고 새로운 사회적 행동양식과 관계를 형성함으로써 자신의 행동반경을 확대해야 한다고 보았다.

학자들의 이와 같은 관점들을 장애인의 사회통합에 적용해 보면, 우선 장애인은 자신의 장애 유형과 정도에 상관없이 모든 삶의 분야에서 비장애인과 같이 동등한 접근 및 참여 기회를 갖고 사회에 포함되어야 한다. 장애인

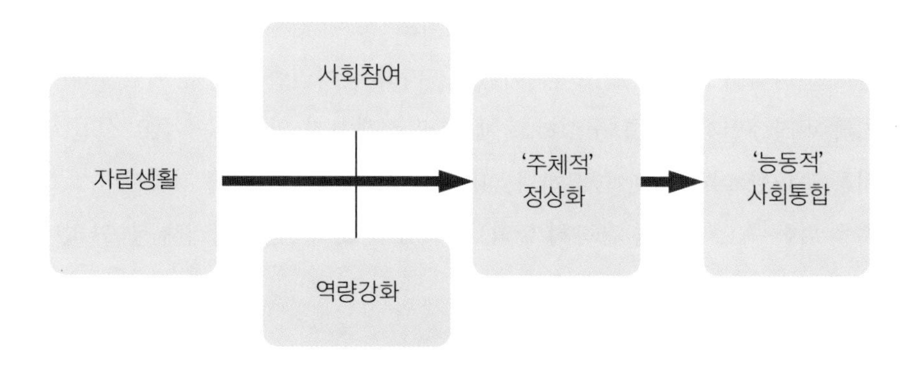

[그림 8-3] **자립생활의 실현과 사회통합**

의 통합은 곧 기회균등의 사고로부터 시작하며, 모든 사회적 현상에 참여하는 장애인 당사자는 자신과 자신의 상호작용 대상, 그리고 서로가 속한 공동체를 이해하고 그에 적응해 가면서 상호 교류와 협력의 기회를 확대해 나간다고 볼 수 있다.

또한 장애인의 자기결정에의 의지와 그에 따른 자립추구 활동은 가장 기본적인 사회통합으로의 길을 모색하기 위한 기제이며, 사회 구조 속에서도 결코 간과되어서는 안 될 중요한 원조의 기반이 되어야 한다. 이것이 전제되었을 때 사회구성원으로서의 장애인 개인과 그의 기본적인 시민권 추구가 인정될 수 있고, 공존하는 사회체제 내의 구성원들과 각종 사회적 자원들과 함께 긍정적으로 관계함으로써 진정한 자립생활과 능동적 사회통합의 이념을 실현할 수 있다. 물론 이를 위해서는 사회 구조 속에서의 다양한 개선이 요구되며, 동시에 장애 당사자의 개인적 측면에서도 교육과 훈련 등 역량강화를 통한 사회적 이미지 제고도 필요하다.

5. 장애인 자립생활지원서비스

1) 자립생활지원서비스의 주요 원리

장애인 자립생활의 개념은 앞에서 살펴보았듯이 광범위하고 다양하며, 포괄적인 이념적 체계들로 구성되어 있다. 따라서 이러한 개념과 이념들에 근거하여 장애인서비스를 구성하고 제공 및 시행하기 위해서는 주요 실천 원리들에 대한 이해 또한 중요하다. 따라서 장애인의 자립생활지원서비스 실현을 위한 주요 원리를 간략히 살펴보면 〈표 8-2〉와 같이 정리해 볼 수 있다(Nosek, 1988; Stuart, 2000).

〈표 8-2〉 **장애인 자립생활지원서비스의 주요 원리**

주요 원리	주요 내용
비차별성 (nondiscrimination)	모든 연령의 장애인과 그 가족이 지원서비스체계에 참여할 기회를 보장할 것
포괄성 (comprehensiveness)	제공되는 서비스 영역이 포괄적이고 모든 장애 영역을 포함할 것
형평성 (equity)	소득 수준이나 사회적 지위가 아닌 욕구에 기초한 서비스 제공으로 장애인의 불균형적 부담을 해소시킬 것
비용지불의 효용성 (efficiency)	프로그램 제공과정에서 발생하는 행정비용을 최소화할 것
소비자 주도 (consumer control)	자립생활서비스의 주체로서 장애인의 선택과 결정권 확보에 기여할 것

이와 같은 원리의 핵심은 종래의 시설 중심 및 재활 모델에서와 같은 서비스 제공이나 체계의 불합리성을 극복하기 위한 필수적 실천 기능으로서, 서비스 이용자로서 장애인 욕구의 개별화가 가능해야 하고, 그 개별화의 대상으로서 장애를 가진 그 누구도 차별받아서는 안 되며, 종합적 서비스 프로그램이 진행되어야 하고, 이 과정에서 장애 당사자의 선택과 조절이 가능해야 함을 강조하는 것이다.

2) 중증장애인자립생활지원센터

우리나라의 「장애인복지법」 제53조에서는 중증장애인에 대한 자립생활지원을 명시하고 있다. 이는 “장애인을 대상으로 포괄적인 자립생활 정보 제공, 권익옹호 활동, 동료상담, 자립생활 기술 훈련, 개인별 자립지원, 거주시설 장애인 탈시설 자립지원 등의 서비스를 통하여 장애인의 자립생활 역량 강화와 지역사회에서의 다양한 사회참여 활동을 지원함”을 목적으로 한다.

이에 따른 운영 주체는 시 · 군 · 구청장의 추천을 통해 각 시 · 도지사에 의해 선정된 중증장애인자립생활지원센터로서 다음과 같은 기본방침을 통해 사업을 수행한다(보건복지부, 2019a).

(1) 자립생활 철학과 이념

- 센터의 모든 활동은 영리 활동, 특정 종교 활동 등에 연관되거나 이용할 수 없으며, 자립생활 이념에 기반을 두고 장애인의 자기선택권과 결정권을 최대한 존중하며 장애인의 참여를 최우선으로 한다.
- 센터는 「장애인차별금지법」에 명시된 차별 행위나 어떠한 활동에도 차별 없이 장애인에게 동등한 서비스를 제공해야 한다.
- 의사결정, 서비스 제공, 운영규정 등을 포함한 센터의 운영은 장애인이 중심이 된다.
- 장애인들 간에 서로 지원하고 옹호하는 동료지원(peer support) 모델이 자립생활 서비스 제공의 원리이다.
- 장애인들은 누구나 모든 서비스에 동등하게 접근할 수 있어야 한다.

(2) 서비스 대상

센터는 장애의 정도와 유형에 상관없이 모든 영역의 장애인들에게 동등한 서비스를 제공한다.

(3) 자립생활지원 목적

센터는 장애인들의 욕구와 선택을 존중하면서 개별 자립생활을 지원해야 한다.

(4) 개별 자립생활지원

- 센터는 개별 장애인들이 지역사회에서 자신의 자립생활 목표를 달성하는 데 필요한 자원을 개발하고 개선해야 한다.
- 장애인의 개별적 욕구(자립생활, 교육 · 문화 등의 사회참여, 가족지원 등)에 대응하고 이를 위한 자원을 연계 · 동원해야 한다.

- 거주시설 등과 연계하여 시설거주장애인, 탈시설장애인, 재가장애인의 지역사회 역량강화에 대한 사업을 적극적으로 수행하여야 한다.

(5) 자립생활 기본 서비스

센터는 지역사회를 기반으로 기본 사업과 선택 사업을 적절히 조합하여 자립생활의 기본적 서비스를 제공하여야 한다.

(6) 지역사회 강화 활동

- 센터는 해당 지역 장애인의 욕구를 충족할 수 있도록 지역공동체 역량을 강화하는 활동을 수행하여야 한다.
- 지역사회의 비장애인 등과의 연대 활동을 통해 장애인에 대한 이해 촉진 및 소통 활성화를 도모해야 한다.

(7) 자원 개발 활동

센터는 자립생활서비스 개발과 제공에 필요한 정부 보조금 이외의 자원 개발 활동을 수행하여야 한다.

중증장애인자립생활지원센터(Center for Independent Living)는 이와 같은 기본 방침과 서비스 실천의 주요 원리를 바탕으로 장애인에 대한 실질적 서비스 전달체계로서 그 중심에 있다. 즉, 이 센터는 장애인의 권익옹호와 대변자 역할을 담당하는 권익옹호 기관임과 동시에 자립생활에 필요한 각종 지원서비스(활동보조서비스, 주택개조, 동료상담교육, 자립생활 기술 훈련 등)를 제공하는 서비스 기관으로 정의할 수 있다.

미국의 경우 자립생활센터는 서비스과정 및 센터의 설립 · 운영 · 정책방향 결정 등에 장애인 당사자의 참여가 전제되는 소비자 주도로서 지역사회에 기반한(community-based) 시설이며, 모든 장애 유형을 포괄하는(cross-disability) 서비스를 제공하는 비거주 · 비수용(non-residential) 시설이자 민간 비영리(private non-profit) 기관이라 할 수 있다. 또한 자립생활센터가 추구해야 할 철학적 준거로서 소비자에 의한 운영(consumer control), 자조와 권익옹호(self-help, self-advocacy), 동료관계 및 동료 간 역할 모델의 발전, 모든 지역사회 자원에 대한 중증장애인의 평등한 접근성 보장 등을 제시하고 있다(서울시정개발연구원, 2004).

〈표 8-3〉 **중증장애인자립생활지원센터의 주요 기능과 주요 사업 예시**

주요 기능			주요 사업 예시
구분	대분류	중분류	
기본 사업	권익옹호 지원	차별예방 및 권리 침해 구제	• 차별 대응 및 권리구제지원 • 인권침해 긴급지원 및 자원 연계 • 장애인 인권 및 권리옹호 교육 • 차별 모니터링 및 구제 활동
		지역사회 역량강화 활동	• 제도 및 서비스 개선 및 구축 활동 • 정책 제안 및 모니터링 • 장애인 권익 향상 네트워크 활동
	동료상담	동료상담 및 동료상담가 지원	• 정보 제공 • 개별 및 집단 동료상담 • 동료상담가 양성 • 동료상담 프로그램 개발
	개인별 자립지원	개인별 자립생활 지원 및 자립생활 기술 훈련	• 개인별 자립생활 지원계획 수립 및 지원 • 모니터링 및 사후지원 • 자립생활 기술 훈련지원
	거주시설 장애인 탈시설 자립지원	탈시설 장애인 자립지원 기획 및 관리	• 탈시설 계획 수립 및 홍보 • 탈시설 전환 간담회 및 교육 • 탈시설 관련 기관 협력
		자립생활체험홈(실) 운영지원	• 체험홈 등 자립지원시설 관리 • 자립생활서비스지원
선택 사업	지역사회 서비스 지원	자립지원서비스	• 활동보조서비스 • 이동서비스 및 보장구 지원 • 주거서비스(주택개조, 자립생활 주택 등) • 문화 여가 활동 • 평생교육 및 문해교육 • 응급안전서비스 • 자립 자원 발굴(후원 개발 등)

출처: 보건복지부(2017).

3) 자립생활지원서비스의 내용 예시

권익옹호지원 (차별모니터링)	거주시설연계사업 (단기자립생활체험)	거주시설연계사업 (집단동료상담)
자립생활주택운영 (입주자 사례회의)	자립생활 기술 훈련	활동지원서비스
주거서비스	문화 여가 활동	평생교육프로그램 (인문교양)

출처: 사단법인 장애인의 길벗 · 서울중구길벗장애인자립생활센터 http://www.jgcil.kr/main/main_new.html

☞ 탐색하기: 현재 우리나라의 '장애인활동지원'에 관련한 주요 이슈는 무엇인가?

6. Excursion: 발달장애인의 자립을 위한 '지원생활 모델'

오늘날 장애인과 자립생활에 대한 이슈에서 결코 간과할 수 없는 대상이 바로 발달장애 영역이다. 발달장애의 특성으로 인한 인지적 · 행동적 요인들이 원만한 의사소통이나 교류, 사회활동 및 참여의 제한으로 이어지는 상황에서 이들의 자립생활은 더욱 기대하기 어렵다고 보는 관점이 다수이다. 과거부터 이렇게 각인된 발달장애인의 모습은 다른 장애 영역들에 비해서도 상대적으로 '더 문제적인' 것으로 간주되어 왔으며, 그만큼 장애 영역들 중에서도 더욱 소외됨으로써 그들에게 알맞은 복지적 지원과 지역사회생활에 대한 권리를 보장받지 못해 온 것이 사실이다.

실제로 2014년 말에 장애인 거주시설 내의 지적장애인이 전체 장애인의 44.9%에 이른다고 보고된 바 있는데, 이를 절대적으로 볼 수는 없지만 애초에 나고 자란 가정과 지역사회에서 성장하지 못하게 했던 사회 구조의 문제는 분명 제고할 필요가 있다. 동시에 탈시설화 관점에서 발달장애를 가진 사람들의 지역사회 거주와 그들의 특성과 욕구에 기반한 자립생활을 실현하기 위한 다양한 방안 모색은 더욱 절실히 요구된다(이경준, 2015).

이러한 맥락에서 「발달장애인 권리보장 및 지원에 관한 법률」의 제정과 시행은 그 어떤 때보다도 발달장애인들의 삶의 질을 개선시킬 수 있는 절호의 기회가 되고 있다. 물론 이와 함께 전 사회적 인식 제고와 보완적 제도 마련 등이 계속 요구되어야겠지만, 기본적인 법적 근거를 통해서 당사자가 주체적으로 자신의 삶을 영위할 수 있도록 하기 위해 '지원받을 권리'의 보장이라는 측면에서는 고무적이라 할 만하다.

그러나 우리 사회가 발달장애인의 지역사회 자립생활을 지원하기 위한 기본적 요소들을 얼마나 잘 갖추고 있는지에 대해서는 쉽게 장담하긴 어렵다. 당장의 지역사회 생활을 위한 대안적 거주 유형이나 재원에 대한 부족 문제를 포함해서 발달장애인의 생활 전반에 영향을 줄 수 있는 자립지원서비스들은 매우 요원한 상태이기 때문이다. 더욱이 다른 유형의 장애인과 달리 자립생활 과정에서 지속적인 지원이 요구되는 발달장애인에게는 보다 더 안정적이고 효과적인 지원방식이 필요하다.

이에 이 장에서는 발달장애인의 자립생활을 지원하는 데 있어 해외 사례를 통해 알려진 '지원생활(Supported Living)'[2)] 모델의 등장배경과 개념 및 모델화, 지원생활의 신념과 원칙을 확인해 보고자 한다.

1) 지원생활 개념의 등장배경

발달장애인은 다른 장애 유형에 비해 자립 이후에도 지속적인 지원이 필요하다. 서구에서는 이미 이러한 특성을 고려하여 지원생활 모델을 적극 활용하고 있는데, 이는 발달장애인이 거주시설 등이 아닌 자신의 집에서 스스로의 욕구와 필요에 맞는 지원을 받으며 자립생활을 하도록 지원하는 것을 말한다(O'Brien, 1991; Simons, 1998; Kinsella, 2001). 결국 이 모델은 탈시설화와 지역사회기반생활의 발전과정에서 그들의 선택권을 보다 더 보장할 수 있는 지원의 필요성이 제기되고, 이를 통해 발달장애인의 삶의 질을 향상시키고자 하는 추세에서 개념적 모델로 등장하게 된 것이다.

2) 지원생활의 개념과 모델화

지원생활은 특정 장애 유형 및 정도에 맞게 미리 짜여진 지원서비스(prepackaged)를 제공하는 시설에 기반을 둔(facility-based) 지원이 아니다(Howe, Horner, & Newton, 1998). 지원생활 모델에서는 발달장애인 당사자 스스로 생활할 자신의 집을 선택하며, 그 집에서 생활하기 위해 필요한 지원

---

2) 이 장에서는 김미옥과 정민아(2017)의 지원생활모델을 적용한 발달장애인의 자립(발달장애인 권리증진 국제학술대회 『발달장애인의 자기권리옹호 및 자립생활 자료집』)의 내용 일부를 인용 및 수정 기술함.

서비스도 각 개인의 장애 특성과 정도, 욕구에 맞게 개별화된 서비스를 제공한다. 대규모 거주시설에서 지역사회기반서비스로 전환되는 과정에서 개인중심서비스(person-centred service)가 발전하면서 개별화된 지원서비스를 제공할 수 있는 기초를 제공하였다(Kinsella, 2001).

일반적으로 비장애인은 원가족을 떠나 자립할 때 주거와 생활 전반을 스스로 선택하고, 일상생활에 필요한 기술을 갖추지 않은 상태에서도 자립을 할 수 있다. 반면에 장애인의 자립은 장애인 당사자의 장애 유형과 정도에 관계없이 지역사회로 자립하기 전에 그룹홈이나 거주시설에서 일상생활에 대한 기술을 갖춰야 하며, 자립에 필요한 기술 훈련이 요구된다(Kinsella, 2001). 이는 곧 장애인 당사자가 위험한 사안일지라도 자신이 직접 경험하고 극복할 수 있는 요소들을 사전에 제거하거나 방어하도록 함으로써 오히려 성장할 수 있는 기회를 차단하는 것으로 볼 수도 있다. 물론 지역사회에서의 삶에 대한 경험이 제한적이었던 장애인들이 비장애인에 비해 일상생활 관련 기술이 부족할 가능성이 높은 것은 사실이다. 그러나 비장애인은 지역사회에 살면서 이를 습득할 수 있다고 본 반면, 장애인은 자연스럽게 습득하기보다는 프로그램이나 서비스를 통해 이를 경험하도록 해야 한다고 인식하는 면에서 큰 차이가 있다는 것이다.

한편, 지원생활은 발달장애인의 자립을 탈시설 이후 거주서비스의 연속선상에 두고, 자립생활 기술 훈련을 해야 한다고 보는 기존의 자립생활 모델과는 그 노선을 달리 한다(Howe, Horner, & Newton, 1998). 지원생활은 모든 사람은 자신의 집에서 생활하면서 지원받을 기회가 제공되어야 한다는 기본 신념하에 발달장애인도 현재 선택한 주거지에서 스스로의 선택과 통제에 의해 생활할 수 있도록 지원해야 함을 강조하고 있다. 이로 인해 자신의 생활을 통제할 수 있는 자립생활 기술을 갖추지 못하거나 갖추기 어려운 장애인의 경우에도 충분한 지원이 있다면 자신의 집에서 자립생활을 할 수 있다고 가정한다. 따라서 지원생활 모델은 자립생활 기술과 능력을 갖추고 생활할 수 있는 경증장애인 위주의 자립생활 모델을 중증발달장애인에게도 확대할 수 있는 기회를 제공한다고 볼 수 있다. 장애 정도가 문제가 아니라 지원의 범위와 강도가 발달장애인의 자립을 결정하는 요소라고 보는 것이다. 그리고 이 지원은 발달장애인의 장애 정도뿐 아니라 그가 살고 있는 지역사회, 그 집의 상황에 따라 모두 다르게 개별적으로 주어져야 한다고 보는 것이다.

3) 지원생활의 신념과 원칙

지원생활의 기본 신념과 원칙은 지원생활에 대한 개념 논의와 상통한다. 먼저, 지원생활의 기본 신념은 장애인 자립은 당사자의 삶의 주도권과 자기결정에 기반을 두어야 한다고 본다(Kinsella, 2001)는 점에서 동일하다. 지원생활에서 모든 사람은 자신의 삶을 주도하고 결정할 권리가 있다고 인식하며, 장애 유형과 정도에 관계없이 모든 장애인 본인이 자신의 삶에 대한 주도권과 자기결정권을 갖고 있음을 존중한다. 즉, 장애인 당사자가 어떻게 생활할 것인가, 누구와 함께 생활할 것인가, 누가 그들에게 도움과 지원을 제공하는가, 자신의 삶을 어떻게 살 것인가에 대해 주도적으로 실행하며 결정하는 것을 마땅히 존중해야 함을 의미한다.

이러한 기본 신념을 지역사회 자립생활에 적용하면 장애인 당사자가 장애 정도에 관계없이 지역사회에 마련한 지신의 집에서 자신의 삶을 주도하고 결정하면서 생활할 수 있도록 해야 함이 명확해진다(Kinsella, 2001).

요약

1. 장애인 인권과 자립생활

「유엔장애인권리협약」이나 「장애인차별금지법」「장애인복지법」 등은 우리나라 장애인의 사회참여와 통합 및 삶의 질이라는 궁극적 측면에서 중요한 영향을 미치고 있다. 이는 장애인의 자립생활과 지원, 이를 통한 인간다운 권리와 정상적인 생활의 영위라는 보다 더 실질적이고 보편적인 측면에서도 큰 의미를 찾을 수 있으며, 인간 권리의 존중이라는 기본적인 이념의 추구와 맞닿아 있다.

2. 재활 모델과 자립생활 모델

장애인 문제와 그에 대응하는 서비스 모델은 과거 재활 및 의료 모델에서 자립생활 모델 또는 사회적 모델로서의 변화를 경험하고 있다. 주로 장애인의 손상과 부적응 등 개인적 관점에서 문제를 정의하였던 재활 모델에서 장애 현상을 극복하기 위한 통제 및 조정자로서의 역할이나 접근을 강조하는 자립생활 모델로의 전환은 장애인복지서비스 전반에 대한 혁신을 의미하기도 한다. 이를 통해서 의존 및 지원 체계의 개선을 위한 동료상담이나 자조 활동, 소비자 주권, 각종 사회적 장애의 제거 등을 강조함으로써 장애 문제의 해결을 도모하기 시작한 것이다.

3. 자립생활 철학과 기능적 함의

장애인 자립생활의 기본 철학으로는 소비자 주권, 자기결정권, 자조자립, 정치경제적 권리 등이 제시되고 있으며, 이에 따른 자립생활의 이념은 개인의 능력 개발과 유지, 사회적 환경과의 영향관계 등의 재정립을 요구하고 있다. 타인에 의지한 도움과 욕구 충족, 즉 의존적 자립이라는 의미도 간과할 수 없다. 따라서 자립생활은 궁극적으로는 장애인으로 하여금 자기선택과 결정의 기회를 제공하고, 그에 의한 자발적인 사회참여 활성화에 기여한다. 또한 그들의 능력 고취와 발휘를 위한 사회적 여건의 조성 및 개선은 장애인의 자립생활과 사회통합에 순기능으로 작용하게 된다.

4. 장애인 자립생활지원서비스

장애인의 자립생활지원서비스 실현을 위해서는 비차별성, 포괄성, 형평성, 비용지불의 효용성, 소비자 주도 등이 가능해야 한다. 이와 같은 원리들의 핵심은 서비스 이용자로서의 장애인 욕구의 개별화와 차별 없는 종합적 서비스 프로그램이 진행되어야 하며, 이 과정에서 장애 당사자의 선택과 조절이 가능해야 한다.

5. 중증장애인자립생활지원센터

중증장애인자립생활지원센터는 서비스과정 및 센터의 설립, 운영, 정책방향 결정 등에 있어서 장애인 당사자의 참여가 전제되는 소비자 주도의 지역사회기반시설이다. 이 센터는 모든 장애 유형을 포괄하여 서비스를 제공하는 비거주·비수용 시설이자 민간의 비영리기관으로 정의되며, 자립생활센터가 추구해야 할 철학적 준거로는 소비자에 의한 운영, 자조와 권익옹호, 동료관계 및 동료 간 역할 모델의 발전, 모든 지역사회 자원에 대한 중증장애인의 평등한 접근성 보장 등이 제시될 수 있다.

6. 발달장애인 지원생활 모델

지원생활 모델은 모든 사람이 자신의 집에서 생활하면서 지원받을 기회가 제공되어야 한다는 기본 신념을 바탕으로 한다. 비장애인이나 다른 장애인들에 비해서 좀 더 취약하다고 여겨지는 발달장애인도 충분한 지원을 받는다면 지역사회의 자기 집에서 스스로의 선택과 통제에 따라 자립생활을 영위할 수 있다고 가정한다. 이는 장애인의 탈시설화와 지역사회기반생활의 발전과정에서 발달장애인의 삶의 질 향상에 장애인 당사자가 직접 기여할 수 있게 하는 중요한 의미를 가진다.

Issues & Discussion

1. 장애인 인권과 자립생활의 상관성에 대해 논의하시오.
2. 장애인복지서비스에서의 재활 모델과 자립생활 모델을 비교하여 설명하시오.
3. 자립생활의 이념적 요소들에 대해 구체적으로 논하시오.
4. 장애인 자립생활지원서비스의 주요 원리와 그 의의를 논하시오.
5. 중증장애인자립생활센터의 운영 원칙과 주요 서비스 내용에 대해 설명하시오.
6. 여러분이 거주하고 있는 지역사회 내의 중증장애인자립생활지원센터를 방문해 보고, 주요 제공서비스 사례와 내용을 공유하시오.
7. 발달장애인의 지원생활 모델과 기존의 자립생활 모델과의 공통점과 차이점을 비교하여 설명하시오.

PART 5
장애인 보조공학 · 문화예술

09

장애인과 보조공학

이 장에서는 장애인과 보조공학의 관계와 필요성, 적용사례와 관련된 법률적 근거들을 파악한다. 보조공학은 장애를 가진 사람들의 자립을 원활하게 지원하고 이를 통한 충분한 사회참여 실현과 자기역량을 도모케 할 수 있는 매우 유용하고 중요한 융복합 분야이다.

따라서 관련 분야의 법제도적 장치 마련과 발전적 개선, 4차 산업혁명 시대를 위한 장애인복지 분야에서의 다양한 노력이 요구된다.

학습목표

1. 장애인과 보조공학의 상관성을 설명할 수 있다.
2. 보조공학의 유용성을 이해하고 실제 적용 사례들을 조사하여 공유할 수 있다.
3. 우리나라의 「장애인복지법」 등에 명시된 보조기기에 관련한 내용들을 이해할 수 있다.
4. 우리나라 보조기기지원에 관련한 법률의 주요 내용과 의의를 이해할 수 있다.
5. 4차 산업혁명이 장애인 보조공학 및 복지 향상에 기여한 부분에 대해서 이해할 수 있다.

키워드

보조공학 / 보조기기 / 장애인 보조기구 / 「장애인복지법」 /
「장애인 · 노인 등을 위한 보조기기지원 및 활용촉진에 관한 법률」

1. 보조공학과 재활공학

인간의 생활 전반에서 물리적 환경에 대한 접근은 가장 기초적인 자립과 생활 유지의 전제조건이다. 이 문제는 다른 심리사회적 영역에도 영향을 미쳐 개인의 삶 영위에 상당한 저해를 초래할 수 있다. 더욱이 장애로 인해 다양한 한계적 상황에 처할 수밖에 없는 장애인 당사자들에게 있어서 이러한 접근 제한은 삶의 질 수준을 더욱 심각하게 훼손시킬 수 있다. 따라서 장애로 인한 문제와 그 영향을 최소화하고 그 부분에 대한 보상과 지원 체계를 마련하는 것은 장애인복지의 최우선 과제이다.

이런 가운데 현대 과학 기술 문명의 발달과 인간과의 접목에 대한 관심과 노력은 꾸준히 성장해 왔으며, 장애인, 노인 등 신체적 제약이 불가피한 대상자들을 위한 보조공학 접근은 앞으로 그들의 삶에 더욱 현격한 변화를 가져올 것으로 기대하고 있다.

일반적으로 장애를 가진 사람들의 장애로 인한 문제를 해결하거나 부분적으로 해소함으로써 기능을 보완하는 차원에서의 공학적 접근은 크게 두 가지 분야, 즉 보조공학과 재활공학을 통해 살펴볼 수 있다. 우선 보조공학(assistive technology)은 재활치료가 불가능한 장애를 가진 사람을 대상으로 일상생활지원을 위해 제작되는 기계공학으로서 이해된다. 여기에는 휠체어나 로봇손, 집게손 등이 해당한다. 반면에 재활공학(rehabilitation engineering)은 재활치료나 운동처방 등을 통해 어느 정도 정상적인 생활이 가능한 장애인 당사자가 주대상이 될 수 있으며, 보행보조기 활용을 그 예로 들 수 있다.

그러나 이 두 분야는 장애인이나 노인 등의 이동이나 접근성 측면에서부터 궁극적인 자립과 인간다운 생활지원 추구라는 기본 취지나 목적에서 볼 때, 엄격하게 구분하기보다는 인간재활과 공학 기술을 바탕으로 하는 필수적 상호관계성을 가지고 있다고 할 수 있다.

2. 보조공학의 개념과 유형

일반적으로 보조공학의 정의는 미국「공법」100-147에서 규정하고 있는 것을 따른다. 이 법에서는 보조공학을 보조공학기기(assistive technology devices)와 보조공학서비스(assistive techonlogy services)로 나누어 정의하고 있다.

보조공학기기는 장애를 가진 사람들의 기능적인 능력을 개선, 유지, 확대시킬 수 있도록 상업적으로 생산되거나 수정 혹은 새롭게 만든 도구(item), 물품(piece of equipment), 생산 시스템(product system)으로 정의된다. 기계적, 전자적, 마이크로프로세서 기반의 도구와 비(非)기계적 혹은 비전자적인 도구, 특별히 고안된 교수를 위한 매체, 서비스와 전략들을 포함하고 있다. 그리고 상업적으로 출시, 판매되는 것과 함께 개인적인 특별한 요구에 의해 설계되어 제작된 것, 그리고 가정에서 간단하게 만든 것을 포함한다.

보조공학서비스는 장애인들이 보조공학기기를 선택, 획득, 사용할 수 있도록 직접적으로 지원하는 서비스를 총칭한다. 일반적인 환경에서의 기능적 평가를 포함하는 장애인의 요구평가와 장애인이 보조공학기기를 사용할 수 있도록 구입, 임대, 기타 제공 방법, 보조공학기기의 선택, 설계, 조정, 맞추기, 순응, 적용, 유지, 수리, 개선 및 장애인과 그의 가족을 위한 교육과 기술적 지원, 교육 및 재활전문가, 기타 서비스 제공자, 고용주, 기타 생활에 개입되어 있는 이들을 위한 교육 · 기술과 지원을 말한다.

이 같은 개념의 보조공학은 장애인의 교수 · 학습 효율성을 증진시킬 수 있으며, 장애인의 독립적인 기초생활을 비롯한 가정생활, 학교생활, 지역사회 활동에도 능동적으로 참여할 수 있게 해 주는 장점을 가진다(Church & Glennen, 1992). 또한 관련 기술이 점차적으로 발달하면서 이전에는 생각해 볼 수 없었던 기구들이 개발되고 가격도 내려가면서 점차 일상생활이 되어 가고 있기 때문에(조광순, 1996) 그 사용의 범위와 폭이 확대되고 있다.

보조공학기기의 유형은 장애인의 환경과 상황을 고려하여 기능적 측면에서 분류된다. 일반적으로 부가 및 대체 의사소통기기, 컴퓨터 접근 관련 기기, 보는 것과 듣는 것에 관련한 보조공학기기, 환경조정장치, 놀이 및 여가생활과 관련한 보조기기, 앉기 및 자세 관련 보조공학기기, 일반적 이동기기 및 전동식 이동기기류, 보철기기(Prosthetic devices), 재활공학 관련 기기 및 로봇장치, 가정 · 학교 · 지역사회 · 직장에서 활용할 수 있는 통합기기 및 도구 등으로 나뉜다. 이에 대한 실물 사례는 이 장의 5절에서 제시한다.

3. 장애인 보조공학의 유용성

일반적으로 보조공학은 장애학생의 교수 · 학습 효율성을 증진시킬 수 있으며, 장애학생들의 독립적인 기초생활을 비롯한 가정생활, 학교생활, 지역사회 활동에도 능동적으로 참여할 수 있게 해 주는 장점을 가진다(Church & Glennen, 1992; King, 1999). 그리고 보조공학은 장애를 가진 개인들의 사회 · 정서적인 측면과 지적인 측면에서 장애를 경험하는 것을 줄이거나 이를 경험하지 않도록 하는 데 있어 잠재적 가능성을 가지고 있다(Lesar, 1998). 또한 관련 기술의 발전으로 그 사용의 범위와 폭이 장애 영역 및 경중에 상관없이 확대되고 있다는 점도 매우 고무적이라 할 수 있다.

보조공학은 신체 및 운동 장애를 가지고 있는 이들에게 긍정적인 영향을 제공할 뿐 아니라 발달장애를 가지고 있는 이들에게도 일상적인 장애 및 제한 요소들을 보상해 주어 독립생활을 위한 제한적 요소들을 극복하는 데 도움을 제공하며, 지역사회에 통합될 수 있도록 다양한 지원을 할 수 있기 때문에 발달장애인들이 갖고 있는 타인에 대한 의존성을 줄일 수 있다(Assistive Technology Messenger Newsletter, 1999). 특히 보조공학을 활용하였을 때 장애인 개인은 다른 사람과의 의사소통이나 사회적 활용과 자신이 원하는 여가 활동 등 일상적인 삶의 기술들을 증진시킬 수 있다.

이러한 기초적 유용성들을 통해서 점차 교육, 직업, 여가문화 등 전 생활 영역에서의 구체적인 활동 효과성과 효율성을 더욱 확대할 수 있는 기회가 제공될 수 있으며, 장애인 당사자의 사회적 자기활용과 가치 면에서도 상당한 의미를 부여할 수 있다.

또한 보조공학의 사용은 장애인뿐만 아니라 가족에게도 영향을 미칠 수 있다. 이와 관련해 우선 보조공학의 활용과 관련한 모든 과정에서 가족의 적극적인 개입을 요구하고 있다(Dunst, Trivette, & Deal, 1998). 보조공학을 활용하기 위해서는 가족의 독립성, 수용, 그리고 일상생활의 변화와 관련된 문제들을 충분히 고려해야 하기 때문이다(CEC Today, 1999). 이를 통해서 가족은 장애를 가진 가족구성원의 요구에 맞는 이용 및 접근용이성을 높이고, 더 나아가 가족 전체의 생활안전과 활동성 보장 등 기존 가족 내 지원체계 전반에서의 질적인 변화를 도모하는 데 기여할 수 있다.

☞ 탐색하기: 장애인 보조공학의 현재와 미래?

4. 장애인 보조기구의 개념과 지원 근거

1) 「유엔장애인권리협약」

「유엔장애인권리협약」에서는 보다 근본적으로 장애인 지원과 적용의 필요성을 강조하고 있는데, 특히 장애인 접근성 제고를 위한 각종 노력과 보조기술 관련 내용을 찾아보면 다음과 같다.

제9조 접근성

1. 당사국은 장애인이 자립적으로 생활하고 삶의 모든 영역에 완전히 참여할 수 있도록 하기 위하여 장애인이 다른 사람과 동등하게 도시 및 농촌

지역 모두에서 물리적 환경, 교통, 정보와 의사소통 기술 및 체계를 포함한 정보와 의사소통, 그리고 대중에게 개방 또는 제공된 기타 시설 및 서비스에 대한 접근을 보장하기 위한 적절한 조치를 취한다. 접근성에 대한 장애와 장벽을 식별하고 철폐하는 것을 포함하는 이러한 조치는 특히 다음의 사항에 적용된다.

(가) 건물, 도로, 교통 및 학교, 주택, 의료시설 및 직장을 포함한 기타 실내외 시설

(나) 정보, 의사소통 및 전자서비스와 응급서비스를 포함한 기타 서비스

제20조 개인의 이동성

당사국은 장애인에 대하여 최대한 독립적인 개인적 이동성을 보장하기 위하여 효과적인 조치를 취한다. 여기에는 다음의 사항이 포함된다.

(가) 장애인이 선택한 방식과 시기에, 그리고 감당할 수 있는 비용으로 장애인이 개인적으로 이동하는 것을 촉진할 것

(나) 장애인이 감당할 수 있는 비용으로 이용하게 하는 것을 포함하여 양질의 이동 보조기, 장치 및 보조 기술, 그리고 지원자와 매개인에 대한 장애인의 접근을 촉진할 것

(다) 장애인 및 장애인과 함께 근무하는 전문직원에게 이동 기술에 관한 훈련을 제공할 것

(라) 이동 보조기구, 장비 및 보조 기술을 생산하는 기업이 장애인 이동의 모든 측면을 고려하도록 장려할 것

제21조 의사 및 표현의 자유와 정보 접근권

당사국은 이 협약 제2조에 따라 선택할 수 있는 모든 의사소통 수단을 통하여 장애인이 다른 사람과 동등하게 정보와 사상을 구하고, 얻고, 전파하는 자유를 포함한 의사 및 표현의 자유를 행사할 수 있도록 보장하기 위하여 모든 적절한 조치를 취한다. 여기에는 다음의 사항이 포함된다.

(가) 일반 대중을 위한 정보를 다양한 장애 유형에 적합하게 접근 가능한

형식과 기술로 장애인에게 시의적절하고 추가 비용 없이 제공할 것

(나) 장애인의 공식적인 교류에 있어 장애인의 선택에 따른 수화, 점자, 확장적이고 대체적인 의사소통, 그리고 의사소통의 기타 모든 접근 가능한 수단, 방식 및 형식의 사용을 수용하고 촉진할 것

(다) 인터넷 경로를 포함하여 일반 대중에게 서비스를 제공하는 민간 주체가 장애인에게 접근 및 이용 가능한 형식으로 정보와 서비스를 제공하도록 촉구할 것

(라) 언론 매체의 서비스가 장애인에게 접근 가능하도록 인터넷을 통한 정보제공자를 포함한 언론 매체를 장려할 것

(마) 수화의 사용을 인정하고 증진할 것

이와 같은 명기는 결국 장애를 가진 사람들의 일상에서의 편의와 자립 지원을 위한 국가정책적 지원의 올바른 대처를 요구하는 것이며, 동시에 모두에게 가능한 접근성과 활용성 도모를 위한 '무장애(barrier-free) 관점'과 '보편적 디자인(universal design) 개념'을 내포하고 있다고 볼 수 있다.

☞ 탐색하기: 무장애(barrier-free) 관점?
보편적 디자인(universal design) 개념?

2)「장애인복지법」

우리나라의「장애인복지법」제65조에 따르면, "장애인 보조기구란 장애인이 장애의 예방 · 보완과 기능 향상을 위하여 사용하는 의지(義肢) · 보조기 및 그 밖에 보건복지부 장관이 정하는 보장구와 일상생활의 편의 증진을 위하여 사용하는 생활용품"을 말한다. 또한 동법 제18조와 제23조 등에서는 장애인 보조기구 제공에 관련한 국가와 지방자치단체의 정책 수립과 자립생활 지원을 위한 각종 서비스에서의 장애인 보조기구 시책을 강조하고 있다.

3)「장애인 · 노인 등을 위한 보조기기지원 및 활용촉진에 관한 법률」

무엇보다도 우리나라의「장애인 · 노인 등을 위한 보조기기지원 및 활용촉진에 관한 법률」(이하「보조기기지원법」)은 장애인 보조공학에 입각한 보조기기의 지원과 활용 체제에 대한 가장 기본적인 근거를 명시하고 있다(2015. 12. 29. 제정, 2016. 12. 30. 시행).

법률은 제1장 총칙, 제2장 보조기기의 지원 등, 제3장 보조기기센터, 제4장 보조기기 관련 전문인력, 제5장 보조기기 연구개발 및 활성화의 5개 영역과 제6장 보칙으로 구성되어 있다.

우리나라의「보조기기지원법」제1조에서는 "장애인 · 노인 등을 위한 보조기기의 지원과 활용 촉진에 관한 사항을 규정함으로써 보조기기서비스를 효율적으로 제공하여 장애인 · 노인 등의 활동의 제약을 최소화하고, 삶의 질 향상에 이바지하는 것을 목적으로 한다."고 명시하고 있다.

제2조에서는 장애인 · 노인 등의 필요와 요구에 따라 보조기기를 편리하고 자유롭게 활용할 수 있도록 보장함으로써 이들이 자아를 실현하고, 완전한 사회참여와 삶의 질 향상을 통하여 사회통합을 이루는 것을 기본이념으로 한다고 명시하고 있다.

또한 제3조의2에서 "보조기기란 장애인 등의 신체적 · 정신적 기능을 향상, 보완하고, 일상 활동의 편의를 돕기 위하여 사용하는 각종 기계 · 기구 · 장비로서 보건복지부령으로 정하는 것을 말한다."라고 명시하고 있으며, 3에서는 "보조기기서비스란 장애인 등이 보조기기를 확보하고 효율적으로 활용할 수 있도록 제공되는 일련의 지원을 말한다."라고 명시하고 있다.

제7조에서는 보조기기의 교부나 대여, 사후관리와 같은 사례관리사업을 실시하고, 보조기기에 대한 정보 제공, 품질 관리나 연구개발지원 등을 실시할 수 있다고 규정하고 있고, 제8조에서는 장애인의 신청에 의해서 보조기기의 교부나 대여, 사후관리지원이나 여기에 필요한 예산의 지원을 하고, 장애인에게 적합한 보조기기가 지원될 수 있도록 사례관리를 할 수 있다고 규정

하고 있다.

제13조와 제14조에서는 보조기기센터의 설치와 운영을 규정하고 있다. 우선 제13조는 주로 행정적인 업무나 중앙에서 정하는 원칙이나 기준 등을 수립하고 연구하는 역할을 하는 중앙보조기기센터의 설치를 규정하고 있다. 제14조에서는 장애인들이 가까이에서 쉽게 이용할 수 있는 지역보조기기센터와 관련한 내용을 규정하고 있다. 지역센터는 보조기기 관련 상담 · 평가 · 적용 · 자원 연계 및 사후관리 등 사례관리사업, 보조기기 전시 · 체험장 운영, 보조기기 정보 제공 및 교육 · 홍보, 보조기기서비스 관련 지역 연계 프로그램 운영, 보조기기의 장기 및 단기 대여, 수리, 맞춤 개조와 제작, 보완 및 재사용사업, 다른 법률에 따른 보조기기 교부 등에 관한 협조 등 장애인들이 지역에서 쉽게 보조기기를 빌려서 사용하거나 필요한 보조기기에 대한 정보를 얻고, 혹은 가지고 있는 보조기기를 잘 사용할 수 있도록 교육 훈련이나 수리를 지원받는 직접 서비스를 제공하게 된다.

이 외에도 정부의 5년 주기 장애인정책종합계획 수립과 3년 주기 장애인 실태조사가 이루어질 경우에 보조기기 관련 실태를 함께 조사하고, 보조기기 전문서비스 제공을 위한 보조공학사 자격 도입, 보조기기 관련 기술 개발과 연구, 우수 산업체 육성과 지원사업 등을 명시하고 있다.

그런가 하면, 동법의 시행규칙 제2조에서는 보조기기의 종류를 다음과 같이 정하고 있다.

1. 개인 치료용 보조기기
2. 기술 훈련용 보조기기
3. 보조기 및 의지(義肢)
4. 개인 관리 및 보호용 보조기기
5. 개인 이동용 보조기기
6. 가사용 보조기기
7. 가정 · 주택용 가구 및 개조용품

8. 의사소통 및 정보전달용 보조기기
9. 물건 및 기구 조작용 보조기기
10. 환경 개선 및 측정용 보조기기
11. 고용 및 직업 훈련용 보조기기
12. 레크리에이션용 보조기기
13. 그 밖에 다른 법령에 따른 장애인 등을 위한 기계, 기구, 장비로서 보건복지부 장관이 정하는 보조기기

5. 보조공학기기 사례[1]

 골전도 이어폰	 손가락 스위치	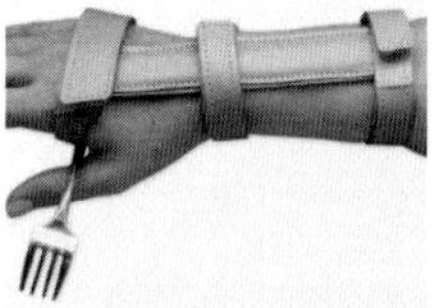 유니버셜 포크	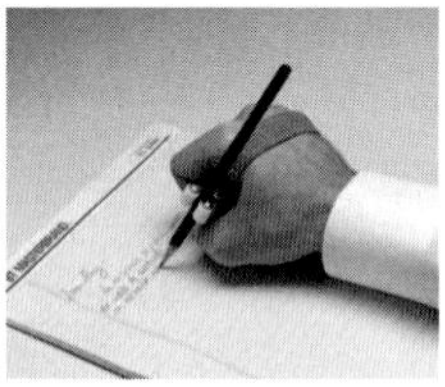 클릭 필기구 홀더
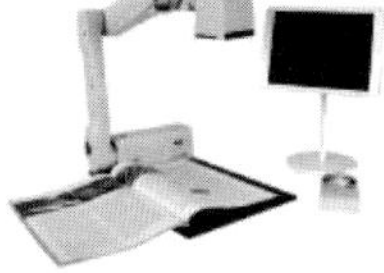 독서확대기	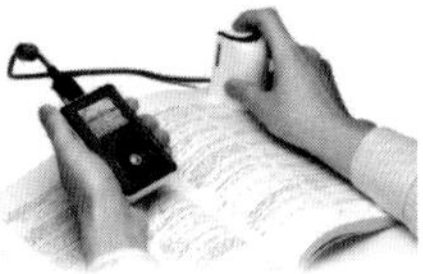 보이스아이	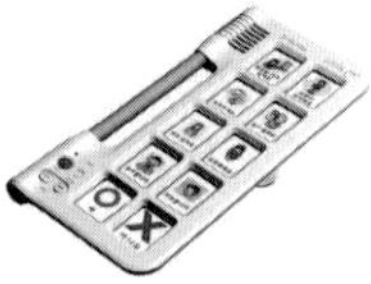 오케이톡톡	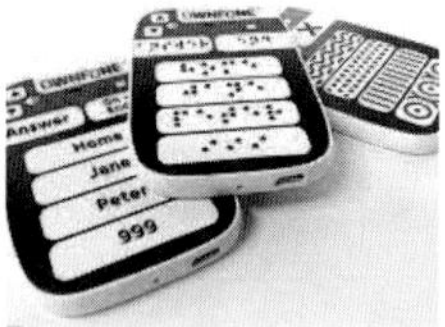 점자 핸드폰

1) 경기도재활공학서비스연구지원센터 http://atrac.or.kr/ (2020. 7. 8.).

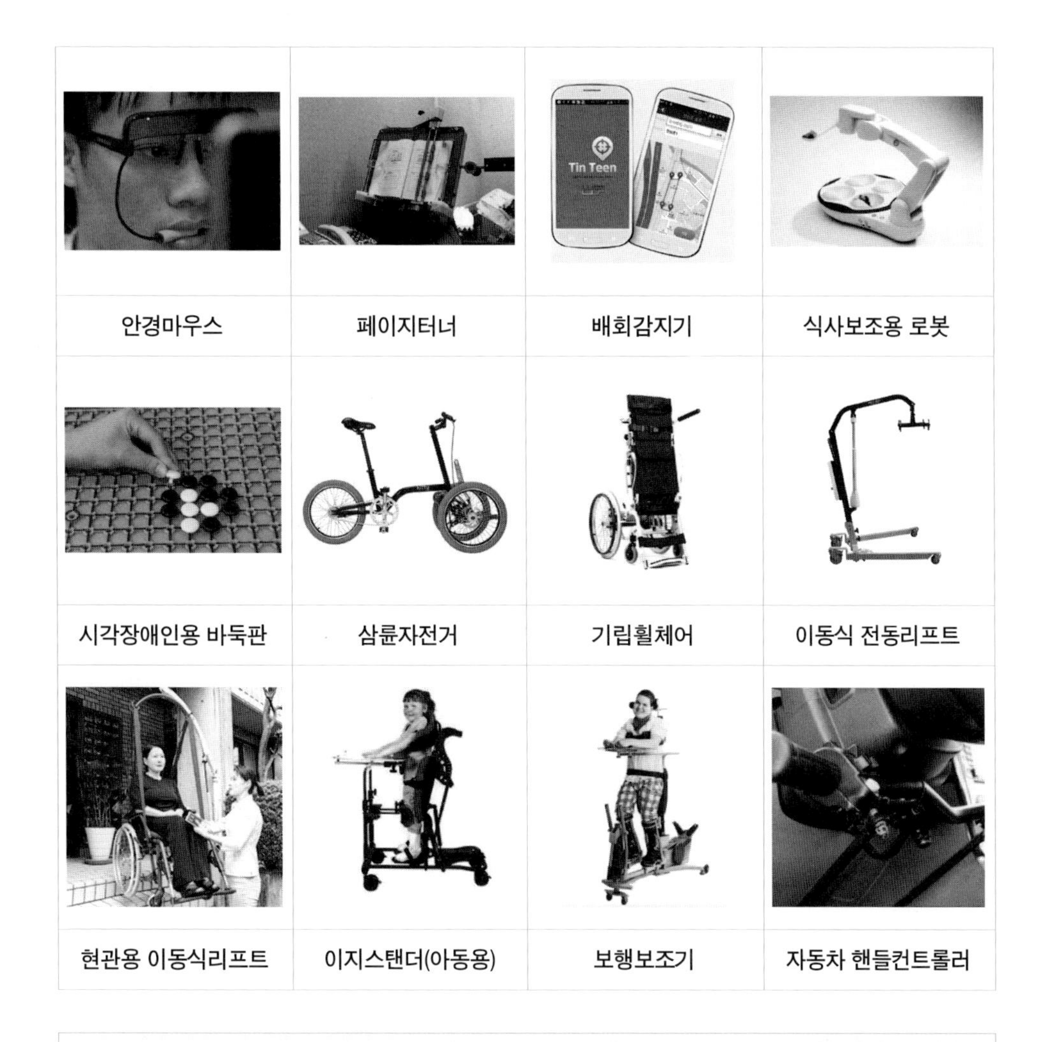

☞ 탐색하기: 경기도재활공학서비스연구지원센터, 서울시보조기기센터, 근로복지공단 재활공학연구소, 보건복지부 국립재활원 중앙보조기기센터 등 해당센터 홈페이지 방문하기

6. 우리나라 보조공학서비스 전달체계의 과제

국내의 보조공학서비스 전달체계는 사회 안전망으로서 기초생활수급자와 차상위계층 등의 저소득층 장애인과 노인에 대한 지원을 시작으로 보조기기가 필요한 모든 대상자에게 의료보험을 통한 지원으로써 점점 확대되고 있다. 단순 지원의 개념에서 개개인의 요구사항에 맞춰 보다 다양하고 복잡한 보조공학기기의 지원이 이루어지게 되었으나, 소비자의 요구를 만족시키기에는 아직 전달체계가 확립되지 못하고 주먹구구식의 보급에 그치고 있다는 한계가 있다.

복지 개념의 확대로 대상자는 지속적으로 늘어나는 실정에 비하여 현재 보조공학서비스 전달체계를 관리하는 보건복지부의 대응은 부족한 부분이 많다. 현재 우리나라 보조공학서비스 전달체계의 문제점으로는 여러 부처로 분산되어 있는 비효율성, 재원의 부족과 지원범위의 한계, 전문적인 서비스와의 연계가 부족한 실정이다. 이를 자세히 살펴보면 다음과 같다(김승훈, 2015).

1) 부처 간 전달체계 분산으로 인한 비효율성

국내에서 시행되는 공적급여의 수행기관과 전달체계는 보건복지부, 고용노동부, 교육부, 보훈처, 미래창조과학부(현 과학기술정보통신부)의 5개 부처, 8개의 주요 사업으로 개별화되어 있다. 개별화된 각 부처의 별도 사업 진행으로 인하여 보조기구지원 및 서비스의 효율성이 떨어지고, 유사한 서비스 및 대상자에 대한 연계와 조정이 어렵게 되었다(한국장애인개발원, 2010). 실제로 보건복지부가 주무부처로 운영하고 있는 장애인 보장구 지원사업과 의료급여의 주요 전달체계도 행정자치부의 읍 · 면 · 동 주민자치센터에서 이루어지는 등 업무의 혼란과 분산이 생기고 있다. 반대의 경우로 국가보훈처의 보장구센터는 국가 유공자 등에 대해서만 국한되어 있고, 고용노동부의 재활공학연구소 또한 산재 장애인에 대해서만 한정된 서비스를 제공하는 구조를 갖고 있다. 교육부의 경우도 특수교육대상자에 대한 보조공학기기를 지원하기 위한 예산 편성이나 사업시행이 지역교육청으로 한정되어 있어 효율적인 예산 집행이 어렵다. 이처럼 국내 공적 보조공학서비스 전달체계는 다양한 부처로 분산되어 운영되고 있어 예산 집행의 효율성이나 적합한 보조기구의 지원에 어려움이 있고, 부정 수급의 문제가 지속적으로 발생하고 있다.

2) 재원의 부족과 지원범위 협소

2014년 우리나라의 GDP 대비 사회복지 지출 비율은 10.4%로, OECD회원국 30개국 중 28위를 차지하였다. 국가재원으로 충당하는 사업의 경우 예산 확보의 문제가 항상 병행되고 있으며, 그에 따른 결과로 건강보험 급여와 의료보험 급여로 진행되는 사업이 8개 사업 중 예산 규모로는 가장 큰 비중을 차지하고 있다. 우리나라 건강보험의 보장률은 60% 수준으로 자기 부담 수준이 높아서 사회 안전망의 역할이 미비한 편이다(한국장애인개발원, 2010). 따라서 복지국가를 표방하는 유럽의 여러 국가에 비하여 낮은 지원을 받고 있으며 지급되는 보조기구의 질과 양도 높지 않다. 예산의 문제는 정부와 사회 전체의 동의가 선행되어야 하므로 보조기구지원사업의 지원범위와 함께 우리나라 공적 보조공학서비스의 재원 확충에 대한 열린 토론이 필요하다.

3) 전문서비스 및 전달체계의 부재

보조공학서비스 지원에서 가장 큰 부분을 차지하는 것 중에 하나는 관련 정보의 체계적 제공과 맞춤형 서비스를 통한 보조기구의 사용이다. 선진국의 보조공학서비스 전달체계 사례를 보면, 개인의 욕구와 환경에 최적화된

목적
보조기기 지원 · 관리 체계 구축을 통한 장애인 · 노인의 활동 및 삶의 질 향상에 기여

목표			
보조기기 관련 정책기능 강화	보조기기 서비스 전달체계 구축 확대	보조기기 활용 촉진	보조기기 관련 효율적 관리 강화

중점 추진과제
보조기기 정책 및 서비스 연구/정책지원/기초 데이터 연구
사업운영지원/사업운영평가 및 성과관리/연계 구축 및 운영 체계화/서비스 허브 기능 촉진지원
보조기기 서비스 이용 정보관리체계 구축/맞춤형 정보제공 확대
보조기기 교육 연수 체계화/전문교재 개발 활성화/저변 확대 및 인식개선 확대 강화
보조기기 이용실태 및 요구 수요/공급실태 모니터링/보조기기 사용 및 안전사고 모니터링
국제협력을 통한 정보교류 활성화

[그림 9-1] **중앙보조기기센터의 목적, 목표 및 중점 추진과제**

출처: 보건복지부 국립재활원 중앙보조기기센터 https://knat.go.kr/knw/index.php (2020. 7. 9.)

보조공학기기를 선택할 수 있도록 맞춤형 서비스를 제공하고 있다. 이를 위해서는 보조공학기기의 자격대상과 지급품목을 정하는 행정요원뿐 아니라 보조공학기기의 선정과 사용에 직접적인 조언을 줄 수 있는 전문성을 가진 인력과 인프라가 필요하다. 장애인 및 보조공학기기가 필요한 개개인의 맞춤형 보조기구를 분석하고 적은 비용으로 최대한의 효과를 만들 수 있는 보조공학 전문가와 재활의학과 등의 전문의, 행정가, 제작 및 수리를 담당하는 업체 등 보조공학서비스 전반을 한 센터에서 처리할 수 있는 인프라 구축이 필요하다.

아울러 전달체계의 확립을 통하여 중복지원이나 불필요한 지원이 이루어지지 않도록 보건복지부가 위탁사업으로 추진하고 있는 국립재활원 중앙보조기기센터([그림 9-1] 참조) 같은 원스톱 시스템의 확대 운영 등의 방법을 강구하는 것이 바람직하다.

7. Excursion: 4차 산업혁명과 장애인복지

전 세계는 요즘 '4차 산업혁명'이라는 용어로 넘쳐나고 있다. 2016년 1월 스위스 다보스 세계경제포럼에서 클라우스 슈밥(Klaus Schwab)은 3차 산업혁명의 '디지털화'를 기반으로 다양한 기술을 융합하여 '초연결, 초지능' 사회로 변화한 신기술의 혁명이 4차 산업혁명이라고 정의하였다.

우리가 알고 있는 4차 산업혁명의 기술로는 큰 규모의 데이터로 사람들의 행동과 그 이면의 심리적 기제 또는 변화나 사회 현상 등을 분석하는 '빅데이터', 여러 사물이 인터넷으로 연결되어 정보를 주고받는 '사물인터넷(IoT)', 그리고 인공지능(AI), 이제는 사람을 대신하여 물건을 배송해 주는 무인기 '드론' 등이 있다.

이러한 혁신적 변화 속에서 인간중심서비스를 위한 과정과 체계를 핵심으로 하는 사회복지 분야도 예외일 수는 없는 것으로 보인다. 그만큼 인간과 사물의 경계를 넘어 혁신적인 접목과 고도화된 체계를 활용함으로써 궁극적인 인간 삶의 영속과 안정을 꾀하는 데 4차 산업혁명은 중요한 고비이자 새로운 기회의 장이 될 수 있을 것이다.

이에 이 장에서는 '4차 산업혁명과 장애인복지'라는 관점에서 정종화 등(2017)의 연구[2] 내용을 소개하면서 4차 산업혁명에서의 복지적 접근과 우리의 현실을 짚어 보고자 한다.

1) 4차 산업혁명과 복지적 접근

사회복지 분야에서 4차 산업혁명을 접목하여 활용하는 사례는 다양하다. 예를 들면, 빅데이터를 활용해 조건에 부합하는 대상자를 선별해 내고 정책 시뮬레이션 결과를 바탕으로 최적화된 서비스 선정기준을 도출해 내고 있으며, 2016년 기초연금 선정기준에 이미 이 분석이 활용되었다. 또한 국민들의 생애주기별로 발생률이 높은 질병을 예측하여 예방 및 관리할 수 있도록 정보를 축적하여 활용 및 제공하고 있으며, 복지 사각지대를 찾는 잠재적 위험가구의 통계적 예측 모형을 개발하고 추출할 수도 있게 되었다. 1990년대 후반부터 시작된 사회복지정보화시스템 구축의 노력이 4차 산업혁명의 다양한 기술과 접목되어 사회복지서비스 이용자에게 보다 다양하고 신속하며 통합적인 서비스를 제공하는 것이 가능할 것이라는 전망은 이러한 사례를 기반으로 한다.

장애인복지 분야에서 4차 산업혁명은 좀 더 의미 있게 접목될 것으로 조망된다. 가령 독거노인 및 중증장애인을 위한 응급안전알림서비스의 경우 정보시스템을 접목하여 응급한 상황이 발생하였을 때 응급대응 관련 기관들이 연계되어 실시간 대응을 할 수 있도록 구축된 통합시스템이 현재 시행 중

2) 이 장에서는 정종화 등(2017)의 4차 산업혁명 준비를 위한 장애인복지서비스 개선과제와 전망[『제46회 RI KOREA 재활대회 자료집』(2017. 10. 26., 서울 이룸센터)]의 내용 일부를 인용 및 수정 기술함.

이다. 한편, 신체에 장애를 가지고 있는 사람을 위한 보조공학이 특정 분야에서는 매우 정교한 수준까지 개발되고 있다. 인공로봇 팔이나 다리, 인공지능 휠체어, 웨어러블(wearable) 등이 그 예라고 할 수 있다. 특히 웨어러블의 경우 스마트워치를 비롯하여 착용하는 신체적 보조공학기기가 실용화된다면 장애인의 이동 범위가 더욱 확대될 것으로 전망되고 있다. 또한 드론을 활용한 서비스가 활성화되어 사회서비스 영역에 접목될 경우, 시각장애인 또는 청각장애인을 비롯하여 중증장애인의 일상생활에 필요한 생필품 등을 주문받아 드론으로 배송해 주는 것을 상상하는 것은 매우 쉬운 예일 것이다.

하지만 급속하게 변화하는 사회복지환경에 대비하는 사회복지계의 발걸음은 매우 느린 것으로 보인다. 특히 장애인 당사자 및 장애계의 정보화에 대한 인식은 아직까지 미비한 수준에 머물러 있다. 우리나라의 경우 정보화사회와 관련하여 복지 영역에서의 접근은 정보접근성을 높이는 서비스 제공에 초점을 두고 이루어지고 있으며, 행정적 차원에서는 정보화시스템을 구축하여 활용함으로써 관련기관 간의 정보를 통합하여 관리하고 대상자에게 맞는 서비스를 제공하고 행정의 효율성을 높이는 데 초점을 맞추고 있는 수준이다. 이는 다양한 정보와 서비스를 하나의 플랫폼(platform)으로 연결하여 즉각적인 원스톱 서비스를 제공하고 시공간과 분야를 넘나드는 초연결을 지향하는 4차 산업혁명에 비추어 볼 때 다소 뒤처진 접근이라고 할 수 있다.

2) 4차 산업혁명과 한국의 장애인복지서비스지원

현재 우리나라는 4차 산업혁명 시대를 준비하기 위해 기획재정부를 비롯하여 다양한 부처와 기관이 다양한 콘퍼런스와 논의를 시작하고 있다. 이와 관련하여 2017년에는 기획재정부와 전국경제인연합회 등이 '2017년 4차 산업혁명 성장과 도약, 그리고 대변혁 콘퍼런스'를 통해 모바일, 자동차, 가전, 빅데이터 등에 대한 논의를 진행하였다.

그리고 2017년에 한국정보화진흥원에서는 '제4차 산업혁명에 대응한 지능정보사회 추진 민관 콘퍼런스'를 통해 지능정보사회에서 중 · 장기적인 사회변화 속에 정부, 공공 및 민간기관 간에 무엇을 해야 할지에 대한 논의를 진행하였다. 세부적으로는 지능정보 기술과 산업의 미래에 대한 논의와 함께 4차 산업혁명에 대응한 국가의 중장기 전략으로서 기술 및 산업 발전에 대한 전망과 도전과제, 헬스케어, 데이터산업 활성화, 제조업 디지털 혁신에 대한 논의가 진행되었다. 특히 4차 산업혁명에 대응한 사회정책의 선제적 개편에 대해 지능정보 기술은 노동을 보조하는 것임에 따라 기술적 논의에 방점을 두고 기본 소득제에 대한 심도 있는 논의가 필요하다고 하였다(한국정보화진흥원, 2017).

이처럼 4차 산업혁명 시대를 위한 준비 논의가 2017년에 활발하게 시작되었지만 우리나라의 4차 산업혁명과 장애인복지와의 논의는 아직 초기 단계라 할 수 있다. 이러한 맥락하에 한국장애인재활협회에서는 2017년에 '4차 산업혁명! 장애인복지의 대변혁을 말하다'라는 토론회를 실시하였다. 그리고 이를 시작으로 4차 산업혁명과 장애인의 일자리, 의료, 복지, 인권 등에 대한 논의가 시작된 실정이다.

기초연구가 거의 전무한 상황에서 장애인복지와 관련된 일부 선행연구를 검토하면 다음과 같다.

권장우(2017)는 '공학에서 바라본 4차 산업혁명과 장애인복지'에서 의료재활에서의 4차 산업혁명으로 장애를 극복하기 위한 직간접 기술로서 청각장애인을 위한 Iot Hearing Aid(신호처리 기술이 적용된 소리 전달, 주요 스케줄을 보청기 음성메시지로 송출, 휴대 전화에서 보청기 위치 찾기 등), 청각 진동 팔찌, 하지장애가 있는 경우 활용할 수 있는 Wearable Robot(보행 기능을 개선하는 사이보그형 로봇 의료기기) 및 재활치료 로봇, 상지장애가 있는 경우 활용할 수 있는 재활치료 로봇 등에 대해 소개하고 있다. 이 외에도 의료서비스와 관련하여 자율 주행 자동차, 주방을 스마트폰과 같은 기기를 통해 원격작동하는 부엌 내 서비스 로봇, 네트워크 기반으로 검색, 영상, 홈케어, 정보제공 등을 인간의 음성으로 이해한 후 실행해 주는 의사소통 로봇과 건강 앱을 비롯한 다양한 보조기기에 대해 소개하였다. 이와 함께 4차 산업혁명 기술에서의 선택과 집중, 정확한 요구사항을 전달할 수 있는 방법, 효율성 및 유용성이 높은 기술로의 연계 등에 대해 고민해야 할 것으로 제안하였다.

한편, 한국장애인고용공단 고용개발원이 주최한 '4차 산업혁명과 장애인 고용의 미래 전망' 토론회에서는 4차 산업혁명에 따라 로봇과 인공지능 기술 등이 비장애인의 일자리보다 장애인의 일자리를 더 심각하게 위협할 것이라는 주장이 제기되었다. 그 근거로 고용정보원에서 인공지능, 로봇이 인간의 일자리를 대체할 비율을 추정한 결과, 2025년 단순 노무 종사자의 대체율이 90.1%, 농림어업 숙련 종사자 대체율이 86.1%로 나타났는데, 2016년 장애인경제활동실태조사에 따르면 장애인 취업자들은 단순노무직에 26.7%, 농림어업에 14.1% 종사하고 있어 2020년 장애인 일자리의 잔존율은 51.6%로 전체 일자리 잔존율 57.8%보다 낮다는 것이다(변민수, 2017). 그럼에도 4차 산업혁명이 장애인과 비장애인의 고용 격차를 줄이는 긍정적 역할을 할 가능성도 있다고 하였다. 즉, 해외에서 뇌파로 타자를 치는 기기를 개발하고 있는 사례를 들어 장애인의 노동을 보조하는 증강현실, 가상현실, 보조공학 기기들이 개발될 수 있다고 보고하였다(BeMinor, 2017. 10. 13.).

이처럼 4차 산업혁명은 긍정적인 부분과 동시에 다른 한편으로는 장애를 가진 사람들에게 일정 부분의 우려를 가져올 수 있다는 가능성도 존재하고 있다. 그러나 보다 큰 틀에서 4차 산업혁명은 기본적으로 장애인의 일상생활 전반에서부터 상당히 전문적인 의료나 고용 등의 분야들에 고루 영향을 미치게 될 것만은 사실이기 때문에, 그 과정에서 우리는 장애인복지의 지향점, 즉 장애인의 사회참여와 통합의 관점에서 최대한의 자립을 지원하기 위한 지속적인 혁신방안들을 고민할 필요가 있다. 따라서 장애인복지와 4차 산업혁명과의 연계는 절대 놓칠 수 없는 필수적 선택이자 과정으로 판단하고 보다 적극적이고 선제적인 제도와 지원방안 마련으로 긍정적 기대 효과를 모색하기를 기대해 본다.

요약

1. 보조공학과 재활공학

보조공학은 재활치료가 불가능한 장애를 가진 사람을 대상으로 일상생활지원을 위해 제작되는 기계공학이고, 재활공학은 재활치료나 운동처방 등을 통해 어느 정도 정상적인 생활이 가능한 장애인 당사자를 주대상으로 한다. 그러나 궁극적인 자립과 인간다운 생활을 추구하는 기본적 관점에서 인간재활과 공학 기술을 바탕으로 하는 필수적 상호관계성을 가지고 있다.

2. 보조공학의 개념

보조공학은 보조공학기기와 보조공학서비스로 나누어 정의할 수 있다. 보조공학기기는 장애를 가진 사람들의 기능적인 능력을 개선, 유지, 확대하기 위한 목적으로 고안된 도구나 생산 시스템을 말한다. 보조공학서비스는 장애인들의 보조공학기기 접근을 지원하는 서비스를 총칭한다.

3. 장애인 보조공학의 유용성

보조공학의 활용은 일상생활뿐 아니라 교육, 직업, 여가문화 등 전 생활 영역에서의 구체적인 활동 효과성과 효율성을 확대할 수 있는 기회를 제공함으로써 장애인 당사자의 자기활용성을 높이면서, 가족관계에 있어서의 안전성과 활동성 보장 등의 의미를 부여한다.

4. 법적 근거와 시책 강구

유엔장애인권리협약에서는 장애인 지원에서의 이동 및 접근성 제고의 다양한 차원에서 보조 기술이 언급되고, 이에 대한 국가정책 강구를 강조하고 있다. 「장애인복지법」상에서는 장애인 보조기구에 대한 정의와 활용면을 명시하고 있으며, 2016년에 시행에 들어간 「장애인 · 노인 등을 위한 보조기기지원 및 활용촉진에 관한 법률」은 장애인 보조공학에 입각한 보조기기의 지원과 활용 체제에 대한 가장 기본적인 근거를 명시하고 있다.

5. 4차 산업혁명과 장애인복지

4차 산업혁명 시대는 생활의 전 분야에서 매우 의미심장한 변화들을 주도하고 있다. 특히 장애인복지 분야에서는 더욱 의미 깊은 접목을 시도하고 있으며, 보조공학과의 연결을 통해서 장애는 더 이상 불편함의 상징이 아니라 충분히 극복 가능한, 지금까지 제한적이었던 장애인 당사자들의 삶의 질에 직접 관여할 수 있는 중대한 흐름을 주도할 것으로 기대되고 있다. 그러나 관련한 정책과 서비스 전달체계 등에서의 과제들도 적지 않다.

Issues & Discussion

1. 보조공학과 재활공학의 공통점과 차이점을 비교하여 설명하시오.
2. 보조공학 기술과 인간과의 접목에 대한 다양한 사례를 조사하여 공유하시오.
3. 장애인 보조공학의 유용성과 삶의 질에 대해 논하시오.
4. 「유엔장애인권리협약」에 나타난 장애인 이동 및 접근성 보장이 요구하는 바가 무엇인지 논하시오.
5. 우리나라 장애인 관련 법률에 나타난 보조기구 관련 지원 근거와 의미를 토의하시오.
6. 4차 산업혁명이 장애인 보조공학을 비롯한 장애인복지 발전에 미치는 영향과 의의를 사례를 통해 발표하시오.

10

장애인과 문화예술

이 장에서는 장애인 문화예술의 필요성과 의의를 살펴보고, 그 실태를 바탕으로 문화복지적 차원의 방향성을 찾아본다.

장애인의 문화예술에 대한 접근과 권리는 인간으로서의 기본권에 속하며, 보편적 복지 차원에서의 다양한 활동을 수행하고 삶의 질 향상에 기여하는 중요한 수단이다. 이를 통해 장애인들은 자신의 문화적 요구를 표출하고 잠재력을 개발함으로써 자기 삶에 대한 변화와 성장을 도모할 수 있다. 이를 위해서는 국가나 지방자치단체의 시책 강구가 더욱 필요하며, 사회통합을 이루기 위한 다양한 방안의 모색이 요구된다.

학습목표

1. 장애인의 문화예술에 대한 권리와 의의에 대해서 설명할 수 있다.
2. 장애인의 문화예술 활동 지원에 대한 국내외의 지원 근거들을 파악할 수 있다.
3. 장애인의 문화예술권 보장을 위한 국가나 지방자치단체의 시책들을 조사하고, 현황 및 개선방안에 대해 토의할 수 있다.
4. 정부 차원의 장애인 문화예술 지원사업의 유형과 내용을 이해할 수 있다.

키워드

장애인 문화예술 / 장애인 문화복지

1. 장애인 문화예술의 필요성과 의의

문화는 인류와 사회, 역사와 철학, 문학과 교육 등 각 학문들에서 다차원적인 시대적 · 사고적 표현을 나타내는 의미체계이자 인간의 생활양식과 기본권으로서의 요구를 내포하고 있는 활동체제로 볼 수 있다. 여기에 아름다움의 창작 표현으로서 예술이 가미되어 상호 공감과 교류를 통해 보다 창조적이고 주관적인 삶의 양식을 만들어 나가는 활동이 문화예술이라 할 수 있다.[1)]

문화예술을 통해 사람들은 삶의 질이 향상되고, 자아성장과 건강이 증진되며, 스트레스 해소와 여유 있는 삶의 영위, 자아존중감 향상 등과 같은 긍정적인 효과를 경험한다. 문화예술은 그것을 수행하는 과정에서 자기계발(문화여가 기술 습득), 자기정화(심리적 충족감), 자기표현(사회적 관계 속에서 표현) 등의 2차적 보상에 의해 동기부여가 더 잘 된다(윤소영 외, 2007). 이는 그 자체로 사람들을 행복하게 해 줄 뿐 아니라 자기만족과 자아실현에 의해 행복감을 맛보게 해 주며, 이는 결국 삶의 질 향상에 기여하는 것이다(정진옥, 정무성, 2011).

따라서 문화예술은 사회적으로 인간이라면 누구나 갖는 기본권적 요구로서 인간이 추구하는 물질적 측면과 정신적 측면을 조화롭게 이어 주고 더 나은 삶의 질에 기여할 수 있는 중요 수단이 된다. 이를 통해 인간은 전인적 차원에서의 성숙과 변화를 도모할 수 있는 기회를 제공받을 수 있다. 장애를 가진 사람들에게 있어서도 문화예술 차원의 요구와 향유는 권리로서 인정받아 마땅하다.

장애인의 문화예술 활동이 가져오는 효과성과 발전 가능성에 대한 연구들을 보면서 그 중요성과 의의를 확인할 수 있다. 일례로 지적장애인을 대상으

1) 우리나라의 「문화기본법」(2016. 5. 제정)에서 문화란 "문화예술, 생활양식, 공동체적 삶의 방식, 가치체계, 전통 및 신념 등을 포함하는 사회나 사회구성원의 고유한 정신적 · 물질적 · 지적 · 감성적 특성의 총체를 말한다."라고 명시되어 있다.

로 한 정진옥과 정무성(2011)의 연구에서는 문화예술 활동이 대상자들의 다양한 긍정적 변화와 삶의 만족에 영향을 미치고 있는 것으로 나타났다. 특히 문화예술 활동 참여는 지적장애인들로 하여금 자신의 숨겨진 능력을 발견하고 남들에게 보여 줄 기회를 갖게 하면서 더 높은 자기효능감을 보인다고 하였다. 평소 위축감이나 무능감에 빠져 있을 가능성이 높았던 그들이 자신에 대한 인식을 새로이 할 수 있는 기회가 부여되고 균형적인 시각을 갖추는 데 효과를 보였다는 것이다. 결과적으로 지적장애를 가진 사람들이 심리정서적인 안정감을 회복하고 전반적인 삶의 활력을 갖고 행복감을 느끼는 것을 통해 문화예술 활동이 정신건강 회복에 영향을 미치고 있음을 확인할 수 있다.

그러나 이러한 결과에 대한 인식과 사회적 차원의 지원은 여전히 매우 부족한 것이 현실이다. 장애로 인한 각종 사회문화적 한계와 취약성이 오히려 장애인들의 향유권마저도 박탈하거나 거의 무시해 왔던 것이다. 이를 증명하듯 '장애인 문화 · 여가 활동 실태조사'(이민경, 2015)에 따르면, 2014년 장애인들의 여가문화에 대한 만족도는 42.9%로 나타났다. 이전에 비하면 조금 상승하기는 했으나, 조사대상의 절반 이상이 불만족 상태인 것이다. 더욱이 1주일간의 주된 문화예술 활동으로는 TV 시청이 96% 이상으로 압도적이었고, 1년간 문화예술 행사에 참여해 본 경험은 영화관람이 23%이고, 나머지 활동들은 대부분 2%를 넘기지 못한 실정이다. 다시 말해, 74% 이상의 장애인이 문화예술 활동의 참여 경험이 전무했던 것이다. 그 원인도 다양해서 비용 부담을 필두로 관심 있는 프로그램의 부재, 시설 부족, 교통 불편, 정보 부족 등으로 나타났다.

한편, 전문성을 갖춘 '장애예술인'[2)]에 관련한 '장애인문화예술인실태조사' 결과들에 따르면, 장애예술인의 96.5%가 예술 활동에 대한 수입이 없다고

2) 우리나라에서는 그동안 '장애인 문화예술'이라는 용어를 사용하였는데, 『한국장애인예술인백서』(방귀희, 박수진, 2012)에서 장애인의 예술 활동을 '장애인예술'로, 예술 활동을 하는 장애인을 '장애예술인'으로 지칭하기로 정한 것을 계기로 이 용어가 공론화되고 있음을 밝힌 바 있다(한국장애학회, 2015).

응답하여 창작 활동을 통한 소득 창출이 어렵거나(한국장애인개발원, 2007), 장애예술인의 82.18%가 발표의 기회를 갖지 못하는(문화체육관광부, 2012) 등의 현실적 한계들을 파악할 수 있었다(한국장애학회, 2015에서 재인용).

이는 결국 장애인들의 경제적 빈곤, 심리사회적 위축, 사회적 인식 부족과 정책 부재, 문화 사각지대 방치와 소외, 사회적 배제 합리화 등의 요인들이 상호작용하면서 인과적 순환관계의 고리를 보여 주고 있는 것이다. 따라서 장애인의 문화예술 향유 권리에 대한 사회문화정책과 복지서비스 부실을 극복하고, 일반 사회인식 속에서도 장애인의 삶에 대한 단편적 시각에서 벗어나 그들도 문화예술의 주체이자 대상이 될 수 있음을 보장하는 다각도의 노력들이 더욱 필요하다. 동시에 복지서비스 차원에서의 다양한 전문적 인프라 구축과 전달체계 마련으로 복지체감도를 높일 수 있는 정책적 · 실천적 방안들이 요구된다.

이와 관련하여 이정화(2014)는 문화 사각지대, 문화 소외자 등을 언급하면서 공공성 차원에서 국가나 정부의 문화정책 노력을 강조한 바 있다. 즉, 문화정책은 문화예술을 향유할 수 있는 기회를 보편적으로 제공함으로써 많은 사람이 문화예술을 이해하고 즐기게 될 뿐만 아니라 전반적인 문화적 수준이 향상되어 창조적 활동이 생겨나고 전문가 양성에도 큰 효과가 있다는 것이다. 또한 문화 사각지대가 발생하지 않도록 정책적 울타리를 통해 문화 소외자에게 평등한 기회를 보장함으로써 기본권을 존중받고 주체성을 갖도록

출처: 장애인문화예술축제 A+ Festival 홈페이지 http://aplusfestival.co.kr/index.php (2020. 7. 23.)

하며, 이는 공동체로서의 인식을 갖게 하고 사회통합이라는 국가비전에 큰 몫을 한다. 삶의 질에 대한 사람들의 관심이 높아지면서 문화예술에 갈증을 느끼고 자발적으로 단체를 구성하여 활동하거나 시민운동에 참여하는 발전적 현상이 나타났지만, 이것만으로는 큰 발전을 기대할 수 없다. 그렇기 때문에 국가의 개입이 관심 그룹의 발전에 그치는 것이 아니라, '문화는 공공성이 높기 때문에 민간보다는 정부가 더 효율적으로 지원할 수 있다.'는 전제하에 공공의 성격을 부여하여 문화예술에 대한 수혜 범위를 확장하고 예측되는 사회문제를 해결하는 데 중요한 역할을 한다고 강조하였다.

☞ 탐색하기: 우리나라에는 어떤 장애인 문화예술 활동 단체가 있을까?

2. 장애인의 문화예술 권리에 대한 근거

1) 국내외 보편적 권리의 근거

(1) 세계인권선언과 국제조약

1948년 12월 '세계인권선언'은 제27조에서 "모든 사람은 공동체의 문화생활에 자유롭게 참여하고, 예술을 감상하며, 과학의 진보와 그 혜택을 향유할 권리를 가진다. 모든 사람은 자신이 창조한 모든 과학적 · 문학적 · 예술적 창작물에서 생기는 정신적 · 물질적 이익을 보호받을 권리를 가진다."라고 명시하고 있다.

'경제적 · 사회적 및 문화적 권리에 관한 국제조약'은 A규약 15조 1항 a · b 2, 3, 4항에서 "문화생활에 참가할 권리와 과학의 진보와 응용이 이익을 향수할 권리"를 규정하고 있다.

(2) 「헌법」

우리나라 「헌법」에서는 다음과 같이 보편적 차원에서의 평등과 권리, 차별받지 않을 권리를 말하고 있다(제11조 1항). "모든 국민은 법 앞에 평등하다. 누구든지 성별, 종교 또는 사회적 신분에 의하여 정치적 · 경제적 · 사회적 · 문화적 생활의 모든 영역에 있어서 차별을 받지 아니 한다."

(3) 「문화예술교육 지원법」

2006년 시행에 들어간 「문화예술교육 지원법」을 통해 문화예술교육이 어린이, 청소년, 지역주민뿐만 아니라 사회 취약계층까지 지원할 수 있는 종합적 지원 근거를 마련하였다. 특히 제3조(문화예술교육의 기본 원칙)에서 "문화예술교육은 모든 국민의 문화예술 향유와 창조적 함양을 위한 교육을 지향한다. 모든 국민은 나이, 성별, 장애, 사회적 신분, 경제적 여건, 신체적 조건, 거주지역 등에 관계없이 자신의 관심과 적성에 따라 평생에 걸쳐 문화예술을 체계적으로 학습하고 교육받을 수 있는 기회를 균등하게 보장받는다."라고 규정함으로써 보편적 차원에서 장애인을 포함하는 사회계층에 대한 문화예술교육에 있어서의 평등권을 규정하고 있다.

제24조(각종 시설 및 단체에 대한 사회문화예술교육의 지원)에서는 국가 및 지방자치단체는 노인 · 장애인 등 특별한 배려가 필요한 문화적 취약계층을 보호, 지원하는 각종 시설 및 단체에 대하여 사회문화예술교육 관련 활동을 지원할 수 있음을 명시하고 있다.

(4) 「문화기본법」

2016년에 제정된 「문화기본법」에서는 문화에 관한 국민의 권리와 국가 및 지방자치단체의 책임을 정하고 문화정책의 방향과 그 추진에 필요한 기본적 사항을 규정함으로써 문화의 가치와 위상을 높여 문화가 삶의 질을 향상시키고 국가사회의 발전에 중요한 역할을 할 수 있도록 하는 것을 목적으로 한다(제1조). 이에 따른 기본이념과 문화의 정의, 국민의 권리와 문화정책 수립 및 시행상 기본원칙을 살펴보면 다음과 같다.

제2조(기본이념)

이 법은 문화가 민주국가의 발전과 국민 개개인의 삶의 질 향상을 위하여 가장 중요한 영역 중의 하나임을 인식하고, 문화의 가치가 교육, 환경, 인권, 복지, 정치, 경제, 여가 등 우리 사회 영역 전반에 확산될 수 있도록 국가와 지방자치단체가 그 역할을 다하며, 개인이 문화 표현과 활동에서 차별받지 아니하도록 하고, 문화의 다양성, 자율성과 창조성의 원리가 조화롭게 실현되도록 하는 것을 기본이념으로 한다.

제3조(정의)

이 법에서 '문화'란 문화예술, 생활 양식, 공동체적 삶의 방식, 가치체계, 전통 및 신념 등을 포함하는 사회나 사회구성원의 고유한 정신적 · 물질적 · 지적 · 감성적 특성의 총체를 말한다.

제4조(국민의 권리)

모든 국민은 성별, 종교, 인종, 세대, 지역, 사회적 신분, 경제적 지위나 신체적 조건 등에 관계없이 문화 표현과 활동에서 차별을 받지 아니하고 자유롭게 문화를 창조하고 문화 활동에 참여하며 문화를 향유할 권리(이하 '문화권'이라 한다)를 가진다.

제7조(문화정책 수립 · 시행상의 기본원칙)

국가와 지방자치단체는 문화정책을 수립하고 시행할 때에는 다음 각 호의 사항을 충분히 고려하여야 한다.

1. 문화의 다양성과 자율성이 존중되고 문화의 창조성이 확산되도록 할 것
2. 국민과 국가의 문화 역량을 높이기 위한 지원을 하고 여건을 조성할 것
3. 문화 활동 참여와 문화교육의 기회가 확대되고, 문화 창조의 자유가 보장되도록 할 것
4. 차별 없는 문화복지가 증진되도록 할 것

5. 문화의 가치를 존중하고 문화의 역동성을 높일 수 있도록 할 것
6. 문화의 국제 교류 · 협력을 증진할 것

2) 국내외 장애인 문화예술 권리의 근거

(1) 한국장애인인권선언

1998년 10월, 정부에 의해 제정, 선포된 '한국장애인인권헌장' 제1조에 "장애인은 장애를 이유로 정치 · 경제 · 사회 · 교육 및 문화생활의 모든 영역에서 차별을 받지 아니할 권리를 가진다."라고 명시되어 있고, 제7조에 "장애인은 문화, 예술, 체육 및 여가 활동에 참여할 권리를 가진다."라고 명시됨으로써 문화생활에서의 차별금지와 문화향유권을 밝히고 있다.

(2) 「유엔장애인권리협약」

「유엔장애인권리협약」 제30조에서는 장애인의 문화생활을 비롯한 레크리에이션, 여가생활 및 체육 활동에 대한 참여를 권리로 규정하면서, 각 영역에서의 참여와 향유를 위한 유 · 무형의 다차원적 접근권 보장과 합리적 조치 강구를 요구하고 있다.

제30조(문화생활, 레크리에이션, 여가생활 및 체육 활동에 대한 참여)

1. 당사국은 다른 사람과 동등하게 문화생활에 참여할 수 있는 장애인의 권리를 인정하며, 장애인에게 다음의 사항을 보장하기 위하여 모든 적절한 조치를 취한다.
   (가) 접근 가능한 형태로 된 문화자료에 대한 접근을 향유한다.
   (나) 접근 가능한 형태로 된 텔레비전 프로그램, 영화, 연극 및 다른 문화 활동에 대한 접근을 향유한다.
   (다) 공연장, 박물관, 영화관, 도서관, 관광서비스와 같은 문화 활동 또는 서비스를 위한 장소에 대한 접근과 국가적으로 문화적 중요성을 가진 기념물과 명소에 대한 접근을 가능한 한 향유한다.

2. 당사국은 장애인 자신의 이익뿐만 아니라 풍요로운 사회를 위하여 장애인의 창조적 · 예술적 · 지적 잠재력을 계발하고 활용할 수 있는 기회를 보장하기 위하여 적절한 조치를 취한다.
3. 당사국은 국제법에 따라 지적재산권을 보호하는 법이 문화자료에 대한 장애인의 접근에 불합리하거나 차별적인 장벽을 구성하지 아니하도록 모든 적절한 조치를 취한다.
4. 장애인은 다른 사람과 동등하게 수화와 청각장애인의 문화를 포함하여 그들의 특정한 문화적 · 언어적 정체성을 인정받고 지원받을 자격이 있다.
5. 당사국은 장애인이 다른 사람과 동등하게 레크리에이션, 여가생활 및 체육 활동에 참여할 수 있도록 하기 위하여 다음의 적절한 조치를 취한다.
   (가) 주류 체육 활동의 모든 단계에서 장애인이 가능한 최대로 참여할 수 있도록 장려하고 증진할 것
   (나) 장애인이 장애특화 체육과 레크리에이션 활동을 조직, 개발하고 이에 참여할 수 있는 기회를 보장하고, 이를 위하여 다른 사람과 동등하게 적절한 교육, 훈련 및 자원의 제공을 장려할 것
   (다) 체육 활동, 레크리에이션 및 관광지에 대한 장애인의 접근을 보장할 것
   (라) 장애아동이 교내 활동을 포함하여 놀이, 레크리에이션, 여가 활동 및 체육 활동의 참여에 대하여 다른 아동과 동등하게 접근할 수 있도록 보장할 것
   (마) 레크리에이션, 관광, 여가 활동 및 체육 활동을 조직하는 서비스에 대한 장애인의 접근을 보장할 것

(3) 「장애인복지법」

2007년에 전부 개정된 「장애인복지법」은 장애인의 자립생활과 지원에 대한 근거를 명시하면서 한층 강화된 권리 지향을 특성으로 한다. 그러면서 장애인의 권리와 차별금지 및 문화환경 정비 등에서의 장애인 문화 관련 조항

들을 담고 있다.

제4조(장애인의 권리)

(…)

② 장애인은 국가 · 사회의 구성원으로서 정치 · 경제 · 사회 · 문화, 그 밖의 모든 분야의 활동에 참여할 권리를 가진다.

제8조(차별금지 등)

① 누구든지 장애를 이유로 정치 · 경제 · 사회 · 문화생활의 모든 영역에서 차별을 받지 아니하고, 누구든지 장애를 이유로 정치 · 경제 · 사회 · 문화생활의 모든 영역에서 장애인을 차별하여서는 아니 된다.

(…)

제28조(문화환경 정비 등)

국가와 지방자치단체는 장애인의 문화생활과 체육 활동을 늘리기 위하여 관련 시설 및 설비, 그 밖의 환경을 정비하고 문화생활과 체육 활동 등을 지원하도록 노력하여야 한다.

(4) 「장애인차별금지법」

우리나라 「장애인차별금지법」상에서는 장애인의 '문화예술 활동'을 정의하면서 이에 대한 차별행위와 차별금지 내용을 담고 있다. 여기서도 국가와 지방자치단체 및 관련 사업자의 편의 제공 의무와 시책 강구가 강조되고 있다. 이 장에서는 다루지 않았지만, 장애인 체육 활동에서의 차별금지 조항도 함께 생각해 보도록 한다.

제3조(정의)

(…)

10. "문화 · 예술 활동"이라 함은 「문화예술진흥법」 제2조 제1항 제1호의

문학, 미술(응용미술을 포함한다), 음악, 무용, 연극, 영화, 연예, 국악, 사진, 건축, 어문 및 출판에 관한 활동을 말한다.
(…)

제4조(차별행위)

① 이 법에서 금지하는 차별이라 함은 다음 각 호의 어느 하나에 해당하는 경우를 말한다.
 1. 장애인을 장애를 사유로 정당한 사유 없이 제한 · 배제 · 분리 · 거부 등에 의하여 불리하게 대하는 경우
 2. 장애인에 대하여 형식상으로는 제한 · 배제 · 분리 · 거부 등에 의하여 불리하게 대하지 아니하지만 정당한 사유 없이 장애를 고려하지 아니하는 기준을 적용함으로써 장애인에게 불리한 결과를 초래하는 경우
 3. 정당한 사유 없이 장애인에 대하여 정당한 편의 제공을 거부하는 경우
 (…)

제24조(문화 · 예술 활동의 차별금지)

① 국가와 지방자치단체 및 문화 · 예술사업자는 장애인이 문화 · 예술 활동에 참여함에 있어서 장애인의 의사에 반하여 특정한 행동을 강요하여서는 아니 되며, 제4조 제1항 제1호 · 제2호 및 제4호에서 정한 행위를 하여서는 아니 된다.
② 국가와 지방자치단체 및 문화 · 예술사업자는 장애인이 문화 · 예술 활동에 참여할 수 있도록 정당한 편의를 제공하여야 한다.
③ 국가 및 지방자치단체는 장애인이 문화 · 예술시설을 이용하고 문화 · 예술 활동에 적극적으로 참여할 수 있도록 필요한 시책을 강구하여야 한다.
④ 제2항을 적용함에 있어서 그 적용대상이 되는 문화 · 예술사업자의 단계적 범위 및 정당한 편의의 구체적인 내용 등 필요한 사항은 대통령령으로 정한다.

제25조(체육 활동의 차별금지)

① 체육 활동을 주최 · 주관하는 기관이나 단체, 체육 활동을 목적으로 하는 체육시설의 소유 · 관리자는 체육 활동의 참여를 원하는 장애인을 장애를 이유로 제한 · 배제 · 분리 · 거부하여서는 아니 된다.

② 국가 및 지방자치단체는 자신이 운영 또는 지원하는 체육 프로그램이 장애인의 성별, 장애의 유형 및 정도, 특성 등을 고려하여 운영될 수 있도록 하고 장애인의 참여를 위하여 필요한 정당한 편의를 제공하여야 한다.

③ 국가 및 지방자치단체는 장애인이 체육 활동에 참여할 수 있도록 필요한 시책을 강구하여야 한다.

④ 제2항을 시행하는 데 필요한 사항은 대통령령으로 정한다.

(5) 「발달장애인법」

「발달장애인법」 제27조(문화 · 예술 · 여가 · 체육 활동 등 지원) 각호에서는 지원에 관한 내용을 다음과 같이 규정하고 있다.

① 국가와 지방자치단체는 발달장애인이 영화, 전시관, 박물관 및 국가 · 지방자치단체 등이 개최하는 각종 행사 등을 관람 · 참여 · 향유할 수 있도록 발달장애인을 지원할 수 있다.

② 국가와 지방자치단체는 발달장애인의 문화 · 예술 · 여가 · 체육 활동을 장려하기 위하여 발달장애인의 특성과 흥미에 적합한 방식으로 설계된 시설, 놀이기구, 프로그램 및 그 밖의 장비 등을 지원할 수 있다.

③ 국가와 지방자치단체는 발달장애인의 생활체육을 활성화시키기 위하여 생활체육 행사 및 생활체육 관련 단체를 지원할 수 있다.

④ 제1항부터 제3항까지에서 규정한 사항 외에 문화 · 예술 · 여가 · 체육 활동 등 지원을 위하여 필요한 사항은 대통령령으로 정한다.

(6) 「문화예술진흥법」

「문화예술진흥법」은 1972년에 제정, 공포한 이래 2008년에 장애인 관련 조항 신설을 통해 제15조의2(장애인 문화예술 활동의 지원)에서 다음과 같이 규정하고 있다.

> ① 국가 및 지방자치단체는 장애인의 문화 · 예술 교육의 기회를 확대하고 장애인의 문화 · 예술 활동을 장려 · 지원하기 위하여 관련 시설을 설치하는 등 필요한 시책을 강구하여야 한다.
> ② 국가 및 지방자치단체는 장애인의 문화적 권리를 증진하기 위하여 장애인의 문화 · 예술사업과 장애인 문화예술단체에 대하여 경비를 보조하는 등 필요한 지원을 할 수 있다.

(7) 「문화산업진흥기본법」

1999년 제정 이후 문화산업의 진흥을 위한 각종 시책 수립, 시행에 대한 규정을 다루고 있는 「문화산업진흥기본법」은 2011년에 장애인 관련 호를 신설하여 다음과 같이 근거를 제시하고 있다.

> 제3조(국가와 지방자치단체의 책임)
> ③ 국가와 지방자치단체는 문화산업의 진흥을 위한 각종 시책을 수립 · 시행함에 있어서 장애인이 관련 활동에 참여할 수 있도록 「장애인차별금지 및 권리구제 등에 관한 법률」 제4조에 따른 정당한 편의 제공을 위하여 노력하여야 한다.

3. 장애인 문화복지 접근

1) 기본원리와 주요 내용

일반적으로 사람들은 문화 활동을 통해 즐거움과 휴식, 그리고 비슷한 관심을 갖고 있는 다른 사람들과의 교제를 경험하게 된다. 흔히 장애인들은 신체적 · 정신적 장애로 인해 이러한 문화 활동에 대한 욕구가 크지 않을 것이라 생각하기 쉽지만, 브라운(Brown, 1997)의 연구에 의하면 장애인들도 비장애인들과 마찬가지로 문화 활동에 대한 욕구가 매우 크다는 사실이 입증되었다. 그러나 매키보이(McAvoy, 2001)의 연구에서는 장애인들이 경제적 어려움, 교통 수단의 부족, 편의시설 설치 미비, 여가서비스 이용에 대한 지식 및 경험 부족, 훈련된 전문인력의 부족, 장애인에 대한 부정적인 인식, 정책 당국의 미온적 노력 등 여러 요인으로 인해 실제로 문화 활동에 참여하기가 매우 어렵다는 것을 보여 주고 있다(한국보건사회연구원, 2004).

이와 같은 상황에서 지금까지 장애인의 문화예술에 대한 필요성과 의미, 그에 따른 합리적 정책 요구와 국내외적 지원의 근거들을 살펴보면서 이른바 '장애인 문화복지' 차원에서 요구되는 몇 가지 기본원리를 도출할 수 있다. 대표적으로 기본권으로서의 인권을 기초로 보편적 복지관점에 기반한 서비스 요구, 기회균등과 사회보장, 삶 영위에 대한 직접적 참여, 정상화와 사회통합 관점에서의 자기기여와 관리, 문화접근권 보장과 환경의 정비, 문화예술 활동 제한 요소 제거, 국가와 사회의 책무성 강화 등이다.

정갑영(1995, 1996)은 문화권과 문화복지를 장애인에게 적용하는 연구를 진행하면서 장애인도 인간으로서 비장애인과 마찬가지로 문화권을 보장받아야 한다고 하였다. 이러한 문화권은 자유권적 문화권과 사회권적 문화권으로 구분할 수 있는데, 전자는 국민의 문화 영역에 대한 권리를 국가가 인정해 줘야 한다는 것이고, 후자는 국가의 지원을 촉구하는 것으로 나누어 설명하였다. 그리고 문화복지를 내면적 심리 상태에 기인하는 문화, 즉 문화적 생활, 건강한 생활, 쾌적한 여가생활이라는 정신적 욕구를 충족하는 활동, 예술과 교육, 문화권을 통한 삶의 질 향상으로 보고, 이러한 문화복지는 사후적 복지나 소비적 복지가 아니라 정신적 · 문화적으로 풍요로운 삶의 추구라는 의미에서 예방적 복지이며, 생산적 복지로 보았다.

이에 따라서 장애인 문화복지는 다음의 네 가지 내용을 담고 있다. 첫째,

기본적 인권의 보장으로 장애인도 하나의 인간으로서 일반인과 마찬가지로 인간의 기본적 권리의 하나인 문화권을 보장받아야 한다는 것이다. 둘째, 정상화의 실현으로 장애인만을 특별 보호하는 사회가 아니라, 장애인도 비장애인과 마찬가지로 일반적인 생활환경 속에서 일상생활을 영위하는 것처럼 문화생활에 대한 욕구가 있으며, 그 욕구가 충족되어야 한다는 것이다. 셋째, 문화 활동에 대한 기회의 균등에 따라 다른 사회구성원과 동등하게 장애인에게도 문화 활동의 기회가 주어져야 한다는 것으로, 장애인이 문화 활동을 하는 데 불평등이 발생하지 않도록 하는 것을 말한다. 넷째, 재활의 중요한 요소로서 문화 활동을 확인할 수 있다. 즉, 재활은 장애인의 사회접근을 보장하기 위한 사회환경 개선 영역까지 포함하여 사회통합이 이루어지도록 하는 총체적 개념으로 여기에는 문화 및 여가생활이 포함되고, 이는 재활의 핵심적 요소가 된다. 이러한 문화 활동은 장애인에게 단순히 그 활동만으로 끝나는 것이 아니라 자기발전의 기회와 사회통합의 기회를 제공한다는 측면에서 의미가 있다(한국보건사회연구원, 2004 참조 수정).

장애인의 문화 활동과 관련한 경험적 연구들은 장애인과 비장애인의 상호작용을 가능하게 하는 지역사회에 기반을 둔 여가 프로그램이 사회통합과 삶의 질을 제고하는 긍정적인 결과를 도출하고 있음을 보여 주고 있다. 문화 프로그램에 참가한 장애인과 비장애인 모두 다양한 종류의 긍정적 유익을 경험하고 있으며, 이러한 결과는 특정 장애 유형 및 연령대에 국한되지 않는 보편적 현상이다. 물론 장애인만을 대상으로 한 야외 프로그램에 있어서도 프로그램에 참여한 장애인들은 심리적 · 사회적 · 정신적으로 다양한 유익을 경험하는 것으로 나타났다. 이러한 유익에는 자아정체성 및 자존감의 증대, 개인적 성장, 여가활용 기술의 개선, 사회적응력 제고, 외모의 개선 및 행동양식의 긍정적인 변화들이 포함된다(이성규, 2000).

이렇듯 문화 활동을 통해 경험하게 되는 유익의 종류가 비장애인과 장애인에게 있어 크게 다르지 않지만, 유익의 정도에 있어 장애인이 비장애인에 비해 더 크게 나타나고 있음을 여러 선행연구를 통해서 알 수 있다.

더욱이 최근에 장애인 평생교육에 대한 관심이 두드러지는 가운데 장애인 문화예술교육의 중요성도 높아지고 있다. 실제로 장애인의 문화예술 욕구는 평생교육 프로그램 참여도와 인식에서도 잘 나타난다. 2014년 특수교육 실태조사(국립특수교육원, 2014)에서는 평생교육 프로그램 518개를 대상으로 주제별 평생교육 프로그램을 분석한 결과, 문화예술 주제가 전체의 51.2%로 가장 많은 참여도를 보였다. 장애인 평생교육담당자의 인식에서도 희망 프로그램 338개 중 문화예술 주제가 40.2%로 가장 높게 나타났다.

이와 관련하여 김두영(2013)은 일상생활 속에서 문화예술을 향유 활동, 문화예술 행위와 기능을 숙련하는 활동, 체력증진 및 여가선용을 위한 스포츠 활동 등으로 분류하여 구체적으로 장애인 문화예술교육 프로그램을 정의하였다. 이에 대한 영역별 정의와 사례를 살펴보면 〈표 10-1〉과 같다.

〈표 10-1〉 **장애인 평생교육 프로그램 영역과 정의 및 사례**

영역	정의	사례
문화예술 향유	장애인들에게 문화예술 접근의 기회를 제공하고, 일상생활에서 문화예술을 접목하여 인간다운 삶의 문화를 보다 풍요롭게 향유할 수 있도록 지원하는 프로그램	미술교실, 노래교실, 민요교실, 생활공예, 뜨개질교실, 사진교실, 문화예술관람 등
문화예술 향상	문화예술 활동과 기술들을 숙련시키는 일련의 과정과 문화예술적 가치가 높은 작품을 창작할 수 있도록 체계적으로 지도하는 프로그램	영상미디어 프로그램, 연극동아리, 풍물교실, 난타교실, 서예교실, 도자기 공예교실, 합창단, 뮤지컬 등
여가 스포츠	레저스포츠 활동을 포함하여 건강생활과 체력 증진을 위하여 여가시간에 실행할 수 있는 것으로 자발적인 신체활동을 향상시키는 프로그램	보치아, 승마, 볼링, 게이트볼, 배드민턴, 론볼링, 벨리댄스, 요가 등

2) 의의와 과제

장애인들에게 특히 문화 활동이 중요한 이유는 장애인들의 문화적 욕구를 표현하고 잠재력을 계발 및 개발함으로써 장애인으로서 자기 삶에 대한 인식을 새롭게 하고 변화와 성장을 이루기 위한 힘을 제공할 수 있기 때문이다. 그리고 장애인들의 다양한 문화 활동에 대한 참여 기회의 확대는 장애인들의 여가 기능 향상을 통하여 심리적 · 정신적으로 풍요로운 삶을 살 수 있게 하고, 사회적 기능 향상을 통하여 사회적 재활을 촉진시키며, 장애인의 자립생활 증진, 역량강화, 정상화 실현에 기여할 수 있다. 이뿐만 아니라 장애인에 대한 비장애인들의 인식을 변화시킴으로써 장애인복지의 궁극적 목표인 사회통합 실현에도 긍정적으로 작용할 수 있게 된다.

이러한 측면에서 장애인의 삶의 질 향상을 위하여 장애인의 문화생활 증진을 위한 정책적 강화 내지는 내실화 방안이 더욱 필요하며, 복지적 접근과 방안에 대한 다차원적인 노력을 함께해야 한다. 결국, 장애인 당사자로부터 요구되는 세부적인 문화예술적 욕구들에 대해서 권리적 차원의 사회문화정책과 인식적 차원의 세심한 접근이 함께 이루어져야 하며, 의도적으로 관련 정책이 미뤄지거나 무시되면서 정책부재가 발생하지 않도록 하기 위한 시민사회의 지대한 관심과 함께 관련 정책과 실천에 대한 적절한 모니터링도 필요하다.

☞ 탐색하기: 장애인문화예술지원사업 세부 내용 찾아보기[3)]

3) 한국장애인문화예술원 http://www.i-eum.or.kr/main/view (2020. 7. 8.)

2020년 장애인 문화예술 지원사업 지원신청 안내

세부 사업내용

(단위: 백만 원)

사업유형	사업내용 및 지원규모	예산	지원대상	
			단체	개인
창작 활성화 지원	• 장애인 예술가(단체)의 예술 창작 및 발표 지원	1,000	장애	장애
문화예술 향수 지원	• 장애인 대상 문화예술 향유 프로그램 지원	900	장애 비장애	-
커뮤니티 예술 활동 지원	• 동호회, 커뮤니티, 자조모임 등의 문화예술 활동 지원	200	장애	-
문화예술 교육 프로그램 지원	• 장애인 문화예술교육 프로그램 운영 지원 • 장애인 예술 교육 프로그램 연구, 개발 지원	600	장애 비장애	-
국제교류 활동 지원	• 장애인 예술가(단체) 국외 문화예술 활동 및 창작 활동 지원	400	장애	장애
국외 리서치 활동 지원	• 장애인 예술가 및 기획자의 국외 연수, 리서치 활동 지원	100	-	장애 비장애

1) 창작 활성화 지원

사업목적

• 장애인 예술가(단체)의 창작 활동 지원을 통한 예술적 표현 권리 확대

사업내용

• 장애인 예술가(단체)의 공연 · 시각 · 문학 등 예술 창작 및 발표 지원

지원대상

• 장애인 예술가 및 장애인 예술단체[비장애인 예술가(단체) 신청 불가]

지원규모

- (단체) 최대 4천만 원
- (개인) 최대 1천만 원

지원분야

- (공연) 연극 · 무용 · 음악 · 전통 · 다원예술 등 장애인이 참여하는 공연 분야 창작 및 공연
- (시각예술) 회화 · 설치 · 미디어 · 조각 · 사진 · 융복합 등의 시각예술 분야 창작 및 전시
- (문학) 시 · 시조 · 소설 · 수필 · 희곡 · 아동문학(동시, 동화) · 평론 등의 문학 분야 창작 및 발간

지원신청 제출자료

- (단체) – 지원신청서
  – 최근 2년간 주요 문화예술 활동 경력
- (개인) – 지원신청서
  – 최근 2년간 주요 문화예술 활동 경력
  – 장애인임을 증빙하는 서류(복지카드 등 장애유형 및 등급이 표기된 증빙자료)
  ※ 모든 증빙자료를 '지원신청서' 내에 첨부

<table>
<tr><th>분야</th><th>개인 예술가 제출자료</th></tr>
<tr><td>공연예술</td><td>– 연극 · 음악 · 무용 · 다원예술 등 공연예술 창작 및 발표 동영상 파일(3분 이내)
– 개인 발표물이 없을 경우 참가 작품 동영상 파일(3분 이내)</td></tr>
<tr><td>시각예술</td><td>– 전시도록 또는 작품집 제출
– 전시도록 및 작품집이 없을 경우 이미지파일로 10점 제출</td></tr>
<tr><td>문학</td><td>– (개인작품이 있는 경우) 작품집과 지원받을 창작 원고 제출
(작품집 제출 원고는 개인 작품이 없는 경우와 동일)
– (개인작품이 없는 경우) 아래 해당 원고 제출(문예지 발표작 가능)
<table>
<tr><td>시 · 시조 · 동시: 7편</td><td>수필: 5편</td><td>단편동화: 2편</td><td>단편소설 · 희곡 · 평론: 1편</td></tr>
<tr><td colspan="2">중편소설 · 중편동화: 1편</td><td colspan="2">장편소설 · 장편동화 · 장막희곡: 원고 일부
(원고지 100매 분량)</td></tr>
</table></td></tr>
</table>

2) 문화예술 향수 지원

사업목적

- 장애인의 문화예술 향유 기회 확대를 통한 문화향유권 신장

사업내용

- 장애인을 대상으로 하는 문화예술 향유 프로그램(음악, 연극, 무용, 다원예술, 시각예술, 문학) 지원

지원대상

- 장애인 예술단체 / 비장애인 예술단체

지원규모

- 최대 4천만 원

지원분야

- 장애인 대상의 공연 · 전시 등 문화예술 행사 개최 및 발표 사업
  ※ 비장애인 예술단체도 지원신청이 가능하나 장애인 단체가 주체이거나 장애인을 대상(참여자, 향유자)으로 진행하는 프로그램이어야 함

지원신청 제출자료

- 지원신청서
- 최근 2년간 주요 문화예술 활동 경력
  ※ 모든 증빙자료를 '지원신청서' 내에 첨부

3) 커뮤니티 예술 활동 지원

사업목적

- 장애인 문화예술 동호회, 자조모임의 예술 활동 등 커뮤니티 문화예술 활동 지원을 통해 장애인의 문화예술 활동 참여 활성화 및 향유 기회 확대

사업내용

- 장애인 5명 이상으로 구성된 동호회 및 자조모임 등 커뮤니티의 예술 활동 및 체

험 프로그램 지원

지원대상

- 장애인 동호회 / 장애인 문화예술 활동을 목적으로 하는 자조모임 등 커뮤니티

> ※ 자조모임: 관심이나 문제인식을 공유하는 사람들이 당사자들 간 지지와 도움을 구하고 문제를 해결하는 모임, 본 사업에서는 발달장애인 가족 등 이해관계자들 간의 자발적 문화예술 활동 모임을 지원함

지원규모

- 최대 1천만 원

지원분야

- 장애인 예술 동호회의 문화예술 활동 및 체험 사업
- 장애인 문화예술 자조모임 등 커뮤니티의 예술 실습 및 체험, 역량강화 워크숍 등 예술 활동 사업

지원신청 제출자료

- 지원신청서
- 최근 2년간 주요 문화예술 활동 경력
- (동호회) 장애인 구성원의 복지카드 사본('지원신청서' 내에 첨부)
  ※ 모든 증빙자료를 '지원신청서' 내에 첨부

4) 문화예술 교육 프로그램 지원

사업목적

- 장애인 문화예술 교육 프로그램의 연구 · 개발 및 운영을 통해 장애인 예술 교육 기회 확대 및 장애인 예술가 육성

사업내용

- 장애인 특성화 문화예술 교육 프로그램 운영 지원
- 장애인 문화예술 교육 프로그램 연구 · 개발 지원

• 장애인 예술가, 강사 육성 지원

지원대상

• 장애인 예술단체 / 비장애인 예술단체

지원규모

• 최대 4천만 원

지원분야

• 장애인 문화예술 교육 프로그램 운영 사업(교육 · 실습 사업)
• 장애인 문화예술 교육 프로그램 연구 · 개발 사업
  (유형별 문화예술 교육 프로그램 연구, 시청각 장애인 교안 개발 등)
• 발달장애인 예술 교육 특성화 프로그램 연구 · 개발 교육 사업

지원신청 제출자료

• 지원신청서
• 최근 2년간 주요 문화예술 활동 경력
  ※ 모든 증빙자료를 '지원신청서' 내에 첨부

5) 국제교류 활동 지원

사업내용

• 국내에서 활동하는 장애 예술가(단체)의 국외 문화예술 교류(협업) 및 작품 활동 지원
  ※ 공신력 있는 국외행사에 초청, 참여 확정 시 심사를 통해 우선 지원
  ※ 선정 이후 타당한 사유 없이 참가 대상 국가 및 행사 변경 시 지원 취소됨

지원대상

• 장애인 예술가 및 장애인 예술단체

지원규모

• (단체) 최대 5천만 원

- (개인) 최대 1천 5백만 원

지원분야

- (공연) 무용, 연극, 음악 등 공연 분야의 국외 협업 및 작품 발표 활동
- (시각예술) 국외 전시, 레지던시, 아트페어 참여 등 시각예술 분야의 국외 협업 및 참가, 작품 발표 활동

지원신청 제출자료

- (단체) – 지원신청서
  – 최근 2년간 주요 문화예술 활동 경력
  – 사업추진 확정 여부를 판단할 수 있는 증빙자료[초청장(원본, 번역본), 공동 사업추진 계약서 등]
- (개인) – 지원신청서
  – 최근 2년간 주요 문화예술 활동 경력
  – 장애인임을 증빙하는 서류(복지카드 등 장애유형 및 등급이 표기된 증빙자료)
  – 사업추진 확정 여부를 판단할 수 있는 증빙자료[초청장(원본, 번역본), 공동 사업추진 계약서 등]

※ 모든 증빙자료를 '지원신청서' 내에 첨부

※ 확정 서류의 사전제출이 불가한 경우, 지원신청 확정 후 교부 전까지 필히 제출(미제출 시 지원 대상에서 제외)

※ 선정 이후 교류 대상 국가 및 행사 변경 시 타당한 사유 없을 시 지원 취소됨

6) 국외 리서치 활동 지원

사업목적

- 장애인 예술가의 해외 우수 장애인 예술 축제, 아트페어 등의 연수 및 조사 기회를 통해 역량강화 및 국제 네트워크 확장

사업내용

- 해외 우수 장애인 예술 축제, 아트페어, 레지던시 등 프로그램 참가, 기관 방문 등의 연수(참가)를 지원하며 신청자 본인이 연수(참가)를 희망하는 국외 행사를 선택하여 본인이 사전 조사한 내용을 바탕으로 신청함

신청가능 기간

- 10일 내외

신청가능 국가

- 유럽, 미주권, 아시아 등
  ※ 단, 외교부에서 지정한 방문 위험 국가는 제외함
  ※ 원칙적으로 1개 국가의 프로그램을 지원하며 해당 프로그램 연계에 따른 다국가 방문은 불가피한 경우 가능하며 선정 시 담당자와 협의함

지원대상

- 장애 · 비장애 예술가 및 기획자
  ※ 비장애인 신청자에 한하여 장애인 예술 활동 여부 및 경력, 활동 의지를 기준으로 심사함

지원규모

- 최대 5백만 원
  ※ 방문 국가 및 지역에 따라 차등 지급될 수 있음

지원분야

- (공연) 해외 우수 장애인 예술 축제 등 참가(연수) 지원
- (시각예술) 국외 아트페어, 비엔날레, 레지던시 등 참가(연수) 지원
- (기타) 장애인 예술 관련 기관 방문, 국제 세미나 및 포럼 등 참가 지원

요약

1. 장애인 문화예술의 필요성과 의의

문화예술 활동은 문화 사각지대에 놓일 위험성이 높은 장애인 당사자들에게 기본권으로서 보장되어야 할 필수 권리이다. 장애인의 문화예술 활동은 물질적·정신적 차원의 연결과 인간으로서의 존엄과 주체성, 자기활용과 가치감에 영향을 미칠 수 있기 때문에 그들의 삶의 질과 사회통합이라는 관점에서 매우 필요하다. 이를 위해 국가나 지방자치단체는 공공성 차원에서 복지적 관점의 시책을 강구해야 할 의무를 가진다.

2. 장애인의 문화예술 권리에 대한 근거

국제적인 문화예술의 보편적 권리에 대한 근거로는 대표적으로 세계인권선언과 국제조약 등을 들 수 있으며, 우리나라에서는 「헌법」을 비롯해 「문화예술교육 지원법」이나 「문화지원법」을 통해서도 확인할 수 있다.

장애인에 대한 문화예술 권리의 대표적인 근거로는 「유엔장애인권리협약」을 들 수 있으며, 우리나라에서는 한국장애인인권선언이나 「장애인복지법」 「장애인차별금지법」을 통해 구체적인 근거들을 찾을 수 있다.

3. 장애인과 문화복지: 복지적 욕구와 접근

장애인의 문화예술에 대한 욕구는 비장애인의 그것과 결코 다르지 않다. 그러나 현실적으로 많이 소외되거나 무시되어 온 것이 사실이다. 따라서 장애인의 문화복지 차원에서 인권, 보편적 서비스 접근, 기회균등, 참여 권리와 관리, 국가와 사회의 책무성 등 기본원리를 바탕으로 장애인이 자신의 문화적 요구를 표출하고 잠재력을 개발함으로써 자기 삶에 대한 변화와 성장을 도모할 수 있도록 지원해야 한다.

Issues & Discussion

1. 장애인의 문화예술 권리와 삶의 질과의 상관성에 대해 설명하시오.
2. 장애인의 문화예술 활동을 가능케 하는 국내외적 근거들에 대해서 조사하시오.
3. 장애인의 문화예술 활동이 장애인 당사자의 삶에 어떤 긍정적 효과가 있는지 관련 연구들을 조사하여 공유하시오.
4. 장애인의 문화예술에 대한 복지적 욕구와 접근의 원칙은 무엇이며, 이를 위해 사회정책적 차원에서 필요한 방안들을 논하시오.
5. 여러분의 지역에 위치한 장애인복지관을 비롯해 평생교육 프로그램을 운영하는 기관들을 방문하여 대표적인 장애인 평생교육 프로그램 내용을 조사하고 공유하시오.
6. 정부의 '장애인 문화예술향수 지원사업'의 취지와 유형별 세부 내용을 알아보시오.

PART 6 장애인 인권과 권리보장

11

장애인과 인권

이 장에서는 지금까지 장애인 인권 향상을 위한 국제사회의 다양한 노력을 살펴보고, 장애인권리협약의 의의와 장애인 인권 관련 국제규정에 대해서 살펴보고자 한다. 또한 최근 우리나라의 「장애인복지법」 개정과 인권을 둘러싼 국내법의 기타 관련 규정들을 살펴보고, 장애인 인권의 의미와 중요성에 대해서 알아본다.

장애인복지는 이제 복지서비스의 개념을 넘어서 '인권의 개념'으로 접근하려는 경향이 있다. 즉, 장애인복지는 더 이상 복지서비스 측면만을 의미하지 않으며 '권리적인 측면'이 강조되고 있다. 서구 사회의 장애인복지 흐름은 당사자의 인권과 권리옹호로 점차 변화되어 왔다. 이러한 측면은 장애 개념과 장애인복지에 대한 패러다임의 변화와도 밀접한 관련을 맺고 있다. 장애인복지에서의 인권은 모든 인간이 가지고 태어나는 것으로, 국가나 실정법에 의해 부여되는 것만이 아니라 모든 인간이 태어나면서부터 지니게 되는 '천부적인 인권'을 의미한다고 볼 수 있다.

학습목표

1. 장애인 인권의 의미와 특성에 대해서 이해할 수 있다.
2. 장애인 인권 향상을 위한 국제사회의 노력에 대해서 설명할 수 있다.
3. 장애인 인권에 대한 국내법과 관련 규정에 대해서 논의할 수 있다.

키워드

장애인 인권 / 한국장애인인권헌장 / 「유엔장애인권리협약」

1. 인권의 의미와 특성

인권(human rights)을 가장 넓은 의미에서 정의하면, 인간이 기본적으로 갖는 존엄과 가치에서 파생되는 것으로서 인간이 자신의 성장과 발전에 필수적인 활동에 종사할 수 있도록 주장할 수 있는 자유 또는 권리이다(Sweet, 2003). 즉, 이러한 자유와 권리는 자연권적인 철학적 이념에 기반을 둔 것으로, 인권이란 인간이기 때문에 당연히 부여받는 천부인권설로서 인간의 존엄성을 뜻한다. 이러한 인권은 기본적으로 '평등할 권리' '차별받지 않을 권리' '문화적 · 경제적 소수자 및 장애인의 권리'에 기반을 둔다(이창수, 2007).

이러한 인권은 모든 인간이 가지고 태어나는 것으로, 국가나 실정법에 의해 부여되는 것이 아니라 모든 인간이 태어나면서부터 지니게 되는 '천부적인 인권'을 의미한다. 즉, 인간이기 때문에 갖는 당연한 권리로, '인간의 존엄성을 보장받을 권리'라고 정의할 수 있다. 또한 어떠한 현행법도 인권보다 우선시할 수 없으며, 그 누구도 성별, 인종, 장애의 유무, 계급 등을 이유로 차별하지도, 차별받지도 말아야 한다. 결과적으로 인권은 '헌법상 보장된 국민의 기본권'과 같이 명시된 권리이기도 하지만, '인간으로서 누구나 누려야 할 보편타당한 천부적인 권리'라고 볼 수 있다.

따라서 인권은 어떤 능력이나 자격을 의미하지 않으며, 그 자체로 존엄성을 인정받아야 하는 것이다. 또한 삶의 어떤 특정 분야에 국한한 제한적 의미가 아니라, 누구에게든 삶의 전반에서 기본적으로 인식되고 지켜져야 하는 보편적 권리의 의미를 지닌다(이경준, 2011).

인권이 가지는 특성을 살펴보면 다음과 같다.

- 보편성에 기초한 인권의 특성은 계급이나 신분, 인종, 장애 등 어떠한 차이와 상관없이 누려야 할 권리이며, 해당 사회의 어떠한 법이나 제도보다 우선한다.

- 상대성에 근거한 인권의 특성을 살펴보면, 인권은 개인이 속한 사회나 시대에 따라 다소 차이를 보일 수 있고, 개개인의 지위나 상황에 따라서 다소 차이가 있을 수 있다.
- 고유성에 의거한 인권의 특성을 살펴보면, 인권은 누구라도 어떠한 방법으로 함부로 침해하거나 제한될 수 없으며, 또한 자신의 권리를 타인에게 양도할 수 없다.

이처럼 인권은 '인간이라면 누구나 누려야 할 보편타당한 권리'이지만, 사회적 환경이나 개인이 처한 상황에 따라 인권의 보편성, 상대성, 고유성 및 소수자의 권리 등이 잘 고려되어 실천해야 할 권리이다. 인권은 '헌법상 보장된 국민의 기본권'과 같이 '명시된 권리'이기 이전에 '인간이 보편적으로 지녀야 할 권리', 누구나 누려야 할 보편타당한 환경이나 상황이 제공될 필요성이 요구된다.

결국 인권은 인간에 대한 평등하고 보편적인 존중의 이념을 국가와 사회적 차원에서 남용의 여지없이 모든 사람에게 구속력을 가지고 객관적이고 보편적으로 실현되어야 하며, 궁극적으로는 사회가 추구해야 할 사회정의와 긴밀한 관련을 맺고 있다.

2. 최근 장애인 인권복지의 동향

최근 사회복지 전달체계는 우리나라 전반에 걸쳐서 수요자 지원방식으로 변화하고 있다. 이러한 수요자 지원방식의 변화는 노인장기요양보험제도(2008)의 실시를 가져왔으며, 장애인복지 분야의 '사회서비스 바우처제도'(2007)의 도입을 가져왔다.

특히 장애인복지 분야는 시혜나 동정의 차원이 아니라 권리의 차원에서 접근하려는 경향이 점차 늘고 있다. 2002년 10월, 일본 오쓰에서 열린 유엔 아시아 · 태평양 경제사회이사회(UNESCAP) 회의에서 제2차 아 · 태 장애인 10년(2003~2012) 동안 채택될 행동계획안인 아 · 태 지역의 장애인을 위한 통합적, 장벽 없는, 그리고 권리에 근거한 사회를 향한 '비와코 새천년 행동계획안'이 채택되었다. 이 행동계획안에서는 '통합적(inclusive), 장벽 없는(barrier free), 권리에 근거한(rights-based)'이라는 세 가지 요소를 특별히 강조하고 있는데, 이는 기존의 장애인에 대한 '동정에 근거한(charity-based)' 관점에서 벗어나 장애인 문제를 인권의 차원에서 접근할 것을 요구하고 있는 시대적 상황을 반영한 것이다.

시대적으로 우리나라 장애인복지정책의 청사진이라 불릴 수 있는 주요 발전계획들을 살펴볼 필요가 있다. 그 첫 번째가 '제1차 장애인복지발전 5개년 계획(1998~2002)'이다. 여기에서는 '장애인의 완전한 사회참여와 평등 보장'을 기본방향을 제시하여 초기 장애인복지정책을 이끌기 시작하였다. 이어서 '제2차 장애인복지발전 5개년 계획(2003~2007)'에서는 '권리에 기반한 장벽 없는 통합적 사회 실현'을, '제3차 장애인정책발전 5개년 계획(2008~2012)'에서는 '장애인이 대등한 시민으로 참여하는 통합적 사회실현'을 기본방향으로 정한 바 있다. '제4차 장애인정책종합계획(2013~2017)'에서는 '장애인의 권리에 기반한 참여 확대와 통합사회 구현'을 비전으로 제시하였으며, 최근의 '제5차 장애인정책종합계획(2018~2022)'에서는 '장애인의 자립생활이 이뤄지는 포용사회'가 비전으로 제시되었다.

이러한 흐름 속에서 2007년에는 「특수교육진흥법」이 폐지되고 「장애인 등에 대한 특수교육법」이 제정되었으며, 이 법은 전 국민을 위한 「헌법」에서 보장된 의무교육이 장애아동에게도 적용되어 일정 정도 교육권을 확보했다는 데 의의가 있다. 2008년에는 「장애인차별금지 및 권리구제 등에 관한 법률」이 시행되어 우리나라의 장애인 인권지표에서 매우 중요한 해가 되었다. 「장애인차별금지법」은 사회적 소수인 장애인의 권리를 옹호하는 것으로서 그동안 장애인계의 줄기찬 요구와 입법 노력에 의해 사회적 합의에 따라 제정된 것이라는 점에서 우리나라 인권 법률 현황에서 매우 중요한 의미를 가진다.

2009년 1월 10일에는 「유엔장애인권리협약(UNCRPD)」을 비준함으로써 장애인의 사회권, 자유권, 장애여성과 아동에 대한 차별금지 등을 위한 사회적 분위기를 더욱 공고히 하는 계기가 되었다. 그리고 2010년에는 「장애인연금법」을 제정하여 중증장애인의 생활보장을 위한 생존권 확보를 시도하였으며, 2011년에는 「장애아동복지지원법」을 제정하여 장애아동에 대한 정책적 지원을 실질적으로 보장하는 토대를 마련하였다. 또한 2012년에는 「민법」 개정을 통한 '성년후견제도'가 도입되었고, 2015년에는 「발달장애인 권리보장 및 지원에 관한 법률」을 통해 발달장애인 당사자의 권리와 인권옹호의 기틀을 마련하였다. 한편, 2015년 「장애인복지법」 개정을 통해서는 2017년부터 전국에 '장애인권익옹호기관'을 설치할 수 있는 법적 근거를 마련하여 학대피해 장애인에 대한 조치를 강구하고, 장애인 인권침해에 대한 사회적 인식을 제고하는 데 기여하기 시작하였다.

〈표 11-1〉 **우리나라 장애인 인권복지정책의 변화과정**

시기 구분	세부 내용
1980년대 이전	단순구호 단계에서 벗어나 시설수용 보호정책으로 변화
1981년 이후	「장애인복지법」 제정 등 제도적 장치 마련의 시기
1990년대	제1차 장애인복지발전 5개년 계획(1998~2002) 등 기반 구축
1998년 이후	「장애인복지법」 제 · 개정 단계
2000년대	제2차 장애인복지발전 5개년 계획(2003~2007) 등 편의증진 수립 단계
2007년 이후	「장애인차별금지 및 권리구제에 관한 법률」 제정 및 인권정책 수립
2008년	제3차 장애인정책발전 5개년 계획(2008~2012) 등 정책적 지원 단계
2010년대	「장애인활동 지원에 관한 법률」 제정 시기
2013년	제4차 장애인정책종합계획(2013~2017) 등 복지와 인권정책 통합 단계
2015년	「발달장애인 권리보장 및 지원에 관한 법률」 제정
2018년	제5차 장애인정책종합계획(2018~2022) 시행 등 체제 개편과 포용사회 지향 단계
2019년	장애등급제 폐지 및 수요자 중심의 장애인 지원체계 구축 단계

이와 같이 최근 우리나라의 장애인 인권복지정책의 수립과 시행상의 특징을 정리하여 살펴보면 다음과 같다.

첫째, 장애인 당사자의 참여와 요구로 제안이 시작되고 실현되었다는 긍정적인 측면을 지녔다. 둘째, 경증장애인 중시에서 중증장애인의 권리와 삶의 문제로 무게 중심이 점차적으로 전환되었다. 셋째, 장애인 문제의 접근이 복지의 관점에서 인권의 관점으로 가치관이 서서히 전환되었다는 긍정적인 시각이 등장하였다. 마지막으로, 앞서 기술한 장애인 관련 각종 법제도적 방안들이 시행됨으로써 우리나라가 좀 더 장애인 인권 선진국으로 도약할 수 있는 기반을 마련하였다는 데 의의가 있다.

3. 장애인 인권 향상을 위한 국제사회의 노력

세계보건기구(WHO)의 기준에 따르면, 전 세계적으로 약 6억 5천 명의 사람들이 다양한 장애를 가지고 살고 있다. 그리고 인구의 증가, 의학 발달, 노령화 등으로 전 세계의 장애인 인구수는 계속 늘고 있다. 지금까지 장애인 인권 향상을 위해서 노력한 국제사회의 발자취를 살펴보면 다음과 같다.

- 지적장애인권리선언: 1971년 12월 20일 유엔총회에서 지적장애인의 인권을 보장하는 7개 조항으로 구성된 선언이 채택되었다.
- 장애인권리선언: 1975년 12월 9일 유엔총회에서 장애인의 포괄적인 권리를 보장하는 선언이 채택되었다.
- 세계장애인의 해: 1976년 12월 유엔총회에서 1981년을 '세계장애인의 해'로 선포하였다.
- 세계장애인행동계획: 1980년 1월 13일 유엔총회에서 1983~1992년을 '세계장애인 10년'으로 선포하고, 각국의 장애인 인권 및 복지발전 행동계획 수립을 권고하였다.

- 장애인 기회평등을 위한 표준 규칙: 1993년 유엔은 '세계장애인 10년'의 평가 차원에서 장애인의 동등한 사회참여를 위한 표준 규칙을 제정하였다.
- 비와코 새천년 행동계획: 2002년 유엔 아시아 · 태평양 경제사회위원회(UNESCAP)는 일본 비와코에서 '세계장애인 10년(1983~1992)'에 이어 선포된 '제1차 아시아 · 태평양 장애인 10년(1993~2002) 행동계획'을 결산하면서, '제2차 아시아 · 태평양 장애인 10년(2003~2012)'을 이끌어갈 행동계획을 선포하였다.
- 장애인권리협약: 2006년 12월 13일 제61차 유엔총회에서 장애인의 포괄적 권리를 보장하는 협약이 만장일치로 통과되었으며, 우리나라는 2008년 12월에 이를 비준하여 다음 해인 2009년 1월 10일부터 국내적 효력이 발생되었다.
- 제3차 아시아 · 태평양 장애인 10년(2013~2022) 행동계획의 수립: 아시아 · 태평양 지역 정부 대표들은 2012년 10월 29일부터 11월 2일까지 우리나라 인천에 모여 '제3차 아시아 · 태평양 장애인 10년 행동계획'을 출범시켰다. 유엔 아시아 · 태평양 경제사회위원회(UNESCAP)가 주최하고 한국 정부가 주관한 이번 회의는 아시아 · 태평양 지역 정부뿐만 아니라 각국의 장애인단체 및 시민사회단체, 국제단체, 유엔 등의 기구들이 참여하였으며, '아 · 태 장애인 권리 실현을 위한 인천 전략(Incheon Strategy to 'Make the Right Real' for Persons with Disabilities in Asia and the Pacific)'을 마련하였다. 이러한 인천 전략은 세계장애인권리협약과 비와코 새천년 행동계획에 근거한 장애인 인권보장과 함께 사회통합의 기틀을 마련하는 계기가 되었다.

제3차 아시아 · 태평양 장애인 10년 행동계획의 10대 목표 (UNESCAP, 2013~2022)

1. 빈곤을 줄이고 노동 및 고용 전망을 높인다.
2. 정치과정과 의사결정에 대한 참여를 증진한다.
3. 물리적 환경, 대중교통, 지식, 정보통신에 대한 접근성을 높인다.
4. 사회적 보호를 강화한다.
5. 장애아동에 대한 조기 개입 및 교육을 확대한다.
6. 성역할의 평등과 여성의 역량강화를 보장한다.
7. 장애-통합적 재난 위기 극복 및 관리를 보장한다.
8. 장애 관련 데이터의 신빙성과 비교 가능성을 개선한다.
9. 장애인권리협약의 비준 및 이행, 협약과 자국 법률과의 조화를 가속한다.
10. 소지역(subregional) 및 지역 내 협력과 국제 협력을 증진한다.

출처: 아시아 · 태평양 경제사회위원회 http://www.unescap.org

4. 장애인 인권 관련 국제 규정

1) 세계인권선언

세계인권선언에서는 “모든 사람은 태어날 때부터 자유롭고 동등한 존엄성과 권리를 가지고 있다. 사람은 천부적으로 이성과 양심을 가지고 있으며, 서로 형제애의 정신으로 행동하여야 한다.”라고 규정하고 있다. 인권은 천부적으로 부여받은 인간의 존엄성을 의미하는 것이다. 이 선언은 1948년 유엔의 제3차 총회에서 채택된 것으로, 인간의 생명을 무시하는 힘의 원리가 지배적인 전쟁에 대해 반대하며 세계평화의 사상이 지배하는 사회가 실현될 수 있도록 일반적이고 원칙적인 인간 존재의 긍정의 권리를 선언한 것이다.

특히 세계인권선언은 인간으로서의 존엄과 권리에 있어 태어날 때부터 자유롭고 평등함을 선언하고, 특히 인종, 피부색 또는 출생지에 대하여 어떠한 종류의 구별도 하지 않고 동 선언에 언급된 모든 권리와 자유를 누구나 향유할 수 있음을 선언하고 있다. 또한 만인은 법 앞에 평등하며 어떠한 차별에 대해서도, 그리고 어떠한 차별의 고무에 대해서도 법의 균등한 보호를 받을 자격이 있음을 의미한다. 결국 이 선언은 모든 인간이 출생부터 자유로우며 존엄과 권리에서 평등하다는 자유와 평등의 원칙을 천명하였다.

세계인권선언은 전문과 본문 30개 조항으로 구성되어 있다. 주요 내용은 인간으로서 시민적 · 정치적 자유 및 사회보장 노동권, 공정한 보수를 받을 권리, 노동자의 단결권, 노동시간의 제한과 휴식, 교육에 관한 권리, 문화생활에 참여할 권리 등 사회적 · 경제적 권리에 관한 규정을 하고 있다. 이러한 세계인권선언은 특히 개인의 존엄성과 그의 생애를 자유로이 발전시키는 데 필요한 경제적 · 사회적 · 문화적 권리를 실현할 수 있도록 보장해야 함을 선포함으로써 장애인도 사회구성원인 인간으로서의 존엄성을 보장받아야 한다는 점을 강조하였다는 점에서 중요한 의미가 있다.

2) 장애인권리선언

1975년 12월 9일 제30차 유엔총회에서 정신장애인, 신체장애인을 포함한 모든 장애인에 대한 '장애인권리선언'을 채택하였다. 이 선언문은 신체적 · 정신적 장애를 예방하고, 장애인이 능력을 최대한 개발할 수 있도록 원조하며, 가능한 한 통상적인 생활에 통합될 수 있도록 촉진할 것을 명시하고 있다. 장애인권리선언문에서 장애인이란 "선천적이든, 후천적이든 간에 신체적 · 정신적 능력의 불완전으로 인한 개인 또는 사회생활에서 필요한 것을 확보하는 데 자기 자신으로서는 완전하게 또는 부분적으로 할 수 없는 사람을 의미한다."라고 정의되어 있다.

장애인은 이 선언에서 제시한 모든 권리를 향유한다. 이들의 권리는 예외가 없고, 인종, 피부색, 성, 언어, 종교, 정치, 국가 또는 사회적 신분, 빈부, 출신, 장애인 자신 또는 그 가족이 처한 상황에 따라 구별도 차별도 없으며, 모든 장애인에게 인정된다. 장애인은 출생하면서부터 인간으로서의 존엄이 존중되는 권리를 가지며, 장애의 원인, 특성 또는 정도에 관계없이 동년배의 시민과 동등한 기본적 권리를 갖는다. 또한 장애인은 경제적 · 사회적 보장을 받아 상당한 생활 수준을 보유할 권리가 있다. 장애인은 그 능력에 따라서 보장받고, 고용되며, 또는 유의하고 생산적인 동시에 보수를 받는 직업에 종사하고, 노동단체에 참여할 권리가 있다. 장애인의 가족 및 지역사회는 이 선언에 포함된 권리에 대해서 모든 적절한 수단에 의하여 충분히 주지하여야 한다.

3) 「유엔장애인권리협약」

「유엔장애인권리협약」(UNCRPD, 2006)은 기존의 국제인권 조약들을 보충하는 것이다. 이 협약은 장애인의 새로운 인권을 특별히 인정한 것이 아니라, 모든 장애인이 모든 인권을 동등하게 향유할 권리를 존중하고 확인해야 할 국가의 의무와 법적 책임을 명확하게 한 것이다. 이 협약은 유엔이 여덟 번째로 채택한 인권 협약으로, 2006년 12월 13일 유엔총회에서 만장일치로 합의 · 채택되었다. 장애인이 모든 인권과 기본적인 자유를 완전하고 동등하게 향유하도록 촉진하고 보호하는 데 이 협약의 목적이 있다.

2008년에 발효된 「유엔장애인권리협약」은 사회적 관점에서의 장애 개념을 채택하고 있다. 그중 제3조는 장애인의 인권 존중을 위한 8대 원칙을 제시하고 있는데, 구체적 내용은 다음과 같다. 우선, 인격의 독립성과 스스로 결정할 자유를 포함한 장애인의 내재적 존엄성, 개인의 자율성의 존중(a호), 차별금지(b호), 사회에 완전하고 효과적으로 참여하고 사회구성원으로 통합시킬 것(c호), 장애인을 인간의 다양성과 인본성의 한 부분으로서 수용하고 그 차이점을 존중할 것(d호), 기회의 평등(e호), 접근성 보장(f호), 남녀의 평등(g호), 그리고 장애아동의 능력의 발전성을 존중하고, 장애아동이 자기정체성을 보존할 권리를 존중할 것(h호) 등을 담고 있다.

또한 「유엔장애인권리협약」은 장애인이 자신의 권리를 실행에 옮길 수 있도록 조정이 이루어져야 할 영역들과 장애인의 권리가 일상생활에서 침해받고 있는 탓에 이들의 권리보호가 강화되어야 할 영역들을 확인하고 있다. 이처럼 협약은 모든 사람에게 적용되고 합당한 실행구조를 위한 기초를 제공해야 할 보편적인 최저 기준을 설정하고 있다.

「유엔장애인권리협약」 제1조에서는 "모든 장애인이 모든 인권과 기본적인 자유를 완전하고 동등하게 향유하도록 증진, 보호, 보장하고, 모든 인권 향유를 명백히 하고, 보호하고, 장려하며, 장애인 고유의 존엄성을 존중하도록 장려함을 목적"으로 하고 있다.

〈표 11-2〉 **「유엔장애인권리협약」의 구성과 내용**

구성	조항 및 내용
전문	유엔헌장의 원리, 세계인권선언, 장애인인권선언, 경제·사회·문화적 권리에 대한 국제협약, 시민정치적 권리에 관한 국제협약 등 기타 유엔의 인권협약의 정신과 내용 상기, 장애인의 존엄성, 다양한 자율성과 선택의 자유, 안전 등 기본적 장애인 인권의 중요성 확신
제1부	제1조 협약의 목적/제2조 정의/제3조 제반원리들/제4조 일반적 의무/제5조 평등과 차별금지/제6조 장애여성/제7조 장애아동/제8조 장애에 대한 인식개선/제9조 접근성
제2부	제10조 생명권/제11조 위험상황/제12조 법 앞의 평등/제13조 재판접근권/제14조 인간의 자유와 안전/제15조 고문이나 잔혹, 비인간적 또는 모욕적인 대우나 처벌로부터의 자유/제16조 착취, 폭력과 학대로부터의 자유/제17조 인간고결성의 보호/제18조 이동과 국적의 자유/제19조 독립생활과 지역사회 통합/제20조 개인의 이동/제21조 표현과 의견 및 정보접근의 자유/제22조 사생활의 존중/제23조 가정과 가족에 대한 존중/제24조 교육/제25조 건강/제26조 해빌리테이션과 재활/제27조 노동과 고용/제28조 적절한 삶의 조건과 사회보장/제29조 정치적, 그리고 공직생활의 참여/제30조 문화적 삶과 레크리에이션, 여가 및 스포츠에 대한 참여

제3부	제31조 통계와 자료 수집/제32조 국제 협력/제33조 국내 이행과 모니터링/제34조 장애인권리위원회/제35조 당사국 보고서/제36조 보고서의 고려/제37조 당사국과 위원회 간의 협력/제38조 기타 기구와 위원회와의 관계/제39조 위원회의 보고/제40조 당사국 회의/제41조 기탁/제42조 서명/제43조 구속에 대한 동의/제44조 지역적 통합기구 등

5. 국내법과 기타 관련 규정

1) 「헌법」

우리나라의 「헌법」 제10조에서는 인간으로서의 존엄성과 행복추구권 보장의 근거를 제시하고 있다. 즉, "모든 국민은 인간으로서의 존엄과 가치를 가지며, 행복을 추구할 권리를 가진다. 국가는 개인이 가지는 불가침의 기본적 인권을 확인하고 이를 보장할 의무를 진다."라고 명시하고 있다. 또한 제34조는 가장 대표적인 사회적 기본권 규정으로, 제1항에서는 인간다운 생활을 할 권리로서의 생존권을 규정하고 있으며, 제2항에서는 국가의 사회보장 및 사회복지 증진 노력의 의무와 신체장애자 및 질병, 노령, 기타의 사유로 생활 능력이 없는 국민에 대한 국가의 보호를 규정하고 있다.

2) 「장애인복지법」

「장애인복지법」(2017)에서는 장애인으로서의 존엄과 가치를 존중받으며 이에 상응하는 처우를 받는다고 규정하고 있고, 모든 장애인은 국가, 사회를 구성하는 일원으로서 정치 · 경제 · 사회 · 문화, 기타 모든 분야의 활동에 참여할 기회가 보장된다고 함으로써 「헌법」에서 보장하는 기본적 인권이 장애인에게도 역시 동등하게 보장되고 있음을 천명하고 있다. 동법 제4조에서는 복지라는 개념이 지금까지 일반의 인식처럼 기초적 생계만을 보장하는 국가의 시혜적 행위를 말하던 것에서 한 걸음 나아가, 장애인복지란 장애인의 인권을 구체적으로 보장하는 것을 의미한다고 규정하고 있다.「장애인복지법」 제8조에서는 "누구든지 장애를 이유로 정치 · 경제 · 사회 · 문화생활의 모든 영역에서 차별을 받지 아니하고, 누구든지 장애를 이유로 정치 · 경제 · 사회 · 문화생활의 모든 영역에서 장애인을 차별하여서는 아니 된다."라고 명시하고 있다. 또한 누구든지 장애인을 비하, 모욕하거나 장애인을 이용하여 부당한 영리행위를 하여서는 아니 되며, 장애인의 장애를 이해하기 위하여 노력하여야 한다.

3)「국가인권위원회법」

우리나라에서 인권을 정의하고 이러한 권리를 침해하거나 침해받았을 경우, 어떻게 해야 하는지를 규정하고 있는 법률이 바로「국가인권위원회법」(2016)이다.

「국가인권위원회법」 제2조 제1항에서는 "인권이라 함은「대한민국헌법」 및 법률에서 보장하거나 대한민국이 가입 · 비준한 국제인권조약 및 국제관습법에서 인정하는 인간으로서의 존엄과 가치 및 자유와 권리를 말한다."라고 규정하고 있다. 이러한 규정에 따르면, 인권은 국내법에 근거한 법적 권리뿐만 아니라 자연권적인 인간으로서의 권리를 폭넓게 포함하고 있다고 할 수 있다.「헌법」의 경우, 국민 모두가 인간으로서의 존엄과 가치를 실현할 수 있도록 국민의 기본적인 권리를 몇 가지 규정하고 있다. 즉, 인권을 실현하기 위한 최소한의 법적인 권리가 기본권인 것이다. 그러므로 우리가 알고 있는 자유권, 평등권, 참정권, 교육권, 노동권 등 5개의 기본권은 인권의 일부를 법적인 형태로 갖추어 놓았을 뿐이라고 볼 수 있다.

4) 한국장애인인권헌장

1998년 12월 9일에 공포된 '한국장애인인권헌장'은 전문과 13개 조항으로 구성되어 있다. 한국장애인인권헌장 전문에서는 "장애인은 인간의 존엄과 가치를 가지며 행복을 추구할 권리"를 갖는 인권의 주체임을 천명하고, 국가와 사회는 장애인의 인권보호와 완전한 사회참여 및 평등을 위한 사회적 여건과 환경을 조성하여야 함을 선언하고 있다.

한국장애인인권헌장

장애인은 인간의 존엄과 가치를 가지며 행복을 추구할 권리를 가진다.

장애인은 건전한 사회구성원으로 책임 있는 삶을 살아가며 자신의 능력을 개발하여 자립하도록 노력하여야 한다. 국가와 사회는 「헌법」과 국제연합의 장애인권리선언의 정신에 따라 장애인의 인권을 보호하고 완전한 사회참여와 평등을 이루어 더불어 살아가는 사회를 만들기 위한 여건과 환경을 조성하여야 한다.

1. 장애인은 장애를 이유로 정치·경제·사회·교육 및 문화생활의 모든 영역에서 차별을 받지 아니한다.
2. 장애인은 인간다운 삶을 영위할 수 있도록 소득, 주거, 의료 및 사회복지 서비스 등을 보장받을 권리를 가진다.
3. 장애인은 다른 모든 사람과 동등한 시민권과 정치적 권리를 가진다.
4. 장애인은 자유로운 이동과 시설 이용에 필요한 편의를 제공받아야 하며, 의사표현과 정보 이용에 필요한 통신, 수화 통역, 자막, 점자 및 음성도서 등 모든 서비스를 제공받을 권리를 가진다.
5. 장애인은 자신의 능력을 개발하기 위하여 장애 유형과 정도에 따라 필요한 교육을 받을 권리를 가진다.
6. 장애인은 자신의 능력에 따라 직업을 선택하고 그에 따른 정당한 보수를 받을 권리를 가지며, 직업을 갖기 어려운 장애인은 국가의 특별한 지원을 받아 일하고 인간다운 생활을 보장받을 권리를 가진다.
7. 장애인은 문화, 예술, 체육 및 여가 활동에 참여할 권리를 가진다.

8. 장애인은 가족과 함께 생활할 권리를 가진다. 장애인이 전문시설에서 생활하는 것이 필요한 경우에도 환경이나 생활 조건은 같은 나이 사람의 생활과 가능한 한 같아야 한다.
9. 장애인은 사회로부터 분리, 학대 및 멸시받지 않을 권리를 가지며, 누구든지 장애인을 이용하여 부당한 이익을 취하여서는 안 된다.
10. 장애인은 자신의 인격과 재산의 보호를 위하여 필요한 법률상의 도움을 받을 권리를 가진다.
11. 여성 장애인은 임신, 출산, 육아 및 가사 등에 있어서 생활에 필요한 보호와 지원을 받을 권리를 가진다.
12. 혼자 힘으로 의사결정을 하기 힘든 장애인과 그의 가족은 인간다운 삶을 영위하기 위하여 필요한 지원을 받을 권리를 가진다.
13. 장애인의 특수한 욕구는 국가정책의 계획 단계부터 우선 고려되어야 하며, 장애인과 그의 가족은 복지 증진을 위한 정책결정에 민주적 절차에 따라 참여할 권리를 가진다.

5) 「장애인차별금지 및 권리구제 등에 관한 법률」

우리나라는 장애를 이유로 차별받은 사람의 권익을 효과적으로 구제하고 장애인의 완전한 사회참여와 평등권의 실현을 위해 「장애인차별금지 및 권리구제 등에 관한 법률」(2008)을 제정하여 시행하고 있다. 또한 발달장애인의 사회참여를 촉진하고 권리를 보호하며 지역사회 내에서 인간다운 삶을 영위하는 데 이바지하기 위해 「발달장애인의 권리보장 및 지원에 관한 법률」을 2014년 5월 20일에 제정하여 이듬해인 2015년 11월 21일부터 시행하고 있다.

또한 정신장애인의 지역사회 내 자기결정권을 보장하고 인간다운 삶과 사회 참여를 위한 기반으로서 「정신보건법」의 개정을 통해 「정신건강증진 및 정신질환자 복지서비스 지원에 관한 법률」(2017)이 제정되어 시행되고 있다. 이 법은 정신병원 강제입원절차 내용과 정신질환자의 지역사회복지서비스를 골자로 하며, 전 국민을 대상으로 하는 정신건강증진의 장 신설, 비자의 입 · 퇴원제도 개선, 정신질환자의 범위를 중증정신질환자로 축소하는 등의 내용을 담고 있다.

6) 성년후견제도

우리나라의 성년후견제도 도입과 관련해서는 2004년에 성년후견추진연대가 출범하면서 우리 사회에서 공론화되기 시작하였다. 과거 17대 국회에서 성년후견제에 관한 법안 발의가 시도되었으나 국회에서 공론화되지 못하였다. 이후 2009년 18대 국회에서 법무부 산하에 민법개정위원회를 발족하면서 민간단체로 구성된 성년후견추진연대와 여러 차례의 정책 세미나와 법안 협의를 통해 2009년 12월 29일에 정부안이 발의되었다. 또한 정부와 국회에서 본격적인 성년후견제 도입과 관련하여 「민법」 개정 논의가 이루어지면서 2011년 2월에 국회 본의회를 통과하여 2013년 7월 1일부터 「민법」 개정에 의한 성년후견제가 시행되고 있다.

(1) 성년후견제의 입법 배경

전 세계적으로 고령자의 수는 급격히 증가하는 추세이며, 우리나라 역시 고령자의 증가 속도는 〈표 11-3〉에서 보는 바와 같이 매우 빨라서 사회적으로 심각한 문제에 직면하고 있다. 그러나 노인장기요양보험 외에 뚜렷한 대비책이 없는 실정이다. 특히 고령화에 따른 치매노인 발생률의 증가는 정신능력이 불충분하거나 완전하지 못함에서 발생되는 재산관리나 신상보호에 관한 여러 가지 문제를 야기하고 있는 상황이다.

65세 이상의 인구를 기준으로 하더라도 우리나라의 고령자 수는 이미 2010년에 약 500만 명을 넘었고, 2020년에는 65세 이상의 인구가 전체의 16%, 2026년에는 20%를 넘는 초고령사회에 들어설 것이다. 또한 의사결정능력이 퇴화하는 치매환자의 수도 2020년을 기준으로 65세 이상 노인의 약 10%, 즉 75만 명을 넘어서게 된다.

〈표 11-3〉 **우리나라 치매노인의 수치 변화** (단위: 천 명, %)

구분	2010년	2020년	2030년	2040년
65세 이상 인구	5,357	7,701	11,811	15,041
65세 이상 치매환자	469	750	1,135	1,685
치매유병률	8.8	9.7	9.7	11.2

출처: 보건복지부(2014).

〈표 11-4〉 **우리나라 정신장애인의 수치 변화** (단위: 명)

구분	2008년	2009년	2010년	2014년	2016년	2018년
지적장애	146,898	154,953	161,249	184,355	195,283	206,917
자폐성장애	12,954	13,933	14,888	19,524	22,853	26,703
정신장애	86,624	94,776	95,821	96,963	100,069	102,140

출처: 보건복지부(2019b).

과거 의사결정 능력에 장애가 있는 성인의 보호를 위한 법제도로 실시되었던 행위무능력제도는 심신상실, 심신박약의 상태에 있는 성인에 대해 가정법원이 금치산자 · 한정치산자 선고를 함으로써 배우자, 직계 또는 방계혈족이 법정후견인으로 선임되어 피후견인의 재산 및 신상(금치산자에 한정)을 보호하도록 한 제도이다. 이 제도하에서 후견인은 포괄적인 재산관리 및 신상보호 권한(금치산자의 후견인에 한정)을 가지며(「민법」 제949조, 제947조), 금치산자의 경우에는 비록 자연적인 의사결정 능력이 있더라도 그가 한 모든 법률행위가 후견인에 의해 취소될 수 있는 까닭에 금치산자는 법률행위 능력만이 아니라, 사실상의 재산관리 권한도 박탈된 채 후견인의 지시에 따를 수밖에 없고, 「형법」상 범죄를 구성하지 않는 한 어느 누구도 그 후견인의 지시를 제어할 수 없었다.

반면에 성년후견제도란 판단 능력이 다소 불충분하기 때문에 계약체결 등의 법률행위에 있어서 의사결정이 곤란한 자에 대하여 그 불충분한 판단 능력을 보충하고 불측의 손해를 받지 않게 하기 위해 창설한 것으로 본인의 권리보호를 목적으로 하는 제도이다. 이러한 성년후견제도는 '정신상의 장애 등으로 말미암아 판단 능력이 다소 불충분한 사람의 재산관리와 신상보호에 관한 제도'라고 할 수 있지만, '시민사회 관계를 규율하는 「민법」상의 제도이면서 동시에 더 나아가 사회복지제도'라는 측면이 있다. 즉, 재산관리를 그 주된 목적으로 하는 것이지만, 재산이 없더라도 스스로의 필요 때문에 금전을 지출할 필요가 있고 복지서비스를 받을 때에도 계약이 필요하며, 서비스에 문제가 있는 경우에는 이것을 해결해야 할 필요가 있기 때문이다.

〈표 11-5〉 **우리나라 과거의 후견제도와 성년후견제도의 비교**

구분	과거의 후견제도	성년후견제도
용어	금치산 · 한정치산의 부정적 용어	부정적 용어 폐지/성년후견제
대상	중증정신질환자에 국한	정신장애 및 치매노인 등 고령자까지 확대
범위	재산관리행위 치중	의료, 요양 등 복지 영역까지 확대
후견인 선임	사전 순위 규정(배우자, 직계 혈족)	가정법원이 상황을 고려하여 선임
본인 의사	본인 의사 반영절차 없음	후견심판 시 본인 의사를 청취
감독기관	친족회	가정법원이 선임한 후견감독인
후견인 자격	자연인 1인만 가능	복수 또는 법인 후견인 가능
후견계약	본인 결정 불가능	본인이 후견인과 협의하여 내용 결정 가능

출처: 염형국(2012)의 자료집을 재구성.

(2) 성년후견의 유형과 내용

성년후견은 질병, 장애, 노령, 그 밖의 사유로 인한 정신적 제약으로 사무를 처리할 능력이 지속적으로 결여된 사람에 대하여(개정 「민법」 제9조), 한정후견은 같은 사유로 사무를 처리할 능력이 부족한 사람에 대하여(개정 「민법」 제12조), 특정후견은 같은 사유로 일시적 후원 또는 특정한 사무에 관한 후원이 필요한 사람에 대하여(개정「민법」제14조의2) 일정한 사람의 청구에 의하여 가정법원의 심판으로 개시된다. 임의후견은 장차 후견이 필요한 상황에 대비하여 자신의 재산관리 및 신상보호에 관한 사무의 전부 또는 일부를 타인에게 위탁하고 이를 위한 대리권 수여를 내용으로 하는 공정증서에 의해 체결되는 계약에 의한 후견이다(개정「민법」제959조의14). 이러한 성년후견제의 종류와 내용을 살펴보면 다음과 같다.

① 성년후견

성년후견인은 피성년후견인의 재산을 관리하고 그 재산에 관하여 피성년후견인을 대리하는 법정대리인이지만, 가정법원은 성년후견인의 대리권의 범위를 정할 수 있고 일정한 자의 청구에 의하여 대리권의 범위를 변경할 수 있다(개정「민법」제938조). 피성년후견인은 자신의 신상에 관하여 그의 상태가 허락하는 범위에서 단독으로 결정한다. 피성년후견인이 스스로 신상에 관한 결정을 할 수 없는 상태에 있는 경우에는 성년후견인이 피성년후견인의 신상에 관하여 결정할 수 있도록 하되, 가정법원이 그 권한에 관한 범위를 정하거나 변경할 수 있다. 성년후견인이 피성년후견인을 치료 등의 목적으로 정신병원 등에 격리하는 경우에는 가정법원의 사전허가를 받아야 한다. 의료적 침습의 경우 성년후견인이 피성년후견인을 대신하여 동의할 수 있으며, 피성년후견인이 의료행위의 직접적인 결과로 사망하거나 상당한 장애를 입을 위험이 있을 때에는 가정법원의 허가를 받아야 하고, 허가절차로 의료행위가 지체되어 피성년후견인의 건강에 중대한 장애를 초래할 때에는 사후에 허가를 청구할 수 있다(개정「민법」제947조의2, 제938조).

② 한정후견

피한정후견인은 원칙적으로 유효한 법률행위를 할 수 있는 행위 능력을 보유한다. 그러나 가정법원은 일정한 법률행위를 할 때에는 한정후견인의 동의를 받도록 정할 수 있으며(동의유보), 그러한 경우 한정후견인의 동의가 없는 피한정후견인의 법률행위는 취소할 수 있다(개정「민법」제13조). 가정법원은 후견인에게 대리권을 부여하는 심판을 할 수 있고, 변경할 수 있다(개정「민법」제959조의4). 피한정후견인의 신상에 대한 결정은 피한정후견인의 상태가 허락하는 범위에서 피한정후견인이 단독으로 결정하지만, 피한정후견인이 결정할 수 없는 경우에 대비하여 가정법원은 한정후견인이 피한정후견인의 신상에 관하여 결정할 수 있는 권한의 범위를 정할 수 있고, 변경할 수 있다(개정「민법」제959조의6).

③ 특정후견

특정후견의 심판에 의하여 가정법원은 피특정후견인의 재산 또는 신상과 관련된 특정한 법률 문제의 해결을 위하여 관계인에게 특정행위를 명하거나 부작위를 명하는 등의 방법으로 사무처리에 필요한 처분을 할 수 있다. 또한 특정명령으로 피특정후견인에 조력하는 특정후견인을 선임할 수 있으며, 피특정후견인의 필요에 따라 특정후견인에게 특정사안에 대한 법정 대리권을 부여할 수 있다(개정「민법」제959조의8, 제959조의9, 제959조의11). 특정후견인이 피특정후견인의 행위를 목적으로 하는 채무를 부담하는 법률행위를 대리하는 때에는 피특정후견인의 동의를 얻어야 한다(개정「민법」제959조의12, 제920조).

④ 임의후견

임의후견의 내용은 당사자들의 계약에 정한 바에 따른다. 임의후견 계약은 가정법원이 임의후견감독인을 선임하여야만 효력이 발생한다(개정「민법」제 959조의14).

우리나라의 성년후견제는 가정법원, 지방자치단체, 성년후견법인, 후견감독인을 통해 후견사무를 볼 수 있는 근거를 마련해 놓고 있어 향후 성년후견법인, 성년후견지원센터 등 성년후견제 운영을 위한 다양한 법인과 기관의 설립이 요구된다. 결국 우리나라의 경우도 성년후견서비스는 가정법원 중심

〈표 11-6〉 **우리나라 성년후견제도의 유형**

구분	법정후견			임의후견
	성년후견	한정후견	특정후견 (보건복지부 지원)	
후견의 필요성	사무처리 능력의 지속적 결여	사무처리 능력의 부족	일시적 지원 또는 특정 사무 지원	사무처리 능력의 부족
후견 심판 청구인	본인(발달장애인), 배우자, 4촌 이내 혈족, 검사 또는 지방자치단체장			본인, 배우자, 4촌 이내 혈족, 임의후견인, 검사, 지방자치단체장
후견인 권한	포괄적인 대리권 및 취소권	법원이 정한 범위 내에서 대리권, 동의권, 취소권	법원이 정한 범위 내에서 대리권	각 계약에서 정한 범위
특징	후견인의 권한이 너무 커 피후견인의 자기결정권 침해가 큼	지속적 후견 유형으로 피후견인의 사망 외에는 종료가 불가하여 후견인으로 가족이 적합함	후견 기간 (2~5년)이 있어 공공후견인에게 적합 (제삼자 후견)	치매 및 정신적 장애인 이용 권장

으로 수행될 것으로 보인다. 가정법원은 성년후견인을 선임하고 업무의 특성에 따라 후견감독인을 선임하게 된다.

무엇보다도 지역사회 내에서 성년후견제서비스 제공은 피후견인의 지역사회와 시설에서의 일상생활과 계약관계, 수급비 등 신상과 밀접한 관계를 가지고 있어 「사회복지사업법」「노인복지법」「장애인복지법」 등 후견제도서비스 제공과 후견인 양성에 관한 근거가 마련되어야 한다. 또한 후견인 양성에 관한 비용 문제와 인력 공급을 정부의 지원에만 의존할 수 없는 상황이어

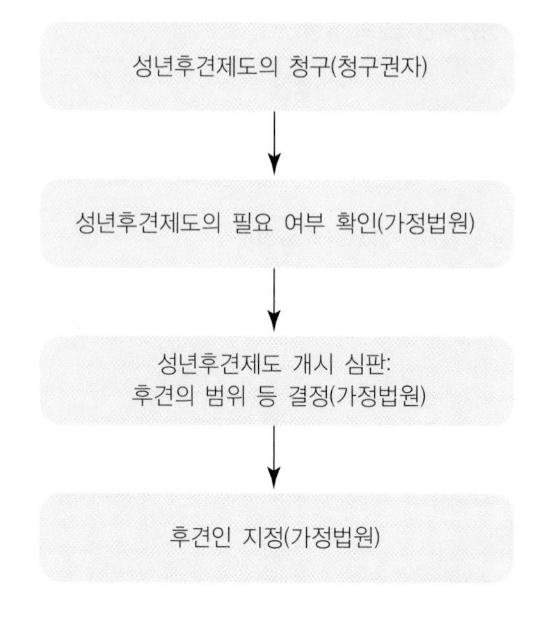

[그림 11-1] **성년후견서비스 이용절차**

서 지역복지 차원에서 적절한 대비가 요구된다. 독일의 경우, 성년후견제의 소요 비용 절감을 위해 지방자치단체에서 자원봉사 후견인의 양성을 활성화하고 있다. 그러므로 성년후견인 양성을 위해 지방자치단체와 법원, 지역 사회복지단체 등 전문가들의 참여를 통하여 지역의 인적 자원을 유기적으로 조직하고 활용할 수 있도록 서비스 시스템을 구축해야 한다.

성년후견제도를 이미 시행하고 있는 경제 선진국들의 사례를 볼 때, 적어도 인구의 1% 이상이 이용하는 제도가 될 것으로 예상되고 있다. 이를 위해서는 성년후견제와 타 법률의 적합성 조율이 필요하며, 정부와 지방자치단체, 그리고 행정부처 간의 적극적인 협력을 유도하는 후속 법률의 제정 및 지원정책들이 요구된다. 또한 이러한 성년후견제도는 의사결정 능력이 부족한 당사자들의 의사결정을 지원하고 권익을 옹호하는 측면이 있다. 하지만 유엔장애인권리위원회는 우리나라 현행의 성년후견제도가 대행적 의사결정의 위험이 있으므로 '지원적 의사결정' 방향으로 개선해야 한다고 지적하였다.

요약

1. 인권의 정의

- 모든 인간이 가지고 태어나는 것으로, 국가나 실정법에 의해 부여되는 것이 아니라 모든 인간이 태어나면서부터 지니게 되는 '천부적인 인권'을 의미한다.
- 인간이기 때문에 갖는 당연한 권리로, '인간의 존엄성을 보장받을 권리'라고 정의할 수 있다. 그러므로 어떠한 현행법도 인권보다 우선시할 수 없으며, 그 누구도 성별, 인종, 장애 유무, 계급 등을 이유로 차별하지도, 차별받지도 말아야 한다.
- 인권은 '인간이라면 누구나 누려야 할 보편타당한 권리'이지만, 현실적으로 사회적 환경이나 개인이 처한 상황에 따라 그 권리의 차이를 보이고 있다. 하지만 인권은 '「헌법」상 보장된 국민의 기본권'과 같이 명시된 권리이기도 하다.

2. 최근 한국 장애인 인권복지정책의 수립과 시행상의 특징

- 장애인 당사자의 참여와 요구로 제안이 시작되고 실현되었다는 긍정적인 측면을 지닌다.
- 경증장애인 중시에서 중증장애인의 권리와 삶의 문제로 무게 중심이 점차적으로 전환되었다.
- 장애인 문제의 접근이 복지의 관점에서 인권의 관점으로 가치관이 서서히 전환되었다는 긍정적인 시각이 등장하였다.

3. 한국장애인인권헌장

- 1998년 12월 9일에 공포된 '한국장애인인권헌장'은 전문과 13개 조항으로 구성되어 있다.
- 전문에서는 '장애인이 인간의 존엄과 가치를 가지며 행복을 추구할 권리'를 갖는 인권의 주체임을 천명하고, 국가와 사회는 장애인의 인권보호와 완전한 사회참여 및 평등을 위한 사회적 여건과 환경을 조성하여야 함을 선언하고 있다.

4. 성년후견제도

치매노인, 발달장애인, 정신장애인 등 특정 상황에서 판단 능력이 부족하거나 결여되어 자신의 사무를 스스로 해결하기 어려운 성인이 후견인의 도움을 받아 자신의 일을 스스로 결정하고 해결할 수 있게 하는 새로운 개념의 성인을 위한 후견제도이다. 성년후견제도 유형으로는 성년후견, 한정후견, 특정후견, 임의후견 등이 있으며, 2013년 7월 1일부터 시행되고 있다.

Issues & Discussion

1. 인권의 의미와 특성에 대해 논하시오.

2. 장애인 인권 신장을 위한 국제사회의 노력과정에 대해 설명하시오.

3. 「유엔장애인권리협약」의 의미와 국내 적용을 위한 후속 입법에 대해 알아보시오.

4. 성년후견제도의 도입 배경과 목적에 대해서 설명하시오.

12

장애인 권익옹호와 지원체계

이 장에서는 최근 논의되고 있는 장애인 권익옹호와 지원체계에 대해서 알아본다. 그리고 「장애인차별금지법」의 입법 배경과 내용을 살펴보고, 장애인차별 시정기구로서 국가인권위원회와 외국의 「장애인차별금지법」에 대해서 탐구하고자 한다.

「장애인차별금지법」은 장애를 이유로 한 차별을 금지하고 장애를 이유로 차별받은 사람의 권익을 구제함으로써 장애인의 사회참여와 평등권 실현을 통해 한 사회구성원과 인간으로서의 존엄과 가치를 구현하기 위해 2007년도에 만들어진 법으로, 2008년 4월 11일부터 시행되고 있다. 그러나 현실적으로 「장애인차별금지법」이 얼마만큼 실효성 있게 작동하느냐에 따라 장애인의 인권 신장과 사회참여를 촉진시킬 수 있다.

장애인 권익옹호의 필요성과 지원체계, 그리고 장애인 차별에 대한 구체적인 사례들을 통하여 우리 사회에서 장애인 차별에 대한 실태와 문제점을 알아보고, 장애인의 진정한 사회참여방안에 대해서 모색해 보도록 한다.

학습목표

1. 권익옹호의 개념과 유형에 대해서 설명할 수 있다.
2. 우리나라 장애인 권익옹호 지원체계에 대해 이해할 수 있다.
3. 「장애인차별금지법」의 입법 배경과 목적, 내용에 대해 설명할 수 있다.

키워드

장애인 권익옹호 / 권익옹호 지원체계 / 「장애인차별금지법」

1. 장애인 권익옹호

우리나라는 2007년에 「장애인차별금지 및 권리구제 등에 관한 법률」이 제정되었고, 2008년에 「유엔장애인권리협약」을 비준하였다. 2016년에는 「발달장애인 권리보장 및 지원에 관한 법률」이 시행됨으로써 장애인의 권익옹호를 위한 법적 서비스가 구축되어 가고 있다. 그러나 이러한 제도적 변화에도 불구하고, '도가니 사건' '신안 염전 피해 사건' '강원도 ○○시 사랑의 집 사건' 등 장애인을 대상으로 한 착취, 방임, 학대, 성폭행 등의 장애인 인권침해 사건들이 끊임없이 발생하고 있다. 2020년 청도○○병원 등에서 코로나19 확진자가 속출하면서 감염 취약계층 안전에 비상이 걸렸다. 정부는 당시 치료를 위해 음압병실로 이송하는 대책과 달리 정신장애인 당사자들에 대해 '코호트 격리(집단 격리)'치료를 결정한 바 있다. 이는 다시 사회와 철저히 격리되는 상황으로 장애인 당사자에게는 심각한 인권 유린의 요인이 될 수도 있다. 향후 감염병 유행으로 인한 서비스 공백에 대한 대책과 집단거주시설에 대한 감염병 대응방안 등 장애인 당사자의 목소리를 담은 현실적인 대책이 요구된다. 또한 이러한 현실 속에서 장애인 권익옹호의 필요성과 제도적 뒷받침이 요구된다.

1) 권익옹호의 개념과 유형

권익옹호란 먼저 문자적으로만 보면, 변호, 지지, 주장 등의 개념을 포함하는 것으로, 자신 또는 누군가를 위해 '큰소리로 말하는 것'을 뜻한다. 광의적으로 확장해 보면, 누군가가 목소리를 높이도록 하는 모든 일련의 행위라고 말할 수 있다(김용득, 윤재영 외, 2013). 또한 권익옹호는 "정치 · 경제 · 사회 시스템과 제도 내에서 공공정책과 자원 배분에 대한 의사결정들을 포함해서 사람들이 현재 생활에 직접 관여된 결과들에 대한 영향력을 추구하는

출처: www.diakonie-betreunngsvereine.de/

것"이다. 우리나라 『사회복지대백과사전』(1999)에서는 권익옹호를 "사회정의를 확보 · 유지하기 위한 목적에서 하나 이상의 개인이나 집단 또는 지역사회를 대신해서 일련의 조치를 직접 주장, 방어, 개입, 지지, 추천하는 행위"로 정의하고 있다.

이러한 권익옹호는 기본적으로 옹호를 받는 사람, 옹호하는 사람, 그리고 상대방의 삼각관계가 관여되는 상호작용이다. 이러한 권익옹호의 수행절차는 먼저 문제의 제시, 정보수집, 법률검토, 해석 및 옹호이용인에게 환류, 적극적인 협상과 옹호, 그리고 소송 등의 6단계로 구분하여 설명할 수 있다(Bateman, 1995). 권익옹호는 당사자의 역량강화에 관계되는 실천이며, ① 침해당하거나 억압받고 있는 당사자의 권리를 지원하고, ② 권리구제나 권리의 형성, 획득을 지원하고, ③ 권리를 가로막는 문제를 당사자가 스스로 해결하기 위해 다양한 지원을 활용하는 방법이나 절차에 기반한 활동의 총체라 할 수 있다.

권익옹호의 유형은 크게 스스로 옹호(do-it-yourself advocacy)와 외부 옹호(outsider advocacy)로 구분된다. 스스로 옹호에는 자기옹호(self-advocacy)와 집단옹호(collective advocacy)가 속하며, 외부 옹호에는 시민옹호(citizen advocacy), 동료옹호(peer advocacy), 전문가옹호(professional advocacy), 법률옹호(legal advocacy), 비지시적 옹호(non-directed advocacy), 전자옹호(e-advocacy)가 속한다(이명현, 2005; 이혜원, 윤혜미, 2010).

2) 우리나라의 장애인 권익옹호 지원체계

과거 우리나라의 장애인 권익옹호 지원체계는 공적기관으로 보건복지부 산하 장애인인권침해예방센터, 조례에 근거한 지역 장애인인권센터 등을 들 수 있다. 장애인인권침해예방센터는 보건복지부가 2010년부터 위탁, 운영하고 있으며, 지역 장애인인권센터의 경우에도 지방자치단체로부터 민간 위탁의 방식으로 운영된다는 점에서 미국의 장애인 권익옹호(Protection & Adovocacy: P&A) 기구와 유사하다. 하지만 장애인인권침해예방센터는 장애인 인권침해 발생 시 진상조사, 인권침해에 노출된 장애인에게 필요한 다양한 지원, 법적 소송 등 법적 분쟁을 지원할 수 있는 지원체계 등 다각적인 측면에서의 권익옹호 지원체계를 구축하지 못함으로써 권익옹호 기구로서의 역할에 한계를 보이고 있다. 또한 지방자치단체 조례에 조사권과 접근권, 피해자 긴급조치권 등을 명시하기 어려운 한계가 있다. 조례로 만들어진 장애인인권센터의 경우에는 인권침해에 대한 강제조사뿐만 아니라 임의조사조차 할 수 없는 실정에 처해 있다. 한국의 장애인 권익옹호 지원체계의 특징으로는 시민단체의 자발성과 역동성에 기반을 두고 있다는 점을 들 수 있다. 장애인 민간단체의 경우에는 장애 민감성과 인권침해 사안에 대한 신속한 개입과 지원 등 역동성을 갖고 있지만, 조사 권한과 직권조사, 접근권, 피해자 긴급조치권 등의 권한이 없기 때문에 적극적 대응과 개입에는 한계를 안고 있다.

우리나라의 경우에는 영국처럼 공적기관과 민간기관의 협력체계를 통한 체계적이며 전문적 · 개별적 옹호가 어려운 상황이기 때문에 장애인의 인권이 유린되는 사건이 발생할 경우, 민간단체는 매번 적극적 옹호지원 한계를 절감할 수밖에 없는 상황이다. 이러한 장애인 권익옹호 지원체계의 부재에 따른 문제점을 극복하기 위한 시작점으로써 2010년 미국의 P&A 기구의 역할과 기능을 갖춘 한국의 장애인 권익옹호 지원체계 구축에 대한 필요성이 제기되었다(서재경, 제철웅, 최윤영, 2016).

우리나라는 2015년「장애인복지법」개정에 따라 2017년 1월 1일부터 학대 피해장애인에 대한 지원과 사후관리를 목적으로 장애인 권익옹호기관을 설치・운영하게 되었다. 그러나 처음 장애인 권익옹호 지원체계를 둘러싼 논의 상황은 매우 복잡한 양상으로 나타났다. 처음부터 정부와 장애인단체가 장애인 권익옹호 지원체계를 마련하는 데 서로 다른 견해를 보이는 측면들이 있었는데, 당시 장애인 권익옹호 지원체계를 둘러싼 쟁점을 간략히 요약해 보면 다음과 같다.

첫째, 장애인권리보장법 제정운동이다. 장애인권리보장법을「장애인복지법」에 담을 것이냐, 별도의 특별법을 제정할 것이냐에 대한 검토가 이뤄지고 있다. 둘째, 장애인권리보장법의 '권리보장 영역'으로 포함된 한국의 장애인 권익옹호로서의 P&A 지원체계 권한과 역할에 대한 검토이다. 가장 쟁점이 되는 것은 조사 권한, 독립성, 전달체계에 대한 논의이다. 셋째, 2015년 12월 보건복지부 주도하의「장애인복지법」개정안에 대한 쟁점이다. 개정된「장애인복지법」에는 학대예방 관련 조치가 한정되어 있다는 점, 제한된 조사권한, 독립성이 보장되지 않는다는 점 등으로 인해 장애인단체의 저항이 일어났다.

결국 정부와 장애인단체의 중재와 노력으로「장애인복지법」을 개정하는 방법을 통해 우선 장애인 권익옹호기관을 설치하였으며, 지역사회 내의 학대예방과 사후지원 등 권익옹호 활동의 기초를 시작하게 되었다.

장애인 권익옹호기관은「장애인복지법」제59조의9에 의거, 장애인학대를 예방하고 피해장애인에 대한 지원 및 사후관리를 담당하는 전문기관으로 중앙장애인권익옹호기관 외 17개 시・도 지역에 지역장애인권익옹호기관이 설치되어 있다. 중앙장애인권익옹호기관은 지역장애인권익옹호기관을 지원하는 역할을 하며, 관계기관 간의 협력체계를 구축하고 장애인학대 예방 관련 연구 및 실태조사 등의 다양한 업무를 수행한다. 지역장애인권익옹호기관은 학대받은 장애인을 발견 및 보호, 그리고 치료하기 위해 장애인학대 사건의 신고접수와 현장조사 및 응급보호, 피해장애인에 대한 사후관리 등의 업무를 담당하게 된다. 즉, 중앙기관의 주요 업무는 연구, 조사 및 네트워크 구축을 통해 지역기관이 효과적으로 업무를 수행할 수 있도록 지원하는 것이고, 지역기관은 학대신고 접수 후 현장에 출동하여 사건의 처리부터 피해장애인에 대한 사후관리까지 실질적인 역할을 수행한다.

동시에 2017년 12월 9일자로 개정 · 공포된 「장애인복지법」은 장애인 학대사건 발생 시 장애인 권익옹호기관의 현장조사권 강화, 학대현장 조사업무 방해 시 형사 처벌 등을 골자로 2018년 6월 20일부터 시행에 들어갔다.

그럼에도 불구하고 우리나라의 장애인 권익옹호 지원체계는 아직 자기발전적인 토양을 구축하는 데 있어서 시간적 · 사회인식적 · 정책적 측면 등 전반적인 부분에서 열악한 상황이다. 그로 인해 현실적으로 피해장애인이 충분히 개별적인 지원과 조력을 통해서 문제를 해결하지 못하고, 오히려 제도적 허점을 이용한 권리침해나 2차적 피해 발생이 합리화되는 사례들이 자주 발생하기도 한다. 따라서 가장 기본적인 과제로서 피해장애인의 개별적 상황이나 욕구에 따른 옹호지원이 더욱 체계적으로 제공되어야 한다. 이러한 개별적 옹호는 장애인 권익옹호 지원이라는 종합적 시스템 구축을 통해 전문적 옹호서비스와 함께 단기 혹은 장기적 지원 형태로 이루어져야 하며, 사후관리까지 가능하도록 더욱 강화되어야 한다. 이를 통해서 장애인 권익옹호기관은 피해조사나 조치 외에도 근본적으로 장애인 권리와 인권침해를 예방하는 지역사회 예방 기능까지 포괄할 수 있어야 하며, 그러한 역할을 더욱 충실히 해나갈 수 있도록 적절한 사회적 모니터링과 보고체계도 함께 갖출 필요가 있다.

2. 「장애인차별금지법」

1) 입법 배경

2006년 12월 유엔의 주도로 「장애인권리협약」이 제정된 것은 장애인 인권 문제에 대한 국제사회의 노력의 결과로 해석되며, 우리나라도 2007년 4월 「장애인차별금지 및 권리구제 등에 관한 법률」(이하 「장애인차별금지법」)의 제정으로 장애인의 권리에 대한 의식 또한 변화하고 있다.

「장애인차별금지법」(이하 「장차법」)의 제정과정

2001. 2. 열린네트워크 「장차법」 제정 전국 국토순례 대행진
2002. 4. 장애우권익문제연구소 국회 「장차법」 입법 청원
2003. 4. 「장애인차별금지법」 제정추진연대 출범식
2004. 3. 법제정전문위원회 법안소위원회에서 법안 초안 작성식
2005. 4. 민주노동당과 법안 발의 당론으로 발의 결정
2005. 9. 민주노동당 노회찬 의원 「장차법」 발의
2006. 4. 국회 보건복지위 상임위에 법안 상정
2006. 8. 제1차 「장차법」 민관공동기획단 회의
2006. 12. 열린우리당 「장차법」 당론 발의/한나라당 「장차법」 발의
2007. 2. 「장차법」 2월 국회 보건복지위 법안 통과
2007. 3. 「장차법」 3월 국회 법제사법위원회 통과
2007. 3. 「장차법」 국회 본회의 통과
2007. 4. 「장차법」 제정
2007. 11. 「장차법」 시행령 작업
2008. 4. 「장차법」 시행

이러한 배경에는 장애인구의 급속한 증가, 가족 구조의 변화 등에 따라 장애인복지 수요의 지속적인 증가, 특히 장애 개념의 변화, 탈시설화, 자립생활의 이념 확산, 장애인 인권의식 제고 등 장애인복지를 둘러싼 환경과 패러다임의 변화가 자리 잡고 있다. 즉, 장애인복지의 패러다임이 전형적인 의학적 모델에서 사회적 모델로 점차 전환하는 추세에 있으며, 장애인도 비장애인과 마찬가지로 동일한 생활환경, 생활패턴, 생활리듬으로써 존중되어야 한다는 정상화이론이 강조되고 있다.

국가인권위원회의 장애차별 진정사건 통계를 살펴보면, 2008년 「장애인차별금지법」 시행 이전에는 585건이 접수된 반면에 2015년에는 1,142건으로 무려 두 배가 넘는 진정사건이 접수되고 있다. 장애인에 대한 인권침해는 따돌림, 괴롭힘, 재산권 침해, 착취, 방임, 성폭행, 학대 등 다양한 차별 유형이 있다. 장애인 인권침해를 겪는 피해장애인은 장애 특성, 장애 정도, 개인적 환경, 사회적 환경 등 다양한 상황에 처해 있는 경우가 많다(국가인권위원회, 2016). 이는 우리 사회에서 여전히 장애를 이유로 한 차별이 존재하고 있으며, 이러한 차별 예방과 장애인식개선에 대한 사회적인 합의가 필요함을 나타낸다. 또한 장애인구는 점증적으로 늘어나고 있지만, 이에 대한 교육권, 주거권, 이동권, 노동권 등 장애인의 사회참여에 요구되는 권리들은 사회적으로 적절히 보장되고 있지 못한 상황이다. 물론 기존의 「장애인복지법」「장애인고용촉진 및 직업재활법」「장애인 등에 대한 특수교육법」「장애인 · 노인 · 임산부 등의 편의증진보장에 관한 법률」「교통약자의 이동편의증진법」 등이 존재하지만, 장애인에 대한 차별행위를 적절하게 규제하고 권리를 보장할 만한 수단으로는 미약한 것이 현실이다. 이러한 상황 속에서 장애인 차별을 금지하고 침해받은 권리를 구제받을 수 있는 실효성 있는 법률을 제정하여 우리 사회에서 장애인의 권리를 인정하고, 사회통합 차원에서 비장애인과 더불어 그들의 권익을 보장할 만한 법률 제정이 필요한 실정이다.

2) 「장애인차별금지법」의 내용

일반적으로 우리가 알고 있는 차별은 종교, 장애, 나이, 신분, 학력, 이미 형의 효력이 없어진 전과, 성별, 성적 지향, 인종, 신체 조건, 국적, 나이, 출신지역, 이념 및 정견 등의 이유로 고용, 모집, 채용, 교육, 배치, 승진, 임금 및 수당지급, 정년, 퇴직, 해고 등에 있어서 특정한 사람을 우대, 배제, 구별하거나 불리하게 대우하고 정치적 · 사회적 · 경제적으로 평등권을 침해하는 행위를 말한다. 이러한 차별은 다음의 네 가지 유형으로 분류할 수 있다(장애우권익문제연구소, 2001).

- 직접차별: 장애인을 정당한 이유 없이 배제 또는 거부하거나 불리하게 대우하는 경우를 의미한다.
- 간접차별: 형식상 공정한 기준을 적용했더라도 장애인에게 불리한 결과가 발생하였다면 이는 간접차별에 해당된다.
- 정당한 편의 제공 거부에 의한 차별: 과도한 부담이나 현저히 곤란한 사정과 같은 정당한 이유 없이 장애인에게 편의시설이나 서비스 등의 제공을 거부하는 경우를 말한다.
- 광고에 의한 차별: 광고의 내용이 장애인에 대한 배제 내지 거부 등 불리한 대우를 나타내는 경우, 이는 광고에 의한 차별에 해당된다.

또한 차별의 영역을, ① 고용, ② 교육, ③ 재화와 용역의 제공 및 이용, ④ 사법 · 행정절차 및 급여와 참정권, ⑤ 모 · 부성권 · 성 등, ⑥ 가족 · 가정 · 복지시설 및 건강권 등으로 구분하고, 이러한 생활상의 다양한 영역에 걸친 차별행위를 구체적으로 금지하도록 규정하고 있다.

「장애인차별금지법」은 장애를 이유로 한 차별을 금지하고, 장애를 이유로 차별받은 사람의 권익을 구제함으로써 장애인의 사회참여와 평등권 실현을 통해 한 사회구성원과 인간으로서의 존엄과 가치를 구현하기 위해 만들어진

법으로, 2008년 4월 11일부터 시행되고 있다. 장애인 당사자는 물론 장애인을 돕는 사람에 대한 차별을 금지하고 보조견 및 장애인 보조기구 등의 정당한 사용을 방해해서는 안 된다는 내용을 담고 있다.

- 모든 생활 영역에서 장애를 이유로 한 차별을 금지
- 장애를 이유로 차별받은 사람의 권익을 효과적으로 구제
  - 장애인의 인권과 사회참여 보장

- 구성: 총칙, 차별금지, 장애여성 · 아동, 권리구제 등 총 50조로 구성, 정당한 편의의 내용은 시행령에 구체화

〈표 12-1〉 **국가인권위원회의 차별 영역별 장애차별 진정사건 접수현황** (단위: 건, %)

구분		합계	고용	교육	재화 · 용역의 제공 및 이용							사법 행정/ 참정권	괴롭힘 등	기타
					합계	재화 · 용역 일반	보험 · 금융	시설물 접근	이동 및 교통 수단	정보 통신 · 의사 소통	문화 · 예술 · 체육			
전체	접수	8,824	576	489	5,435	1,313	627	1,147	643	1,400	305	478	1,086	760
	비율	100.0	6.5	5.5	61.7	14.9	7.1	13.0	7.3	15.9	3.5	5.4	12.3	8.6
2008	접수	585	41	61	347	37	49	78	128	35	20	55	42	39
	비율	100.0	7.0	10.4	59.3	6.3	8.4	13.3	21.9	6.0	3.4	9.4	7.2	6.7
2015	접수	1,142	69	55	729	126	82	124	99	286	12	37	121	131
	비율	100.0	6.0	4.8	63.9	11.0	7.2	10.9	8.7	25.0	1.1	3.2	10.6	11.5

출처: 국가인권위원회(2016).

국가인권위원회의 차별 영역별 장애차별 진정사건 접수현황을 살펴보면, 2008년 「장애인차별금지법」 시행 이전과 2015년의 수치를 비교했을 때, 이동 및 교통 수단 영역의 경우에는 128건에서 99건으로 줄어든 반면에 다른 차별영역은 모두 진정건수가 증가한 것으로 나타났다. 특히 괴롭힘의 경우에는 42건에서 121건으로 증가하였고, 정보통신 · 의사소통의 경우에도

〈표 12-2〉 **「장애인차별금지법」의 구성과 내용**

구분		내용
제1장 총칙 (제1조 내지 제9조)		• 목적, 장애와 장애인, 용어 정의 • 동법상 차별행위를 ① 직접차별, ② 간접차별, ③ 정당한 편의 제공 거부에 의한 차별, ④ 광고에 의한 차별 등 네 가지로 유형화
제2장 차별금지 (제10조 내지 제32조)	고용	• 차별금지, 정당한 편의 제공 의무, 의학적 검사 금지
	교육	• 차별금지, 정당한 편의 제공 의무
	재화와 용역의 제공 및 이용	• 재화 · 용역 제공, 토지 및 건물 매매 · 임대 • 금융 상품 · 서비스, 시설물 접근 · 이용 • 이동 및 교통 수단, 정보접근, 정보통신 · 의사소통 • 문화, 예술, 체육에서의 정당한 편의 제공 • 개인정보 보호, 국가 및 지방자치단체의 의무
	사법 · 행정절차 등	• 차별금지, 정당한 편의 제공
	모 · 부성권 등	• 출산 · 임신 · 입양 시 장애로 인한 차별금지 및 실질적 평등 보장
	가족 · 가정 · 복지시설, 건강권	• 재산권, 양육권, 친권 등에 있어 장애로 인한 불합리한 차별금지 • 복지시설 이용 시 장애로 인한 친권 향유, 가족면접, 외부와의 소통에 있어서의 차별금지 • 의료행위에 있어서 장애를 이유로 제한 · 배제 · 분리 · 거부금지
제3장 장애여성 및 장애아동 등(제33조 내지 제37조)		• 장애여성 및 아동, 정신적 장애인 차별금지 • 국가와 지방자치단체의 의무
제4장 장애인차별시정기구 및 권리구제 등 (제38조 내지 제45조)		• 차별받은 사람은 국가인권위원회에 진정 • 국가인권위원회는 진정조사권과 직권조사권 보유 • 국가인권위원회 내 장애인차별시정 소위원회 설치 • 법무부의 시정명령권
제5장 손해배상, 입증책임 등 (제46조 내지 제48조)		• 차별행위로 손해를 가한 자에게 손해배상 책임 • 입증책임 배분
제6장 벌칙 (제49조 내지 제50조)		• 악의적 차별행위에 대해 3년 이하 징역 또는 3천만 원 이하의 벌금
부칙		• 시행일, 소위원회 설립 준비, 위원 임기 개시

출처: 장애우권익문제연구소(2009), p. 39.

35건에서 286건으로 증가하였다(〈표 12-1〉 참조). 이를 통해 괴롭힘이나 정보통신 · 의사소통, 재화 · 용역일반의 영역에서 장애인이 겪는 차별 상황이 심각한 수준임을 추정할 수 있다.

「장애인차별금지법」에서 금지하는 차별로 인정받기 위해서는 차별받은 사람이 이 법에서 이야기하는 장애인이어야 한다. 「장애인차별금지법」에서의 장애는 '정신적 · 신체적 손상 또는 기능 상실'로 인해 '장기적으로' 개인의 일상 또는 사회생활에 상당한 제약을 초래하는 상태를 의미하며, 장애인이란 이러한 의미에서 장애를 가진 사람을 의미한다. 여기서 정의하는 장애와 장애인은 「장애인복지법」상의 장애의 정의와 동일하다. 「장애인차별금지법」에서의 차별이란 장애를 가지고 있거나 과거의 장애 경력 또는 장애가 있다고 추측하여 차별하는 행위를 의미한다. 여기서는 현재의 장애와 장애에 대한 추측이나 장애를 가질 것으로 예상되는 미래의 장애를 이유로 차별을 할 경우에도 장애인 차별에 해당된다(한국장애인단체총연맹, 2008).

「장애인차별금지법」은 모든 생활 영역에서 장애를 이유로 한 차별을 금지하고 장애를 이유로 차별받은 사람의 권익을 효과적으로 구제함으로써 장애인의 완전한 사회참여와 평등권 실현을 통하여 인간으로서의 존엄과 가치를 구현함을 목적으로 한다(「장애인차별금지 및 권리구제 등에 관한 법률」 제1조).

3) 장애인차별시정기구로서의 국가인권위원회

국가인권위원회는 모든 개인의 기본적 인권을 보호하고 인간으로서의 존엄과 가치 구현을 목적으로 하는 유일한 인권전담 국가기구이다. 인권의 보호와 향상을 위해 이해관계기관 등에 정책과 관행의 개선 및 시정을 권고하거나 의견을 표명하고 있다.

「장애인차별금지법」은 장애인에 대한 차별행위 조사와 구제 업무를 전담하는 장애인차별시정소위원회를 국가인권위원회 내에 두도록 규정하고 있다. 또한 「장애인차별금지법」에서 금지하는 차별행위에 의하여 피해를 입은 사람은 국가인권위원회에 진정할 수 있으며, 진정이 없는 경우라도 차별행위의 내용이 중대하다고 인정되는 때에는 국가인권위원회 직권으로 조사하여 권고할 수 있다.

국가인권위원회의 권고를 이행하지 않는 경우 법무부 장관은 피해자의 신청이나 직권으로 피해자가 다수인 차별행위, 반복적이거나 고의적인 불이행에 대해서는 시정명령을 할 수 있으며, 시정명령 불이행 시 3천만 원 이하의 과태료를 부과할 수 있다.

법원은 「장애인차별금지법」에서 금지한 차별행위를 행하고 그 행위가 악의적인 경우 3년 이하의 징역 또는 3천만 원 이하의 벌금에 처할 수 있으며, 차별로 인하여 손해가 발생한 경우 차별행위자는 피해를 입은 사람에게 손해배상 책임을 지게 된다(제43조).

국가인권위원회의 장애 유형별 장애차별 진정사건 접수현황을 살펴보면, 장애 유형별 장애차별 진정사건 접수 건수가 많이 증가한 것으로 나타났다. 2008년 「장애인차별금지법」 시행 이전과 2015년의 수치를 비교해 보면, 총 건수는 585건에서 1,142건으로 두 배가 넘는 수치가 증가하였다(〈표 12-1〉

〈표 12-3〉 **국가인권위원회의 차별 대비 장애차별사건 진정 건수 접수현황**

구분			차별사유		
			계	성희롱, 나이, 신분, 학력 등	장애
총계	2001. 11.~ 2015. 12.	진정 건수	20,974	11,497	9,477
		비율(%)	100.0	54.8	45.2
「장애인 차별금지법」 시행 이전	2001. 11.~ 2008. 4.	진정 건수	4,269	3,616	653
		비율(%)	100.0	84.7	15.3
「장애인 차별금지법」 시행 이후	2008. 4.~ 2015. 12.	진정 건수	16,705	7,881	8,824
		비율(%)	100.0	47.2	52.8

출처: 국가인권위원회(2016).

참조). 장애 유형별로 살펴보면, 지체장애는 72건에서 334건으로, 시각장애는 85건에서 436건으로, 뇌병변장애는 35건에서 93건으로, 청각장애는 45건에서 101건으로, 지적 및 발달장애는 29건에서 100건으로, 정신장애는 15건에서 30건으로 다양한 장애 유형별 장애차별 진정사건이 모두 증가하고 있음을 알 수 있다.

영화 〈도가니〉로 인하여 장애인에 대한 성폭력 등 장애인 인권침해의 심각성이 사회적 이슈로 제기되었으며, 특히 생활시설에 거주하는 장애인의 인권보장이 매우 취약한 상황이다. 이에 따라 장애인의 인권보호 활동을 강화할 필요성이 대두되면서 지방자치단체별로 장애인 인권 증진에 관한 조례 제정과 인권옹호 활동의 필요성이 제기되고 있다.

우리나라의 장애인 성범죄 피해자에 대한 지원체계

- 성폭력 상담소: 성폭력 피해를 신고·접수하며 상담서비스를 제공하고 있다. 초기 상담을 통해 피해자의 피해 정도를 파악하며, 필요한 서비스가 제공될 수 있도록 지속적인 상담과 심리상담을 제공하고 있다. 필요에 따라 집중 사례관리 서비스를 지원하기도 한다.
- 성폭력보호시설: 피해자에게 거주공간을 제공하며 신체적·정신적 안정을 도모함을 목적으로 한다. 피해자의 심리적 안정과 사회적응을 위한 상담 및 치료, 자립과 자활교육 등을 제공하며 수사기관 조사와 법원 증인 등 법률지원서비스도 병행하여 제공하고 있다.
- 여성긴급전화 1366: 가정폭력, 성폭력, 성매매 등으로 긴급구조와 보호 내지 상담이 필요한 경우 24시간 도움을 제공하고 있다. 주요 역할은 피해여성이 처한 상황을 파악하고 상담을 진행한 후 도움 관련 유관기관의 정보를 제공하고 연계한다.
- 해바라기여성·아동센터: 성폭력 피해여성에 대해 365일 24시간 상담, 의료, 법률서비스 및 수사지원을 원스톱으로 제공한다. 피해자의 2차 피해를 예방할 수 있도록 위기 상황에 개입하고, 의학적 진단과 평가, 치료 및 사전조사, 법률지원서비스, 지역사회 기능 강화를 위한 상담서비스를 제공한다.

이러한 현실을 반영하듯, 유엔장애인권리위원회는 우리나라의 장애인 관련 법률 및 정책에 '성인지적 관점(gender perspective)'이 포함되어 있지 않은 것에 대해 우려를 표하였다. 그리고 장애여성에 대한 가정폭력을 방지하거나 장애인 거주시설에서 이루어지는 장애여성에 대한 성폭력을 예방하기 위한 충분한 조치 역시 부족하다고 평가하였다.

4) 외국의 장애인차별금지 관련법

1990년 미국에서 「장애인법(ADA)」이 제정된 후, 영연방 국가를 중심으로 호주(1992년), 영국(1995년), 스웨덴(1999년), 독일(2002년) 등 선진국뿐만 아니라 가까운 홍콩(1995년) 등에서도 「장애인 차별금지 및 권리구제에 관한 법률」이 정비되었다.

(1) 미국의 「장애인법」

미국의 「장애인법(Americans with Disabilities Act: ADA)」은 「장애인차별금지법」의 원조라고 할 수 있다. ADA의 내용은 크게 고용, 교통, 건축물, 통신 등 사회적 환경에 있어 장애인이 지역사회 속에서 생활할 수 있도록 법으로 규정하고 있다. 예를 들면, 버스에 휠체어 리프트 장착을 의무화하고, 모든 공공건축물에 장애인의 접근 보장을 의무화하였다. 또한 농아인이 전화를 이용할 수 있도록 전화중계 서비스를 하도록 하고, 대학 내에서 수화통역을 하여 교육권을 보장하도록 하고 있는 것이 대표적인 예이다.

ADA에서는 각 영역별로 차별적 처우에 대해 다음과 같이 정의하고 있다.

- 장애인에게 서비스를 제공하지 않거나 거부하는 행위이다. 이러한 행위는 고용 거부와 같은 직접적인 차별 이외에도 기회를 제공하지 않는 것도 포함된다. 예를 들면, 버스회사나 운전기사가 휠체어 사용자의 승차를 거부하지는 않지만 휠체어 리프트를 장착하지 않았다든지 도움을 제

공하지 않는다든지 하면 차별이 되는 것이다.

- 공공기관이 서비스를 제공하는 경우, 가장 통합된 환경에서 서비스를 제공해야 한다. 만일 통합된 환경에서 서비스를 제공하지 않으면 차별적 처우에 해당된다.
- 장애에 대한 간접적인 차별도 차별적 처우에 해당된다.

미국「장애인법」의 가장 주요한 정책목표는 고용상의 차별금지를 규정하여 장애인 고용을 확대하는 것이었다. 이는 고용을 통해 장애인이 사회복지의 수혜자에서 납세자로 바뀌어야만 장애인의 자립기반이 형성된다는 전제에서 출발하였다. 사회 구조에 의한 차별을 인정하여 접근 가능한 사회로의 발전을 도모할 수 있었던 것은「ADA」의 성과인 반면,「ADA」제정 이후 장애인 고용률의 감소라는 의도하지 않은 결과를 초래함으로써 한계를 보여 주고 있는 것도 많은 연구를 통해 입증되었다(장애우권익문제연구소, 2010).

(2) 영국의「장애인차별금지법」

영국의「장애인차별금지법(Disability Discrimination Act: DDA)」에서는 "많은 장애인이 겪고 있는 가난, 불이익, 사회적인 배제 등은 그들의 신체적·정신적 손상이나 의학적인 환경의 제한성 때문이 아니라 장애인들에 대한 태도나 환경적인 장애물로부터 발생하는 경우가 많다."라고 강조하고 있다. 이러한 것을 우리는 '장애의 사회적 모델'이라고 한다. 그러므로 장애인을 위한 진정한 기회균등은 장애인을 다른 사람들과 동등하게 대하는 것 이상의 제도와 사회적 인식이 필요하다.

1995년의「DDA」를 수정하여 2005년에는 '장애인 평등 의무' 조항을 추가하였다. 이 의무 조항은 장애인에 대한 체계적인 차별을 금지하고, 특히 공공기구가 하는 모든 일에 장애인 평등성을 확장시키기 위해 신설되었다. 이 법에 위배되는 차별행위로는 장애인의 장애와 관련된 희롱의 금지, 장애인에 대한 긍정적인 태도의 고취, 공적생활이나 공공부문에 장애인의 참여 촉진 등의 내용을 포함하며, 보다 많은 절차나 과정이 필요하더라도 장애인의 필요와 욕구를 충족시킬 수 있는 조치들을 실행하도록 하고 있다.

(3) 독일의 「장애인평등법」

독일의 장애인보호의 기본원칙은 『사회법전 제1권(Sozialgesetzbuch I)』에 선언되어 있다. 장애인의 자기결정권과 평등한 참여를 위하여 장애인에게 다음과 같은 권리를 보장하고 있다.

- 장애를 예방, 제거, 감소시키고, 악화를 방지한다. 그러나 장애가 이미 발생한 경우, 그 효과를 최소화하기 위해서 필요한 보호를 받는다.
- 소득 능력의 감소와 장기요양보호의 필요성을 예방, 제거 혹은 최소화하고, 악화를 방지하며, 장애인이 조기에 사회보장 급여를 받는 상황을 예방하고, 계속적인 급여지출을 줄일 수 있도록 한다.
- 장애인에게 적성과 능력에 적합한 고용의 기회를 보장한다.
- 장애인의 인격 실현을 지원하고, 사회참여를 촉진하며, 독자적인 자기결정 능력을 향상시킨다.
- 장애를 이유로 한 불이익을 배제하도록 한다.

1994년 독일 「헌법」 제3조 제3항 제2문에는 장애인보호에 대한 규정이 새로이 삽입되었다. 그 내용은 "누구도 장애를 이유로 불이익한 취급을 받지 않는다."라는 것이다. 이것은 장애인을 사회의 구성원으로 적극적으로 포함하고, 사회적 관심을 환기시켰다는 점에서 「헌법」 개정의 의미가 있으며, 장애인에 대한 특별보호를 정당화한다는 점에서 헌법적 의의가 있다.

결국 오랜 논의 끝에 「장애인보호법」이 『사회법전 제9권(SGB IX-Rehabilitation und Teilhabe behinderter Menschen)』으로 제정되었으며, 이 법은 2001년 7월 1일부로 효력이 발생하였다. 이 외에 2002년에 「장애인평등법(Behinderten Gleichstellungs Gesetz: BGG)」이 제정되었다(Lachwitz, 2001).

독일에서 「장애인차별금지법」이 제정되기까지는 수많은 논의와 시간이 소요되었다. 미국의 「ADA」 제정의 영향으로, 독일은 1990년대 후반에 들어서서 독자적인 「장애인차별금지법」에 대한 제정 요구가 시작되었다. 그 결과 2002년에 「장애인평등법」이라는 명칭으로 「장애인차별금지법」이 제정되기에 이르렀다.

출처: 독일연방노동사회부
http://www.bmas.bund.de/

독일의 「장애인평등법」의 목적은 "장애인에 대한 차별을 제거하고 예방하며, 사회 속에서의 삶에 대한 균등한 참여보장과 자기결정에 의한 삶을 살아갈 수 있도록 지원"하는 데 있다. 독일에서 장애인은 "신체적 · 정신적 · 심리적 건강이 6개월 이상 그 연령의 전형적인 상태와는 상이함이 상당하여 사회에서의 생활참여에 지장이 있는 사람"이라고 규정하고 있다. 또한 차별이란 불가피한 이유 없이 장애인과 비장애인을 다르게 대우하고, 이를 통해 장애인이 사회 속에서 삶에 대한 동등한 참여가 직접 혹은 간접적으로 침해받는 것이라고 밝히고 있다.

5) 차별금지의 사례

「장애인차별금지법」에서는 특히 '고용'과 '교육'의 분야에서 고용주와 교육기관이 '화면 낭독 · 확대 프로그램, 무지점자단말기, 확대독서기, 인쇄물 음성변환 출력기, 이동용 보장구, 보청기기, 높낮이 조절용 책상, 각종 보완 · 대체 의료소통도구' 등과 같은 보조기구들을 정당한 편의로 제공할 것을 명시하고 있다.

(1) 고용 분야

제10조(차별금지) ① 사용자는 모집 · 채용, 임금 및 복리후생, 교육 · 배치 · 승진 · 전보, 정년 · 퇴직 · 해고에 있어 장애인을 차별하여서는 아니 된다.
② 「노동조합 및 노동관계조정법」 제2조 제4호에 따른 노동조합은 장애인 근로자의 조합 가입을 거부하거나 조합원의 권리 및 활동에 차별을 두어서는 아니 된다.

동법 제10조 제1항은 고용 분야에서의 장애인 차별금지를 선언한 일반 규정으로, 노동시장 진입 전 단계(모집, 채용), 노동시장 진입 후 단계(임금 등 근로조건, 해고 등 근로관계 종료)에서의 장애인 차별금지를 규정하고 있다. 동법 제10조 제1항이 사용자에게 차별금지 의무를 부과하고 있다면, 동법 제10조 제2항은 근로자의 단결체인 노동조합에게 차별금지 의무를 부과하는 조항으로, 조합 가입 및 조합원의 활동에서 장애인 근로자와 비장애인 근로자를 차별하지 말 것을 규정하고 있다. 이에 따른 적용 사례는 다음과 같다.

〈사례 I〉

뇌병변장애인이 국가공무원시험을 준비하면서 시험주관처인 중앙인사위원회에 OMR 답안지 표기를 보조할 대필자 제공을 요청하였으나, 중앙인사위원회가 이를 거부하고 OMR 답안지 표기를 보조할 수 있는 어떠한 조치도 취하지 않았다. (모집과 채용 단계에서의 차별)

〈사례 II〉

장애인이 비장애인과 동일한 시간, 동일한 내용의 근로를 하고 있으나, 장애인이기 때문에 업무 효율이 낮을 것이라는 등의 부당한 이유로 장애인과 비장애인의 임금에 차등을 두었다. (임금차별)

(2) 교육 분야

제13조(입학지원 거부 금지) ① 교육책임자는 장애인의 입학 지원 및 입학을

거부할 수 없고, 전학을 강요할 수 없으며, 「영유아보육법」에 따른 어린이집, 「유아교육법」 및 「초 · 중등교육법」에 따른 각급 학교는 장애인이 당해 교육기관으로 전학하는 것을 거절하여서는 아니 된다.

장애인이 입학을 원하여 지원할 때와 입학할 때 교육기관의 교육책임자는 이를 거부할 수 없으며, 입학한 후에도 전학을 강요할 수 없다. 특히 각급 학교의 경우 다른 교육기관에서 장애를 이유로 입학신청서의 접수와 같은 지원을 거부하거나 입학을 거부할 경우 명백한 차별이 된다. 또한 각급 학교의 경우 다른 교육기관에서 전학 오는 것을 거부할 수 없다. 이사 등으로 인해 타 학교로 전학을 가게 될 경우, 그 교육기관에서 장애를 이유로 전학을 거부할 수 없도록 한 것이다. 이때 명백하게 장애인이기 때문에 전학할 수 없다고 하지 않더라도, 학교 내 편의시설의 부족, 특수교사의 부족 등을 이유로 입학이나 전학을 거부하더라도 그 이유는 성적이나 다른 이유가 아닌 장애에 관한 사유이므로 명백한 장애인 차별이 된다.

〈사례〉

○○도에 사는 A씨는 이사를 하게 되어 다운증후군인 자신의 딸을 집 근처의 ○○초등학교로 전학신청을 하였으나 학교 측은 특수교사가 없다는 이유로 다른 학교로 갈 것을 종용하였다. A씨는 자신의 딸에게 특수교사가 필요 없으며, 일반 교실에서 통합교육을 받고 싶다고 말하였으나 학교 측은 A씨 딸의 전학을 받아 주지 않았다. 이 경우, ○○초등학교는 A씨 딸의 전학을 받아 주고 일반 교실에서 수업을 받도록 해야 한다. ○○초등학교에 특수교사가 없더라도 A씨 딸이 특수교사의 도움이 필요하다면, ○○학교가 특수교사를 고용하지 못할 정당한 사유가 없는 한 ○○초등학교는 A씨 딸의 전학을 거부할 수 없다. (교육에 대한 차별)

제35조(장애아동에 대한 차별금지) ① 누구든지 장애를 가진 아동임을 이유로 모든 생활 영역에서 차별을 하여서는 아니 된다.

② 누구든지 장애아동에 대하여 교육, 훈련, 건강보호서비스, 재활서비스, 취업준비, 레크리에이션 등을 제공받을 기회를 박탈하여서는 아니 된다.

장애아동이 비장애아동과 실질적으로 평등하게 살아가도록 하기 위해서는 그 환경을 동등하게 누려야 할 뿐만 아니라, 장애아동에게 필요한 활동들이 제공되어야 한다. 따라서 장애아동에 대한 차별을 제거하고 예방하기 위해서 이 조항에서 명시한 기회들이 박탈되지 않도록 해야 할 것이다.

우리 사회의 교육 및 고용 등 전반적인 분야에 걸쳐 장애인 차별에 대한 인식을 조사한 결과, 장애인과 비장애인이 공통적으로 약 65% 정도가 장애인 차별이 심하다고 느끼고 있다. 또한 현재 장애를 가지고 있다는 이유로 장애인 본인이 차별을 받고 있다고 느끼는 비율이 전체의 35% 가까이 된다. 이러한 장애로 인해 차별이 가장 심하게 느끼는 분야는 학교생활 중 또래 학생으로부터의 차별(40.3%)이 가장 크게 부각되고 있다(한국보건사회연구원, 2019).

〈사례〉

지역복지관 방과후교실의 함께하는 오락 수업에서 장애아동이 할 역할이 없다면서 참여할 기회를 주지 않았다. 또한 장애아동이 보는 것만이라도 하고 싶다는 의사표현을 했음에도 불구하고 다른 방에서 책을 보라고 데려다 놓았다. (장애아동에 대한 차별)

국가인권위원회에의 괴롭힘 등의 영역의 접수현황을 살펴보면, 2008년 「장애인차별금지법」 시행 이전과 2015년의 수치를 비교해 볼 때, 폭행·학대, 금전적 착취, 장애인 모욕비하 등에서 진정건수가 많이 증가한 것으로 나타났다. 특히 공공 영역보다 민간 영역에서 괴롭힘 등의 차별 상황이 심각한 양상을 띠고 있음을 알 수 있다(〈표 12-4〉 참조).

〈표 12-4〉 **국가인권위원회에의 괴롭힘 등의 영역의 접수현황** (단위: 건, %)

구분		장애인 등에 대한 괴롭힘 등							
		합계	따돌림	유기·방치	성폭행	폭행·학대	금전적 착취	장애인 모욕 비하	기타
계	합계	1,086	21	30	24	172	129	628	82
	비율	100.0	1.9	2.8	2.2	15.8	11.9	57.8	7.6
	공공	144	6	2	4	24	5	88	15
	민간	942	15	28	20	148	124	540	67
2008	접수	42	-	-	3	5	7	26	1
	비율	100.0	-	-	7.1	11.9	16.7	61.9	2.4
	공공	2	-	-	-	-	1	-	1
	민간	40	-	-	3	5	6	26	-
2015	접수	121	2	3	1	23	10	72	10
	비율	100.0	1.7	2.5	0.8	19.0	8.3	59.5	8.2
	공공	22	0	0	0	3	0	17	2
	민간	99	2	3	1	20	10	55	8

출처: 국가인권위원회(2016).

6) 「장애인차별금지법」의 성과와 미래

우리나라의 장애인정책은 1980년부터 1990년대 말까지의 입법기반 조성기를 모태로 하여 다양한 분야에서 장애인 관련 기초입법이 이루어지다가, 1990년대 국민의 정부 시절에 설립된 국가인권위원회의 이니셔티브를 바탕으로 하여 2000년대에 장애인 단체들의 입법 활동 수요와 참여가 폭발적으로 증가하였다. 그리고 그 결과로 2008년에 「장애인차별금지법」이 제정되기에 이르렀다.

이러한 「장애인차별금지법」의 입법과정은 장애인들과 관련 단체들이 국회의 의정 활동에 참여하여 자신들의 입장과 의견을 개진하고 이를 법 제정에 반영할 수 있었던 대표적인 사례이다. 이러한 과정에서 주목할 만한 점은 법 제정을 요구하는 의견 개진의 시발점은 입법청원이라는 온건한 방법으로 시작되었다는 것이다. 그러나 한편으로는 정부 및 담당부서를 움직이기 위하여 과격한 시위 및 시설물 점거 등의 극단적인 의사소통 방법을 행사해야 했다는 점에서 우리나라 정치환경의 측면과 그 영향이 시사하는 바는 다툼의 여지가 있을 수도 있겠다(장애우권익문제연구소, 2010).

아무튼 우리나라에 「장애인차별금지법」이 시행되고 있음에도 불구하고 여전히 장애인에 대한 차별과 취약계층 장애인의 생활과 일자리, 그리고 장애인의 자립지원과 권익옹호 등 다양한 서비스가 요구되고 있으며, 특히 장애인식개선 홍보 노력이 부족한 상황이다.

장애인식개선이란 장애에 대한 잘못된 지식과 태도에 개입하여 새로운 태도를 형성하거나 행동의 차이를 나타내는 과정이며, 지식과 태도에 대한 개입은 강의, 장애체험 및 장애인스포츠 체험, 인형극 등을 통해 장애에 대한 올바른 이해와 태도를 형성할 수 있도록 유도하는 프로그램을 의미한다. 물론 이러한 장애인식개선 문제는 우리나라에만 국한된 것이 아니라 국제적으로도 문제의 심각성이 논의되고 있다. 특히 「장애인권리협약」은 제8조 인식제고를 통해 장애인 인식개선에 포함될 사항을 명시하고, 즉각적이고 효과적이며 적절한 조치를 취하도록 하고 있다. 강조되는 점은 포괄적 장애인 인식 향상, 장애인권리와 존엄성에 대한 존중, 생애주기별, 성별 등을 포함한 고정관념 등의 근절, 장애인 능력에 대한 인식개선 등으로 이를 우리나라의 인식개선 프로그램 개발에 있어 적용할 수 있도록 검토할 필요가 있다. 그러므로 현재 「장애인차별금지법」과 관련된 하위 법령들의 법률적 · 제도적 근거를 바탕으로 장기적이며 종합적인 인식개선이 요구된다.

결과적으로 법 제정 후 12년이 지난 현재까지도 「장애인차별금지법」의 제정 내용과 법 인식이 매우 저조한 상황이며, 우리 사회 곳곳에서 여전히 장애인 차별이 발생하고 있어 대국민 홍보와 함께 정부와 사회의 적극적인 노력이 요구된다.

요약

1. 「장애인차별금지법」

- 장애를 이유로 한 차별을 금지하고, 장애를 이유로 차별받은 사람의 권익을 구제함으로써 장애인의 사회참여와 평등권 실현을 통해 한 사회구성원과 인간으로서의 존엄과 가치를 구현하기 위해 만들어진 법이다.
- 2008년 4월 11일부터 시행되었으며, 장애인 당사자는 물론 장애인을 돕고 있는 사람에 대한 차별을 금지하고 보조견 및 장애인 보조기구 등의 정당한 사용을 방해해서는 안 된다는 내용을 담고 있다.

2. 차별금지의 대상

- 「장애인차별금지법」은 장애인 외에도 장애인을 돕기 위한 사람, 보조견, 의족과 같은 장애인 보조기구에 대한 차별 역시 금지하고 있다. 따라서 정당한 사유 없이 장애인 보조견의 건물 출입을 막았다면 이 또한 차별행위에 해당될 수도 있다.
- 장애인: 신체적 · 정신적 손상 또는 기능상실이 장기간에 걸쳐 있어서 개인의 일상 또는 사회생활에 상당한 제약을 초래하는 상태에 있는 사람을 말한다.
- 장애인을 대리 · 동행하는 사람: 장애아동의 보호자 또는 후견인, 그 밖의 장애인을 돕기 위한 사람을 말한다.
- 보조견 또는 장애인 보조기구: 보조견, 휠체어, 의수, 의족, 보청기 등 장애인 보조기구를 말한다.

3. 국가인권위원회의 역할과 임무

- 국가인권위원회는 모든 개인의 기본적 인권을 보호하고 인간으로서의 존엄과 가치 구현을 목적으로 하고 있는 유일한 인권전담 국가기구이다.
- 인권의 보호와 향상을 위해 이해관계기관 등에 정책과 관행의 개선 및 시정을 권고하거나 의견을 표명한다.
- 국가인권위원회의 권고를 이행하지 않는 경우 법무부 장관은 피해자의 신청이나 직권으로 피해자가 다수인 차별행위, 반복적이거나 고의적인 불이행에 대해서는 시정명령을 할 수 있으며, 시정명령 불이행 시 3천만 원 이하의 과태료를

부과할 수 있다.

- 국가인권위원회는 접수된 진정을 조사하여 차별로 인정되는 경우 당사자 간 합의 및 조정 등의 구제조치를 권고할 수 있다. 법무부 장관은 정당한 사유 없이 국가인권위원회의 권고사항을 불이행할 경우 피해자의 신청 또는 직권으로 시정명령을 할 수 있다. 또한 장애 차별로 피해를 입은 사람은 차별행위자를 상대로 손해배상과 기타 구제조치(차별적 행위의 중지, 시정을 위한 적극적 조치 등)를 법원에 청구할 수 있다.

Issues & Discussion

1. 장애인 권익옹호의 개념과 그 필요성에 대해 논하시오.
2. 「장애인차별금지법」의 제정 목적과 그 의의에 대해서 설명하시오.
3. 우리 사회의 장애인 차별에 대한 실제 사례들을 알아보고, 문제점에 대해 논하시오.

13

발달장애인의 권리보장과 지원

이 장에서는 발달장애인을 위한 권리보장과 지원방안에 대해서 탐구하고자 한다.

발달장애인은 전체 등록 장애인 중 소수를 차지하고 있으며, 성인이 되어서도 간단한 일상생활에 있어 타인의 도움이 필요한 경우가 대부분이다. 하지만 우리 사회의 발달장애인을 위한 복지서비스와 인프라는 그 수요량에 비해 매우 부족하여 발달장애인을 돌보는 부모와 그의 가족은 신체적·정신적·경제적 부담으로부터 자유롭지 못한 실정이다. 이를 해결하기 위한 우리 사회의 지원방안으로 「발달장애인 권리보장 및 지원에 관한 법률」이 2016년 11월부터 시행되고 있다.

한편, 우리 사회에서는 발달장애인과 같은 사회적 약자를 위해 재산관리를 포함한 일상생활지원 및 권익옹호의 필요성이 꾸준히 제기되어 왔다. 발달장애인을 위한 자기결정 및 의사결정지원을 포함한 권익옹호에 대한 논의에서 2013년 7월 1일부로 성년후견제가 시행되면서 지적 및 자폐 등 발달장애인들이 상시적으로 권리를 침해당할 위험으로부터 옹호해 주고 지원할 수 있는 방안도 마련되었다.

학습목표

1. 발달장애인의 권리보장과 지원방안에 대해 파악할 수 있다.
2. 「발달장애인 권리보장 및 지원에 관한 법률」의 도입 배경과 내용에 대해 설명할 수 있다.
3. 공공후견지원제도의 필요성과 지원절차 및 내용에 대해 이해할 수 있다.

키워드

발달장애인 / 권리보장과 지원 / 공공후견서비스

1. 「발달장애인 권리보장 및 지원에 관한 법률」

1) 도입 배경

우리나라 발달장애인의 수는 2018년도 기준 233,620여 명으로 이 중 지적장애인이 206,917여 명, 그리고 자폐성장애인이 26,703여 명으로 집계되고 있다. 발달장애인은 당사자 본인이 가구주인 경우보다는 대부분 부모가 가구주로서 발달장애인을 부양하는 것으로 나타났다. 이는 성인기에 접어들면서 다른 장애와 달리 자립생활을 계획하기보다는 가족의 보호와 지원에 의존해야만 하기 때문이다. 또한 발달장애인 가정의 경우 40% 이상이 기초생활수급 가구이거나 차상위가구로 경제적인 어려움의 이중고를 겪고 있다. 이처럼 발달장애인은 사회경제적으로 가장 취약한 계층이고, 장애인 중에서도 소외된 계층이라 할 수 있으며, 인간으로서의 존엄을 구현하는 일상생활의 과정에서 가장 큰 장애를 안고 살아가는 사람들이다.

〈표 13-1〉 **우리나라 발달장애인의 수** (단위: 명)

구분	2008년	2009년	2010년	2015년	2018년
지적장애	146,898	154,953	161,249	184,355	206,917
자폐성장애	12,954	13,933	14,888	19,524	26,703

출처: 보건복지부(2019b).

발달장애인은 전체 등록 장애인 중 소수를 차지하고 있지만, 성인이 되어서도 세수, 식사, 화장실 이용 등의 간단한 일상생활조차도 타인의 도움이 필요한 경우가 적지 않다. 또한 인지력 및 의사소통 등의 저기능으로 인해 자신의 권리를 주장하거나 스스로를 보호하는 것에 상당한 어려움이 있어 학대, 폭력, 노동력 착취 등 우리 주변에서 피해자가 되는 경우가 지속적으로 발생하고 있다. 이처럼 발달장애인의 경우에는 경제적으로 열악하고 부모에 의한 돌봄이 취약하기 때문에 재산이 있더라도 그 재산을 제대로 활용하여 사회생활을 안정적으로 수행하기가 어려울 것으로 추측할 수 있다. 이런 추측은 사회적으로 논란이 되었던 신안 염전 피해자, 그 밖에 지역사회 내의 노동 착취, 금전 및 성적 착취, 그리고 시설에서의 금전횡령과 착취 등의 사건들로 현실화되고 있다. 그럼에도 불구하고, 발달장애인을 위한 복지서비스와 인프라는 그 수요량에 비해 매우 부족하여 발달장애인을 돌보는 부모와 그의 가족은 신체적 · 정신적 · 경제적 부담으로부터 자유롭지 못한 실정이다. 이를 해결하기 위한 우리 사회의 지원방안으로 「발달장애인 권리보장 및 지원에 관한 법률」(이하 「발달장애인지원법」)이 2016년 11월부터 시행되고 있다.

2) 「발달장애인지원법」의 내용과 구성

발달장애인의 권리보장과 관련하여 중요한 부분은 자기결정권과 선택권이다. 이 두 가지가 얼마나 존중되고 지원되는가에 따라 우리 사회의 발달장애인의 권리가 달려 있다고 볼 수 있다.

「발달장애인지원법」은 제1조(목적)에서 "발달장애인의 의사를 최대한 존중하여 그들의 생애주기에 따른 특성 및 복지 욕구에 적합한 지원과 권리옹호 등이 체계적이고 효과적으로 제공될 수 있도록 필요한 사항을 규정한다."라고 명시하고 있다. 이처럼 발달장애인의 특성상 개인의 주장과 욕구를 적극적으로 관철시키는 것에는 많은 제약이 따른다. 그러므로 발달장애인이 안정적이고 질적인 삶을 영위하기 위해서 개인의 특성을 고려한 생애주기별, 삶의 모든 영역에서의 구체적인 계획과 서비스가 요구된다.

「발달장애인지원법」은 총 7장 44조로 구성되어 있으며, 발달장애인의 특성 및 욕구를 고려한 개인별 맞춤체계 구축과 개인별 지원계획 수립, 규정 등을 주요 골자로 하고 있다. 「발달장애인지원법」은 지원대상을 아동 및 성인 발달장애인과 그 보호자로 하고(제2조), 발달장애인의 권리보호를 위해 자기결정권의 보장, 성년후견제 이용지원, 의사소통도구 개발 및 지원, 발달장애인 전담조사제, 발달장애인 대상 범죄의 신고의무, 발달장애인지원센터에 조사권 부여 등을 규정하고 있다(제8조부터 제17조까지). 또한 발달장애인에 대한 정밀진단 비용지원, 치료 및 재활 체계 구축, 발달장애인에 특화된 직업 훈련 서비스 제공, 평생교육지원 등의 서비스를 제공하는 것을 주된 내용으로 하고 있다(제23조부터 제26조까지). 그리고 발달장애인의 보호자에 대한 교육 및 상담, 정보제공, 휴식지원 및 비장애 형제자매에 대한 지원 등의 근거(제30조부터 제32조까지)와 복지정보 제공, 발달장애인 학대 등 신고 접수 시 현장출동, 조사, 보호조치, 상담 및 인식개선 홍보 등의 업무를 수행하는 발달장애인지원센터의 설치 근거를 마련하였다(제33조 및 제34조).

세부적인 내용을 살펴보면, 먼저 '자기결정권의 보장(제8조)'을 원칙으로 주거지, 의료행위, 타인과 교류, 복지서비스 이용 등에 대해 발달장애인이 스스로 선택할 수 있는 권리를 인정하고 보호자의 개입을 최소화하도록 규정하고 있으며, 자기결정권 행사가 어려운 발달장애인을 위해 성년후견제

발달장애인의 기본적인 권리

- 나는 나의 의견과 감정을 표현할 권리를 가진다.
- 나는 요구를 거절할 권리를 가진다.
- 나는 스스로 결정할 권리를 가진다.
- 나는 나의 재산과 시간으로 무엇을 할지 결정할 권리를 가진다.
- 나는 나의 신념, 가치, 흥미에 기초하여 선택할 권리를 가진다.
- 나는 나 자신의 요구를 주장할 권리를 가진다.
- 나는 내 의견이 경청되고 진지하게 대우받을 권리를 가진다.
- 나는 원할 때 혼자 있을 수 있는 권리를 가진다.

출처: Wehmeyer, Agran, & Hughes (1998).

이용지원(제9조) 내용도 명시하였다. 법령 및 정책, 교육, 민원서비스 등에서 발달장애인에 맞는 의사소통 지원(제10조)과 함께 자기권리옹호의 기반이 되는 자조단체 결성(제11조) 지원 내용도 담겨 있다.

특히 발달장애인의 인권침해 예방 및 피해구제를 위한 조항으로는 형사·사법절차상에서 발달장애인을 위한 보조인을 둘 수 있게 한 제12조(형사·사법절차상 권리보장), 발달장애인을 전담하는 검사, 사법경찰관을 지정하도록 한 제13조(발달장애인 전담조사제), 학대 등 발달장애인 인권침해 사실의 신고 의무 대상자를 규정한 제15조(신고의무)를 두고 있으며, 수사기관 외에 '발달장애인지원센터'를 신고기관으로 명시하고 발달장애인지원센터의 직원에게도 관련 조사권을 부여함으로써(제16조 현장조사) 발달장애인의 인권침해와 범죄피해에 대한 예방과 최소화를 위한 기반을 마련하였다. 또한 복지지원 및 서비스 영역에서는 개인별 지원계획의 수립(제19조)에 대한 내용을 우선적으로 언급하지 않을 수 없다. 등급이나 소득 수준 등에 따라 결정된 서비스 종류와 양을 개인의 복지 욕구에 따라서 조정하여 이용할 수 있도록 규정하고 있기 때문이다. 즉, 지방자치단체의 의뢰에 따라 발달장애인지원센터에서 수립한 개인별 지원계획이 본인의 요구에 맞지 않는다고 판단할 경우, 이에 대한 변경 및 수정을 요청할 수 있도록 명시하고 있다(제19조 제6항).

아울러 발달장애인을 위한 복지서비스로는 발달장애 의심 영유아에 대한 정밀 진단비 지원과 검사도구의 개발(제23조 조기 진단 및 개입), 발달장애인 거점병원과 행동문제에 대한 지원을 위한 행동발달증진센터의 설치(제24조 재활 및 발달 지원), 발달장애인 특화 직업 훈련시설 운영과 평생교육기관 지정(제25조 고용 및 직업 훈련 지원, 제26조 평생교육 지원) 외에 소득 수준이 상대적으로 낮은 발달장애인의 생활 수준 유지를 위한 연금제도 등의 관련 복지제도 개선(제28조 소득보장) 등이 명문화되어 있다. 그 외에도 발달장애인의 보호자 및 비장애 형제자매를 위한 정보제공과 교육, 상담, 휴식지원 등의 내용도 담겨 있다.

〈표 13-2〉 **「발달장애인지원법」의 주요 내용 구성**

권리보장	복지지원	
• 성년후견제 • 의사소통 지원 • 자조단체 결성 • 형사 · 사법 권리 • 전담조사제 • 범죄피해 방지 • 현장조사 · 보호	• 개인별 지원계획 • 조기진단 · 개입 • 재활 · 발달 지원	• 가족지원 - 정보제공 - 상담지원 - 휴식지원 • 발달장애인지원센터 - 중앙센터 - 지역센터

한편, 「발달장애인지원법」 제9조 제1항에서는 발달장애인이 자력으로 후견인을 선임하기 어렵다고 판단되는 경우에는 지방자치단체장이 그를 위하여 「민법」에 따른 성년후견의 개시, 한정후견의 개시 또는 특정후견의 심판을 청구할 수 있도록 하고 있다. 또한 동조 제4항에서는 후견사무의 수행에 필요한 비용의 일부를 예산의 범위에서 보건복지부령으로 정하는 바에 따라 지원할 수 있도록 하며, 제5항에서는 성년후견제 이용지원의 요건, 후견인 후보자의 자격 및 추천절차, 후견인 후견사무에 관한 비용지원에 필요한 사항을 보건복지부령으로 정하도록 규정하고 있다.

〈표 13-3〉 **「발달장애인지원법」과 공공후견지원사업의 추진체계**

구분		내용
보건복지부 및 지방자치단체		• 중앙과 지역단위의 정책과 계획 수립 • 감독 업무와 지원체계 구축
발달장애인 지원센터	중앙	• 공공후견서비스 목표, 서비스 매뉴얼 방법 등 지침 제공 • 후견서비스의 질 관리 및 관리감독 업무
	지역	• 지역 실정에 맞는 후견서비스 제공자의 조직 및 지원 • 후견서비스의 행정적 지원 • 후견서비스 제공자의 네트워크 구축 관리
후견법인		• 후견서비스 제공 업무 • 공공후견인 모집 및 양성 • 후견감독 업무 및 후견서비스의 질 관리

출처: 보건복지부(2014)를 재구성.

장애인복지정책은 효과적인 정책 수립과 다양한 서비스 전달체계의 연계를 통하여 장애인 당사자와 그의 가족이 지역사회 내에서 실질적인 권리와 욕구를 실현하도록 기여해야 한다. 이러한 목표는 정부만의 노력으로 이루어지는 것이 아니며, 사회의 모든 구성원이 장애인에 대한 관용과 인권의식을 바탕으로 사회통합과 사회정의를 이루는 데 함께 힘써 노력해야 할 것이다. 결국 발달장애인의 권리와 지원은 궁극적으로 발달장애인이 지역사회에서 그들의 권리와 욕구를 스스로 실현토록 하기 위함이며, 이를 위해 발달장애인 당사자 스스로가 권리 주체로 설 수 있도록 우리 사회가 함께 지지해야 할 것이다.

2. 발달장애인을 위한 공공후견지원제도

성년후견제가 입법화된 주된 동기는 지적 및 자폐 등 발달장애인들이 상시적으로 권리를 침해당할 위험에 노출되어 있기 때문이다. 이 같은 사회적 약자를 위해 재산관리를 포함한 일상생활지원 및 권익옹호의 필요성이 꾸준히 제기되어 왔다.

이처럼 성년후견제의 도입은 2004년에 처음으로 발달장애인의 부모들을 중심으로 시작하여 10년 만인 2013년 7월 1일부로 시행되었다. 보호자의 사후에 장애인자녀들이 어디서, 누구와, 어떻게 살아갈 것인가에 대한 고민과 불안에서 시작되었으며, 성년후견제추진연대를 통한 적극적인 활동이 결국 성년후견제 도입에 크게 기여하였다.

1) 도입 배경

발달장애인을 위한 자기결정 및 의사결정지원을 포함한 권익옹호에 대한 논의에서 비롯되어 2013년 7월 1일부로 성년후견제도가 도입되었다. 그러나 이 제도만으로는 발달장애인의 기본권과 권리를 실현하기에는 충분하지 않다는 지적이 있다. 최근 시행되고 있는「발달장애인지원법」의 내용에서 알 수 있듯이, 간단한 일상생활에도 타인의 도움이 없이는 생활을 영위하기 어려운 현실상황에서 이들의 자기결정권과 권리옹호의 보장은 쉽지 않은 것이 현실이다.

성년후견제도 시행과 함께 보건복지부는 2013년에 서울 및 각 지방의 가정법원에 여러 건의 '특정후견신청'을 하였으며, 그해 9월 1일부터 '발달장애인 공공후견지원사업'을 시작하였다. 이러한 공공후견지원사업은 초기에는 공공후견인 후보자 양성, 교육기관을 통한 공공후견인 후보자 양성과 중앙지원단을 통한 후견심판청구지원으로 구성되었다. 보건복지부에서 지원하는 발달장애인 공공후견지원사업은 의사결정 능력 장애로 인해 지역사회 내에서 어려움을 겪고 있는 취약계층의 성인 발달장애인에게 공공후견서비스를 제공함으로써 발달장애인의 자기결정권 및 자립생활지원을 도모하였다. 또한 이제 공공후견지원사업은「발달장애인법」제9조의 성년후견제 이용지원사업의 법률적 근거를 갖춘 서비스로 발전하였다.

발달장애인을 위한 공공후견지원제도는 의사결정 능력에 어려움이 있는 발달장애인이 지역사회 안에서 스스로 자립하여 살아갈 수 있도록 지원하고자 법원으로부터 발달장애인과 관련된 특정한 사무의 처리나 재산관리, 신상보호 등의 업무를 지원하는 후견인을 선임해 주는 제도이다.

이러한 취지와 목적을 실현하기 위해서는 다음과 같은 몇 가지 전제 조건이 충족되어야 한다.

(1) 자기결정권의 존중

후견제도 이용의 필요성, 후견인이 지원할 사무 및 권한을 판단할 때 발달장애인의 자기결정권을 최대한 존중하도록 한다. 성년후견에서 자기결정권을 존중한다는 것은 곧 발달장애인이 스스로 결정할 수 있도록 정보를 수집하고, 분석하고, 쉽게 설명하며, 발달장애인이 결정한 것을 대외적으로 전달

함을 의미한다. 이를 통해서 후견 기간 동안, 발달장애인의 자립생활 능력 향상을 위해 스스로 사회 활동(거래 포함)을 할 수 있도록 지원하는 것에 초점을 맞추고 후견인이 모든 것을 대신하지 않도록 한다. 또한 후견 기간 동안, 발달장애인이 안전하게 생활할 수 있는 환경을 조성하는 것에 초점을 맞추어야 하고, 발달장애인이 주변 환경을 최대한 활용할 수 있도록 배려한다. 발달장애인이 실수를 하는 것을 막기보다는 수차례의 실수를 통해서라도 스스로 익혀 나갈 수 있는 방법을 강구하도록 한다.

그러나 발달장애인의 생명, 신체, 건강, 재산에 중대한 위험이 발생할 가능성이 있고, 그 가능성이 무시할 정도가 아닌 경우에는 발달장애인의 자기결정권보다 그의 보호를 우선해야 한다. 후견을 개시할지 여부에 대해 발달장애인의 의사를 충분히 들어 보고, 본인이 강하게 거부하는 경우 여러 차례에 걸쳐 차분히 설득을 해 보도록 하며, 무리해서 후견을 개시하지 않도록 한다.

(2) 보충성의 원칙

발달장애인 주위에 그를 조력할 수 있는 자원들이 있을 때에는 최대한 그 자원을 활용하도록 하고, 후견인은 기존 자원으로 채우기 어렵거나 기존 자원의 활용을 더 원활하게 할 수 있는 부분의 사무후원을 위해 이용하도록 한다.

후견인이 지원할 사무나 권한은 합리적으로 판단할 때 발달장애인을 지원하기 위해 필요하다고 인정되거나 필요할 것이라고 예측되는 범위에 한정하도록 한다. 후견인의 권한은 발달장애인이 자기결정권을 행사할 수 있는 보조 수단으로 활용하도록 노력해야 한다. 발달장애인에게 가족이나 가까운 사람들이 있지만 합리적으로 판단할 때 그에 의한 보호가 불충분한 경우에도 그의 가족이나 가까운 사람들을 후견에서 배제하지 않도록 노력해야 한다. 그들을 배제한 후견이 개시되더라도 후견인은 그의 가족이나 가까운 사람들이 발달장애인을 더 잘 보호하거나 지원할 수 있도록 가족 등과 발달장애인의 관계를 개선하기 위해 노력해야 한다.

(3) 최소 개입의 원칙

발달장애인의 자기결정권 행사 능력을 향상시키거나 안전한 생활환경을 조성하기 위한 목적으로 후견제도를 활용하여야 한다. 후견인은 발달장애인의 인생을 책임지는 역할을 맡으려고 해서는 안 되며, 후견 기간 동안에도 자신의 권한을 보충적으로 행사하도록 해야 한다.

또한 발달장애인의 가족생활, 사적 관계 등은 최대한 존중하도록 해야 한다. 그 관계가 발달장애인의 생명, 신체, 건강, 재산에 중대한 위협이 될 가능성이 있고, 그것이 무시할 정도가 아닌 경우에만 가족생활, 사적 관계에 개입하도록 한다. 이때에도 발달장애인에 대한 과도한 개입을 자제하도록 노력해야 한다. 발달장애인의 보호를 위해 가족생활, 사적 관계 등에 개입할 때에도 원활한 가족생활, 사적 관계가 회복될 수 있도록 하는 것에 초점을 맞추어야 한다. 발달장애인에게 위험이 발생할 가능성이 높은 사정이 있더라도 발달장애인의 자유를 박탈하는 조치는 최후의 수단으로 취하도록 해야 한다. 특히 폐쇄된 정신병동에 비자의로 입원시키는 등의 조치는 최대한 피하도록 한다.

(4) 주변 자원의 최대 활용의 원칙

후견신청을 지원할 때 발달장애인 주변의 자원 이야기를 충분히 듣고, 또 충분히 조사하여 발달장애인을 더 잘 이해할 수 있도록 노력해야 한다. 후견인이 지원할 사무 및 권한을 설정할 때에도 발달장애인 주변의 자원을 최대한 활용할 수 있는 방향이 되도록 노력해야 한다.

특정후견지원 사례

24세인 ○○○ 씨는 취학 전에 자폐장애 진단을 받아 초·중·고등학교에서 특수교육을 받았다. ○○○ 씨의 경우, 통장 개설 및 해지, 인감도장 발급 등은 미성년자였을 때에는 부모님이 대신하여 큰 문제가 없었다. 그러나 성년이 된 이후로 본인 명의의 자동차 매매, 통장 개설 및 해지, 인감도장 발급에 불편함을 겪게 되었다.

2) 공공후견지원사업의 개요

보건복지부는 2013년 9월부터 발달장애인을 위한 공공후견지원사업을 시행하고 있다. 이 사업은 처음에는 발달장애인공공후견중앙지원단을 통해 시행되다가 현재는 한국장애인개발원 산하 중앙장애아동·발달장애인지원센터를 통해 시행되고 있다. 대상은 만 19세 이상의 성인 발달장애인이며, 특정후견신청을 원칙으로 하고 있으며, 공공후견심판청구비 및 공공후견인 활동지원 등을 포함하고 있다.

이러한 공공후견지원사업은「민법」제14조의2 및「발달장애인지원법」제9조(성년후견제 이용지원)에 근거하여 의사결정지원활동의 일환으로 의사결정능력 부족으로 어려움을 겪고 있으나 현실적으로 후견인을 이용하기 어려운 성인 발달장애인을 대상으로 정부가 그 비용을 부담하고 후견서비스를 이용할 수 있도록 지원하는 제도이다.

이에 지방자치단체의 장은 후견수요자를 발견하고, 기초조사를 수행하며, 발달장애인으로서 후견이 필요하나 자력이 없는 사람을 대상으로 가정법원에 후견개시심판을 청구한다. 중앙장애아동·발달장애인지원센터는 조사자료 및 정신감정 대체 기능을 하는 사회조사보고 등 후견개시 관련 심판청구서의 작성 및 제출 등의 업무를 지원한다. 또한 공공후견인 후보자를 추천하며, 관련된 공공후견법인의 지원 및 감독 업무를 수행한다. 공공후견지원사업을 통해 지방자치단체가 후견개시 청구를 하고 직접 후견감독인이 될 뿐만 아니라, 심판청구비용과 후견인의 활동비용[1]을 지원하는 것은 공공후견인의 측면에서 매우 바람직하다.

1) 가정법원에서 발달장애인 공공후견인으로 선임 결정을 받은 자를 대상으로 지방자치단체는 2018년 기준으로 월 150,000원을 지급하며, 2인 후견지원 시 월 300,000원, 3인 이상 후견지원 시 월 400,000원으로 지급 상한액을 적용하고 있다(보건복지부, 2018).

① 지원대상(후견수요자) 발굴	지방자치단체장, 사회복지공무원, 사회복지사
▼	
② 지원대상(우선심판청구대상) 확정	지방자치단체장이 지원대상, 선정기준 검토, 대상자 적격성 판단 후 후견심판지원 여부 확정
▼	
③ 후견인 후보자의 확보	지방자치단체장이 공공후견인 또는 친·인척 등 후견인 후보자 물색
▼	
④ 지원대상자 및 후견인 후보자의 동의서 수령	지방자치단체장
▼	
⑤ 관련 사실의 조사 및 사회조사 보고서의 작성	지방자치단체장, 사회복지사, 특수교사, 직업재활시설 직원, 사회복지전담공무원 등. 추후 보고서 작성에 따른 비용 지출
▼	
⑥ 후견심판청구를 위한 최종 점검	후견인 추천위원회 소속 전문가(변호사 등), 지방자치단체 담당공무원(후견 유형을 결정)
▼	
⑦ 후견심판청구 서류에 대한 설명	담당공무원
▼	
⑧ 후견심판의 청구(지방자치단체의 장)	심판절차대리인인 담당공무원. 인지료 및 송달료 발생 시 지원
▼	
⑨ 후견심판의 결정	후견개시 및 후견인, 후견감독인 선임, 각종 지원: 후견인 활동비 지급

[그림 13-1] **공공후견 심판청구절차와 주체별 역할**

출처: 김이배, 최윤영(2013)을 재구성.

3) 공공후견인의 역할

발달장애인은 주위로부터 학대, 방임이나 경제적·정서적·신체적으로 착취나 희생의 대상이 되는 경우가 많이 발생하고 있다. 이에 후견인은 발달장애인이 위험에 처하거나 희생되지 않도록 도움을 지원함으로써 발달장애인의 자립생활과 사회통합을 지원하는 역할을 한다.

의사결정 능력 장애로 피후견인이 특정한 사무처리에 어려움을 겪을 때 후견인은 일정 기간 동안 피후견인의 사무처리를 지원하는 역할을 수행한다. 후견인은 주로 발달장애인의 의사결정에 필요한 정보나 자료를 수집해서 발달장애인의 자기결정을 지원하고, 의사소통을 지원해서 발달장애인이 결정한 것을 원활하게 전달하는 역할을 하게 된다. 공공후견의 경우 기간이 일정 기간(2~5년)으로 정해져 있으며, 기간이 종료되면 후견이 종료되지만 갱신을 할 수 있다. 이러한 특정후견의 경우는 발달장애인의 의사소통을 지원하고 지역사회 내에서의 자립생활을 실현하는 목적을 가장 잘 이룰 수 있는 후견 유형이다.

그러나 후견서비스를 이용하는 개개인의 사정이 다르고 개정 「민법」에서는 의사결정 능력이 부족한 사람의 자기결정권과 잔존 능력을 최대한 존중한다는 취지이기 때문에 후견 업무의 범위는 피후견인 개개인의 의사결정 능력이나 의사소통 능력, 생활 영역에 따라 매우 다양하게 결정된다.

후견인의 업무와 권한

- (재산관리) 성년후견인은 본인의 재산을 관리, 한정, 특정후견인은 법원으로부터 재산관리 권한을 부여받은 경우 재산을 관리한다(제941조 등).
  - 금전대차, 상속재산 분할 협의 등은 후견감독인 동의(제950조), 거주 중인 부동산 관련 사항은 가정법원의 사전허가를 요한다(제947조의2 제4항).

- (신상결정) 가정법원이 권한을 부여하는 범위 내에서 본인의 신상에 관한 결정을 대행한다(제938조 제3항). 정신병원 등에 격리, 사망 등 중대한 신체장애 위험이 있는 침습적 의료행위 등은 법원의 사전허가(긴급시 사후허가)를 요한다(민법 제947조의2 제2항, 제4항).

여기서 후견인이란 가정법원이 권한을 부여하는 계약에 의해 의사결정 능력에 어려움이 있는 사람, 즉 지적장애, 자폐성장애, 치매, 정신장애 등으로 인해 사무처리, 재산관리 및 신상보호에 어려움을 겪는 사람에게 이를 스스로 처리할 수 있도록 지원하는 사람을 말한다.

공공후견인이란 후견인 중 공익을 목적으로 의사결정 능력 장애를 갖고 있는 피후견인을 위해 재산관리 및 신상보호 등의 복리를 지원하는 자발적(volunteer) 봉사의 후견인을 의미한다. 이러한 공공후견인은 지방자치단체의 장이 가정법원에 추천하여 후견인으로 선임되면 후견서비스를 제공하는 자를 의미하며, 후견인 후보자는 공공후견인 교육기관에서 교육을 이수한 자를 우선 추천하고 있다. 또한 가정법원에서 해당 발달장애인을 위한 후견인으로 선임되면 공공후견인으로 활동을 시작하게 되며, 지방자치단체로부터 매달 소정의 활동비를 지급받게 된다(최윤영, 이용표, 박인환, 2014).

〈표 13-4〉 **공공후견인의 역할과 업무 내용**

역할	세부 내용
물건 구매	필요한 물건을 합리적으로 구매할 수 있도록 지원
의료행위의 동의	병원을 이용할 때 동반 및 의사소통, 상담 등을 지원
공공서비스 이용 신청	공공서비스를 받을 수 있도록 안내 및 신청
각종 계약의 체결	계약 체결 및 계약 내용을 쉽게 이해할 수 있도록 상담과 지원
지원체계 형성	필요한 지역사회 내의 다양한 지원체계를 연결
재산의 관리	당사자의 재산을 잘 관리할 수 있도록 지원

다양한 피해로부터의 보호	타인으로부터의 신체적 · 정신적 · 성적 등의 피해에서 구제 및 옹호
법률자문	해결하기 어려운 문제들을 함께 해결할 수 있도록 지원

취약계층 발달장애인을 위한 공공후견인지원사업은 소득을 기준으로 하여 국민기초생활수급자 내지 차상위계층의 발달장애인 중 전국 가구 평균소득의 150% 이하를 대상으로 하고 있다. 또한 장애인 거주시설의 발달장애인 중 가족이 장애인에 대해 손해를 끼치거나 그럴 가능성이 있는 경우에 특별히 장애인 당사자를 대변할 수 있는 방법이 없다면 해당 시설장의 신청에 따라 지원이 가능하다.

공공후견인 양성교육은 피후견인의 가족이 아닌 제삼자로서 전문가가 아닌 일반 시민들 가운데 발달장애인의 권익옹호와 지원에 관심과 열의를 가진 사람들을 대상으로 하고 있다. 양성교육 내용으로는 후견제도의 필요성과 취지, 제도의 내용, 의사결정 능력 장애인의 권리와 인권, 의사결정 능력 장애인의 특성, 사회보장제도 등 발달장애인을 옹호하고 지원하는 데 필요한 지식과 정보를 습득하고, 현장실습을 통하여 발달장애인을 위한 공공후견인으로서의 소양을 갖추는 데 목적을 두고 있다.

한편, 「유엔장애인권리협약」과 「장애인차별금지법」 「발달장애인지원법」에서 장애인의 법적 능력 및 자기결정권을 인정할 뿐만 아니라 그 능력을 행사하기 위해 필요한 조력을 받을 권리인 '의사결정 조력(supported decision-making)'의 필요성이 제기되었다. 『유엔협약에 관한 안내서』에서는 의사결정 조력을 다음과 같이 설명한다.

의사결정 조력은 다양한 형태를 취할 수 있다. 도움을 주는 사람의 역할은 의도를 다른 사람에게 알리거나, 도움을 받는 사람에게 현재 놓인 선택들을 이해하는 데 도움을 주게 된다. 그리고 도움을 주는 사람은 중증장애인도 삶의 역사, 관심과 목표를 가질 수 있으며 법적 능력을 행사할 수 있는 개인이라는 사실을 이해하는 데 도움을 줄 수 있다(Schutze, 2010). 즉, 의사결정 조력

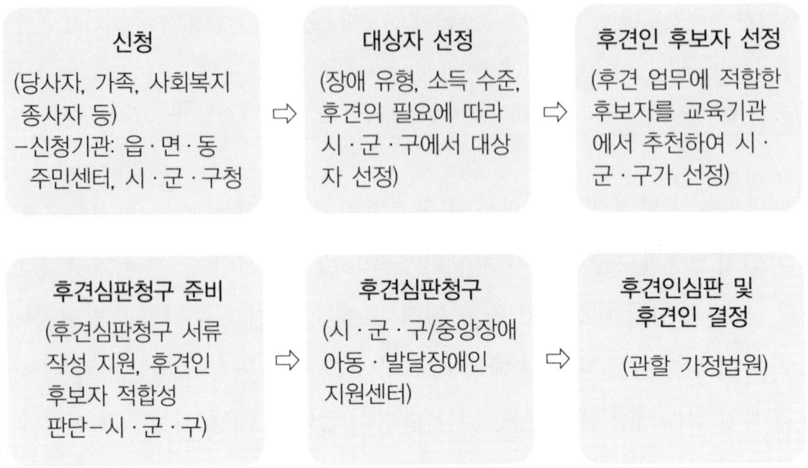

신청 (당사자, 가족, 사회복지 종사자 등) -신청기관: 읍·면·동 주민센터, 시·군·구청	⇨	대상자 선정 (장애 유형, 소득 수준, 후견의 필요에 따라 시·군·구에서 대상자 선정)	⇨	후견인 후보자 선정 (후견 업무에 적합한 후보자를 교육기관에서 추천하여 시·군·구가 선정)
후견심판청구 준비 (후견심판청구 서류 작성 지원, 후견인 후보자 적합성 판단-시·군·구)	⇨	후견심판청구 (시·군·구/중앙장애아동·발달장애인 지원센터)	⇨	후견인심판 및 후견인 결정 (관할 가정법원)

[그림 13-2] **발달장애인을 위한 공공후견서비스 신청절차**[2)]

출처: 최윤영(2017)을 재구성.

원칙은 자기결정의 핵심 가치가 객관적 합리성에만 있는 것이 아니며, 타인에 의하여 대체 불가능한 그 밖의 주관적 요소들에 있다는 점, 그리고 의사결정 능력 장애가 있는 발달장애인에게 결핍된 합리적 판단 능력은 의사결정지원을 통하여 보충 또는 보완될 수 있다는 점을 전제로 한 것이다(박인환, 2015).

4) 공공후견지원사업의 성과와 한계

공공후견지원사업의 목적은 의사결정 능력 장애가 있는 발달장애인들에게 후견인이 선임되어 재산관리 및 신상보호가 적절히 이루어지도록 하고,

---

2) 취약계층 발달장애인 공공후견서비스 심판청구절차는 후견수요자 발굴이 우선이며, 이후 지원대상이 확정되면 후견인 후보자를 확보하게 된다. 일반적으로 지역의 후견인교육센터의 교육이수자 중에서 추천된다. 이후 지방자치단체나 교육기관 및 사회복지기관 등에서 관련 사실을 조사하고 사회조사보고서를 작성하여 관할 법원에 후견심판청구를 하게 된다. 보통은 공공후견법인 내지 발달장애인지원센터를 통해서 후견심판청구의 준비가 이루어지지만, 해당 후견인 확보와 심판청구절차의 어려움을 갖게 될 경우 중앙장애아동·발달장애인지원센터의 지원을 통해 심판청구가 이루어질 수 있다(보건복지부, 2020b).

결과적으로 그들의 권리가 보호되도록 하는 것이다. 이에 그동안의 성과에 대해서 다음과 같이 몇 가지를 제시해 볼 수 있다.

첫째, 발달장애인이 범죄의 피해자가 된 경우 후견인이 선임되도록 지원하였다. 즉, 성폭행, 강제노동, 폭행, 금전갈취 등의 피해를 입은 발달장애인이 있을 경우 지방자치단체, 장애인단체 및 기타 관련 단체와 협력하여 사건을 파악하고 특정후견 심판청구를 지원한 것이다. 그 결과, 특정후견인들이 선임되어 형사 및 민사소송 진행, 거주 안정을 위한 제반조치의 지원 등 지역사회 내에서 발달장애인들이 삶의 안정을 찾을 수 있도록 사무후원 및 대리권을 행사하였다.

둘째, 발달장애인에게 후견인이 선임됨으로써 피해 예방에 기여하였다. 발달장애인은 자신의 권리를 스스로 주장하는 것이 여타의 장애인들에 비하여 용이치 않은 것이 현실이다. 결과적으로, 이들 발달장애인들은 인권의 사각지대에 처하는 경우가 많이 발생하고 있다. 이처럼 공공후견지원사업을 통해 후견인 선임 이후 피후견인 발달장애인을 중심으로 인적 네트워크가 형성됨으로써 지역에서 고립되지 않고 인권침해를 예방할 수 있게 되었다.

셋째, 발달장애인의 후견인이 피후견인인 발달장애인의 생활상 필요를 지원하게 되었다. 의사결정장애가 있는 발달장애인들은 특별한 피해 상황이 존재하지 않더라도 일상생활에서 후견인이 필요한 상황이 종종 발생할 수 있다. 실제로 공공기관에서의 서류발급, 복지서비스 이용, 금융기관의 업무처리 등의 영역에서 발달장애인이 혼자서 처리하기에 역량이 부족하거나, 또는 그러한 역량이 충분함에도 불구하고 해당 기관에서 업무처리를 거부하며 후견인을 요구하는 사례가 많이 존재하고 있다. 이러한 경우에 특정후견인이 사무후원 권한 및 대리권을 활용하여 업무를 지원하고 있다.

넷째, 공공후견서비스를 통하여 보호가 필요한 발달장애인을 발견할 수 있게 되었다. 전국의 지방자치단체 및 시 · 군 · 구의 담당공무원, 장애인단체, 한국장애인개발원, 중앙장애아동 · 발달장애인지원센터 등이 후견수요자들을 발굴하였으며, 이는 지역에서 소외된 발달장애인들을 발견하는 계기가 되었다. 특히 중소도시 및 농어촌 등 후견수요자 발굴이 부족한 지역은 향후 추가적인 조치를 통해 그 효과를 기대해 볼 수 있다.

마지막으로, 새로운 성년후견제도에 대한 이해를 높이는 계기가 되었다. 한국은 기존의 행위무능력제도가 오랜 기간 동안 이어져 오면서 금치산 및 한정치산에 대한 인식이 확고하게 뿌리박혀 있었다. 새로운 성년후견제도의 이해와 함께 특정후견제도의 사례를 축적함으로써 공공후견서비스의 필요성을 인식하는 계기가 마련되었다.

하지만 이러한 발달장애인을 위한 공공후견지원제도는 중앙정부와 지방정부, 그리고 후견법인 등과 같은 민간 시민단체의 협력 없이는 원활한 작동을 기대하기가 어렵다. 현실적으로 여러 가지 문제점과 제약점 등이 산적해 있다. 여기서 공공후견지원제도의 문제점과 개선방향에 대해 살펴보면 다음과 같다.

먼저 당면한 과제와 문제점으로는, 첫째, 공공후견서비스에 대한 대국민 인식과 홍보가 부족하다는 점이다. 공공후견지원사업의 지속적 수행에도 불구하고, 은행이나 관공서 등에서 후견 관련 업무 처리 시 이에 대한 인식이 부족한 경우가 많아 후견인들이 활동하는 데 어려움이 있다.

둘째, 교육기관에서 양성된 후견인 후보자 중 교육 이수 후 미활동 후견인 수가 많다는 점이다. 활동 가능한 후견인 중에서 교육기관에서 제공하는 신규교육을 이수하고도 보수교육을 받지 않는 비율이 높은 편이며, 교육기관에서 양성된 후견인 후보자의 수가 많음에도 불구하고 미활동 후견인이 많아 지역별로 피후견인에게 적합한 후견인 후보자를 추천하는 데 어려움이 있다.

셋째, 공공후견서비스 전담 인력이 부족하다는 점이다. 현재 광역 및 기초단위의 지방자치단체 담당 공무원의 경우 후견감독인의 역할을 심도 있게 수행하기가 어려운 상황이며, 교육기관 역시 각 지회에 배정되어 있는 후견업무 수행 인력이 본 사업만을 전담하고 있지 않아 후견 활동 개시 후에 후견인 활동을 체계적으로 지원해 줄 수 있는 지원체제가 미흡한 실정이다.

이에 따른 개선방안을 다음과 같이 제시해 볼 수 있다.

첫째, 공공후견지원사업을 위한 홍보 및 수요 발굴을 확대해 나가는 것이다. 새로이 운영되는 지역 후견법인과 지역 발달장애인지원센터 설치 · 운영을 통해 지역별 특성에 따른 공공후견 수요를 확충해 나갈 계획이며, 지역사회 유관기관 네트워크를 활용한 온오프라인 홍보 실시, 공공후견서비스에 대한 인식 제고를 위해 지방자치단체의 공무원 및 관공서 종사자 등 후견인 활동지원과 밀접한 관련이 있는 기관과 종사자를 대상으로 교육을 확대해 나갈 예정이다.

둘째, 정부와 지방자치단체에서는 성년후견제도에 관한 지속적이고 효과적인 제도 홍보와 함께 지역사회에서 실제 후견인들이 어려움 없이 후견서비스를 제공할 수 있도록 공공의 상담지원체계를 구축해야 할 것이다. 이상의 것들을 실현하기 위해서는 무엇보다도 공공후견서비스 활동을 지원할 수 있는 지원체계가 구축되어 후견인들이 겪는 어려움과 문제점들을 극복할 수 있도록 해야 할 것이다. 특히 전국적으로 운영 중에 있는 발달장애인지원센터에서 후견인을 위한 관리지원과 보수교육을 포함한 수퍼비전(supervision)이 제공되어 후견인의 자질과 전문성 향상에 기여할 필요가 있다.

셋째, 중앙과 지역 발달장애인지원센터 및 중앙과 지역 후견법인 간에 긴밀한 협조관계를 구축함으로써 각 후견 업무 단계에서 요구되는 후견서비스 지원의 확대가 필요하다. 후견 개시에 필요한 청구지원 등 후견 업무에 있어 상호 간 협조 범위를 넓혀 나감으로써 각 후견 업무 담당자의 업무에 도움이 될 수 있도록 각기 조정 역할을 해 나가야 할 것이다.

마지막으로, 우리나라는 지난 2017년 8월에 65세 이상 노인의 전체 인구 비중이 14%가 넘어서는 고령사회[3]에 진입하면서 치매노인의 요양과 부양을 포함한 권익보호의 문제에 직면하고 있다. 한편으로는 발달장애와 정신장애를 포함한 의사결정능력장애인의 지역사회 자립과 사회통합의 과제를 갖고

3) 2000년 고령화사회로 진입한 지 17년 만이며, 전체 인구의 20%를 차지하는 초고령사회는 2026년으로 예상되고 있는데 이러한 한국의 고령화 속도는 일본보다 빠르게 진행되고 있다.

있다. 다행히 2013년 7월 이후 성년후견제도가 시행되면서 이들에 대한 재산관리 및 신상보호를 포함한 공공후견서비스가 발달장애인(2013년 7월), 정신장애인(2017년 6월), 치매노인(2018년 9월) 등으로 확대 시행되었다. 정신장애인을 위한 공공후견서비스는 2017년 6월 「정신건강복지법」의 시행으로 인해 성년후견이용 지원에 대한 구체적 법조항이 미비한 상태에서 공모사업의 형태로 시행되었다. 하지만 이러한 계획 수립의 이행에 한계가 있고 지역사회에서 자립할 수 있는 인프라 역시 매우 부족한 것이 우리나라의 현실이다. 결과적으로 우리 사회에서는 새로 도입된 성년후견제도를 통해 의사결정능력장애인의 지역사회 자립과 사회통합의 과제를 수행할 수 있을지가 큰 관심사로 대두되었다. 그동안 공공후견인의 선임이 지속적으로 증가한 현상은 우리 사회에서 장애인 당사자의 권익옹호에 대한 인식이 향상되었고, 법제화로 인한 서비스의 기대욕구가 증대되었기 때문이다.

요약

1. 「발달장애인 권리보장 및 지원에 관한 법률」

「발달장애인지원법」 제1조의 목적에서 "발달장애인의 의사를 최대한 존중하여 그들의 생애주기에 따른 특성 및 복지 욕구에 적합한 지원과 권리옹호 등이 체계적이고 효과적으로 제공될 수 있도록 필요한 사항을 규정한다."라고 명시하고 있다. 발달장애인의 특성상 개인의 주장과 욕구를 적극적으로 관철시키는 것에는 많은 제약이 따르고 있다. 그러므로 발달장애인이 안정적이고 질적인 삶을 영위하기 위해서 개인의 특성을 고려한 생애주기별, 삶의 모든 영역에서 구체적인 계획과 서비스가 요구된다.

2. 발달장애인을 위한 공공후견지원제도

발달장애인을 위한 공공후견지원제도는 의사결정 능력에 어려움이 있는 발달장애인이 지역사회 안에서 스스로 자립하여 살아갈 수 있도록 지원하고자 법원으로부터 발달장애인과 관련된 특정한 사무의 처리나 재산관리, 신상보호 등의 업무를 지원하는 후견인을 선임해 주는 제도이다.

3. 공공후견인이란?

후견인 중 공익을 목적으로 의사결정 능력 장애를 갖고 있는 피후견인을 위해 재산관리 및 신상보호 등의 복리를 지원하는 자발적 봉사의 후견인을 의미한다. 이러한 공공후견인은 지방자치단체의 장이 가정법원에 추천하여 후견인으로 선임되면 후견서비스를 제공하는 자를 의미하며, 후견인 후보자는 공공후견인 교육기관에서 교육을 이수한 자를 우선 추천하고 있다. 후견인으로 선임되면 공공후견인으로 활동을 시작하게 되며, 지방자치단체로부터 매달 소정의 활동비를 지급받게 된다.

4. 공공후견인 양성교육

공공후견인 양성교육은 피후견인의 가족이 아닌 제삼자로서 전문가가 아닌 일반 시민들 가운데 발달장애인의 권익옹호와 지원에 관심과 열의를 가진 사람들을 대상으로 하고 있다. 양성교육 내용으로는 후견제도의 필요성과 취지, 제도의 내용, 의사결정 능력 장애인의 권리와 인권, 의사결정 능력 장애인의 특성, 사회보장제도 등 발달장애인을 옹호하고 지원하는 데 필요한 지식과 정보를 습득하고, 현장실습을 통하여 발달장애인을 위한 공공후견인으로서의 소양을 갖추는 데 목적을 두고 있다.

Issues & Discussion

1. 「발달장애인 권리보장 및 지원에 관한 법률」의 제정 의미와 내용에 대해 설명하시오.
2. 공공후견제도의 도입 배경과 공공후견인의 역할에 대해서 설명하시오.
3. 공공후견제도의 문제점과 개선방안에 대해서 논하시오.

참고문헌

강영실(2008). 장애인복지의 이해. 서울: 신정.

강혜규, 김형용, 박세경, 최현수, 김은지, 최은영, 황덕순, 김보영, 박수지(2007). 사회서비스 공급의 역할분담 모형개발과 정책과제: 국가 · 시장 · 비영리민간의 재정 분담 및 공급참여 방식. 한국보건사회연구원 연구보고서 2007-12.

고용노동부, 한국장애인고용공단(2019). EDI 2019 장애인 통계.

공미혜, 김경화, 김현지, 주경미(2007). 장애여성의 삶과 복지. 서울: 신정.

국가법령정보센터(2020). 장애등급 판정기준. 세종: 법제처.

국가인권위원회(2014). 장애인 건강권 증진방안에 관한 연구.

국가인권위원회(2016). 2015 장애 진정사건 통계. 「장애인차별금지법」 이행 제고 및 장애인 인권증진을 위한 토론회(국가인권위원회 · 보건복지부 · 장애인차별 금지 추진연대).

국립특수교육원(1997). 통합교육의 효율적인 운영방안.

국립특수교육원(2009). 2008 특수교육 실태조사.

국립특수교육원(2014). 2014 특수교육 실태조사.

권선진(2005). 장애인복지론. 서울: 청목출판사.

권장우(2017). '공학에서 바라본 4차 산업혁명과 장애인복지'. '제4차 산업혁명! 장애인 복지의 대변혁을 말하다' 세미나 자료집.

기획재정부 · 산업통상자원부 · 미래창조과학부 · 대한상공회의소 · 전국경제인연합회(2017). 2017 아시아미래기업포럼-2017년 4차 산업혁명 성장과 도약, 그리고 대변혁 콘퍼런스.
김경아, 강공내(2013). 국제사회의 인권에 기반을 둔 개발(RBA) 논의와 한국에의 시사점. 국제개발협력, 2013(1), 111-159.
김동국(2013). 동양적 패러다임으로 쓴 장애인복지론. 서울: 학지사.
김두영(2013). 장애인평생교육 프로그램 분류체계 연구. 단국대학교 대학원 박사학위논문.
김만두, 김융일, 박종삼 공역(1999). 사회복지대백과사전. NASW(National Association of Social Workers) 저. 서울: 나눔의집.
김미옥, 김희성, 이민영(2005). 장애인의 임파워먼트 과정에 관한 연구. 한국사회 복지학, 57(1), 31-40.
김미옥, 정민아(2017). 지원생활 모델(Supported Living model)을 적용한 발달장애인의 자립 - 한국 장애인복지에의 함의 -. 한국사회복지학, 69(1), 255-281.
김보나(2014). 장애인 문화예술 정책의 활성화 방안 연구: 무용을 중심으로. 공주대학교 대학원 석사학위논문.
김세훈, 조현성(2008). 문화복지 중기계획 연구. 서울: 한국문화관광연구원.
김승훈(2015). 한국보조공학지원서비스 체계 연구. 단국대학교 대학원 박사학위논문.
김용득, 유동철(2001). 한국장애인복지의 이해. 서울: 인간과 복지.
김용득, 유석영, 이동석, 이선우, 이희경, 이미연(2013). 장애인복지관의 지역사회중심지원서비스(CBSS) 모형 개발. 경기복지재단 정책연구보고서 2012-19.
김용득, 윤재영, 이동석, 이호선, 김재훈(2013). 지적장애인을 위한 권익옹호의 원리와 실천. 서울: EM커뮤니티.
김윤태(2002). 지역사회중심재활의 활성화방안. 제10회 RI KOREA 재활대회 자료집. 서울: 장애인재활협회.
김은정(2008). 사회서비스 재정지원방식의 변화와 품질관리를 위한 정책 과제. 사회복지정책, 35(1), 141-168.
김이배, 최윤영(2013). 성년후견제 도입에 따른 실행체계 구축방안 연구. 경북행복 재단 정책연구보고서.
김종인, 우주형, 이준우(2007). 장애인복지론. 경기: 서현사.
대한조현병학회(2013). 조현병, 마음의 줄을 고르다. 경기: 군자출판사.
두산동아 사서편집국(1999). 표준국어대사전. 서울: 두산동아.
문선화, 정민숙, 김종윤, 이상호, 장수한, 김현주(2006). 장애인복지론. 경기: 양서원.
문화체육관광부(2012). 장애문화예술인 실태조사 보고서.

문화체육관광부, 한국장애인문화예술원(2020). 2020 장애인 문화예술 지원사업 지원신청 안내.
박인환(2015). 의사결정지원을 위한 성년후견제도의 평가와 모색. 비교사법, 22(2), 725-758.
방귀희, 박수진(2012). 한국장애인예술백서. 서울: 대통령문화특별보좌관실.
변민수(2017). 4차 산업혁명과 장애인고용의 미래전망 토론회 세미나 자료집. 경기: 한국장애인고용공단 고용개발원.
보건복지부(2014). 2014년 발달장애인지원 사업안내 제8권.
보건복지부(2016). 2016년 발달장애인지원 사업안내 제8권.
보건복지부(2017). 2017 장애인복지사업안내.
보건복지부(2018). 2018 장애인복지사업 안내.
보건복지부(2019a). 2019 장애인복지사업 안내.
보건복지부(2019b). 2019 장애통계연보.
보건복지부(2019c). 장애인복지법 시행규칙.
보건복지부(2019. 1. 10.). 지역사회 통합돌봄(커뮤니티 케어) 선도사업 추진계획.
보건복지부(2020a). 2020년 장애인연금 사업 안내.
보건복지부(2020b). 발달장애인 공공후견지원사업 안내.
보건복지부 고시(2020). 2020년 최저생계비 & 중위소득.
보건복지부, 국립재활원, 한국건강증진개발원(2020). 2020년 지역사회통합건강증진사업 안내: 지역사회중심재활.
보건복지부 보도자료(2019. 7. 9.). 지역사회 통합돌봄 추진 현황과 계획을 검토하고 발전시켜 나간다.
서강훈(2013). (사회복지사를 위한) 사회복지용어사전. 경기: 이담북스.
서울시정개발연구원(2004). 장애인자립생활센터 운영기반 조성방안.
서재경, 제철웅, 최윤영(2016). 한국 장애인 권익옹호 지원체계의 도입과 과제: 추진배경과 과정을 중심으로. 한국장애인복지학, 32, 141-165.
송경진 역(2016). 제4차 산업혁명. Klaus Schwab 저. 서울: 새로운현재.
신민섭(2005). 한국판 IOWA 코너스 평정 척도의 개발. 신경정신의학, 44(1), 82-88.
신현석(2007). 장애인복지론. 경기: 공동체.
염형국(2012). 새로운 성년후견제도. 2012년 상반기 지적장애인자립지원센터 연수자료집. 서울: 한국지적장애인복지협회.
오혜경(2005). 장애인복지론. 서울: 창지사.
유동철(2017). 인권 관점에서 보는 장애인복지. 서울: 학지사.

윤삼호 역(2007). 장애학개론. Johnstone, D. 저. 대구: DPI.

윤소영, 유지윤, 이강욱, 김향자, 노용구(2007). 여가정책의 영역 및 향후과제에 대한 제안 연구. 여가학연구, 5(2), 72-87.

이경준(2005). 장애인의 자기결정과 보장원리. 재활복지, 9(2), 114-141.

이경준(2011). 장애아동의 인권보장을 위한 법적 · 정책적 대안. 한국장애아동인권학회 창립기념 학술대회 자료집, pp. 57-69. 서울: 성균관대학교.

이경준(2015). '탈시설(발달장애인) 모델 개발' 학술용역 공청회 자료집 토론문. 서울: 한국장애인개발원.

이경준, 임수정, 김수용, 신희정, 정준수(2019). 장애인 1인가구 실태와 커뮤니티 케어 방향성 연구. 제48회 RI KOREA 재활대회 자료집(2019. 9. 17., 서울 이룸센터). 서울: 한국장애인재활협회/RI KOREA.

이경준, 정명선(2017). 장애인의 인적 및 사회문화적 자본이 경제적 자립과 생활만족도에 미치는 영향. 한국융합학회, 8(6), 337-348.

이금순, 김수암, 조한범(2008). 국제 개발이론 현황. 서울: 통일연구원.

이명현(2005). 고령자 학대에 대한 제도적 대응과 권리옹호(Advocacy)적 연계. 사회법연구, 4(4), 167-196.

이민경(2015). 장애인의 사회 및 문화 · 여가 활동 실태와 정책과제. 보건복지포럼, 226호, 62-73.

이부록(2012). 세계인권선언: 이부록/조효제/안지미가 함께 만들다. 서울: 프롬나드.

이성규(2000). 사회통합과 장애인복지정책. 서울: 나남출판.

이숙향 역(2010). 발달장애 학생의 자기결정 증진 전략. Wehmeyer, M., Agran, M., Hughes, C., Martin, J., Mithaug, D., & Palm, S. 저. 서울: 학지사.

이응훈(2006). 정신지체인의 성과중심 전환교육을 위한 자기결정기술 촉진 방략. 대구대학교 대학원 박사학위논문.

이정화(2014). 문화예술교육의 이해. 서울: 커뮤니케이션북스.

이창수(2007). 특집: 국가인권위원회 5년의 평가와 과제; 국가인권위원회 5년, 전망과 과제 - 국가인권위원회의 국민참여와 민중통제 -. 민주법학, 33, 15-34.

이채식, 이형열, 이은정, 김재익, 전영록(2008). 장애인복지론. 서울: 창지사.

이철수(2009). 사회복지학 사전. 서울: 블루피쉬.

이철수(2013). 사회복지학 사전. 경기: 혜민북스.

이혜원, 윤혜미(2010). 아동권리옹호의 이해와 제도화방안의 모색: 학대피해아동의 권리옹호를 중심으로. 한국학교사회복지학회지, 18(18), 107-127.

장애우권익문제연구소(2001). (생애주기별로 엮은) 장애우 정보집.

장애우권익문제연구소(2009). 함께걸음 2009년 2월호.
장애우권익문제연구소(2010). 장애우 대학 자료집.
정갑영(1995). 21세기 우리나라 문화복지 증진 방안. 서울: 한국문화정책개발원.
정갑영(1996). 장애인 문화복지 증진 방안. 서울: 한국문화정책개발원.
정갑영(2005). 문화복지사 제도 도입방안 연구. 서울: 한국문화관광정책연구원.
정무성, 양희택, 노승현(2007). 장애인복지개론. 경기: 학현사.
정영숙, 이현지(2007). 장애인복지론. 경기: 학현사.
정종화, 임수정, 김미혜, 김승용, 박재우, 이송희(2017). 4차 산업혁명 준비를 위한 장애인복지서비스 개선과제와 전망. 4차 산업혁명: 모두를 위한 혁신, 제4차 산업혁명에게 길을 묻다! 제46회 RI KOREA 재활대회 자료집(2017. 10. 26., 서울 이룸센터).
정종화, 주숙자(2008). 자립생활과 활동보조서비스. 경기: 양서원.
정진옥, 정무성(2011). 지적장애인의 문화예술 활동 참여에 관한 질적 연구: 사회복지사의 경험을 중심으로. 사회과학연구, 29(1), 349-369.
조광순(1996). 보조공학과 유아특수교육: 공학평가와 교육과정. 정서 · 학습장애연구, 12(2), 75-97.
조선일보(2014. 8. 1.). 장애인 마크, 역동적으로 46년 만에 교체한 뉴욕주.
최윤영(2005). 장애인 자립생활의 개념 이해와 함의. 한국장애인복지학, 1(3), 121-140.
최윤영(2017). 한국공공후견제도의 운영과 과제. 2017년 후견제도와 장애인-고령자의 권익옹호 콘퍼런스 자료집. 서울: 한국후견신탁연구센터.
최윤영, 이경준(2010, 2013). 장애인복지론. 서울: 학지사.
최윤영, 이용표, 박인환(2014). 성년후견인 양성교육의 실태와 양성방안에 관한 연구. 법과정책연구, 14(3), 1449-1480.
한겨레신문(2009. 3. 18.). 장애인시설, 대학 절반 이상이 '낙제점'.
한국보건사회연구원(2004). 장애인 문화복지 증진방안 연구.
한국보건사회연구원(2019). 2019년 장애인 실태조사. 세종: 보건복지부.
한국사회적기업진흥원(2010). 사회적기업개요집 501.
한국자폐인사랑협회(2009). 자폐성장애지원 현장실무자를 위한 자폐성장애인의 문제행동지원의 실제. 자폐성장애지원 현장실무자들을 위한 2009년도 제2차 교육 워크숍.
한국장애인개발원(2009). 장애인복지용어 핸드북.
한국장애인개발원(2010). 고수요 장애인보조기구 산업육성 전략 연구.
한국장애인개발원(2014). 주요 선진국과 한국의 장애인 중장기정책계획 분석 연구.

한국장애인개발원 연구보고서 정책 14-16.
한국장애인고용공단(2016). 장애인지원제도.
한국장애인고용공단(2017). 한눈에 보는 2017 장애인 통계.
한국장애인고용공단 고용개발원(2019). 한눈에 보는 2019 장애인 통계.
한국장애인단체총연맹(2008). 장애인차별금지법 제대로 알기(DVD).
한국장애인재활협회(2008a). 장애인차별금지법에 대한 국민인지도 조사.
한국장애인재활협회(2008b). 장애인과 法. 제16회 RI KOREA 재활대회 자료집.
한국장애학회 편(2015). 장애학으로 보는 문화와 사회. 서울: 학지사.
한국정보화진흥원(2017). 제4차 산업혁명에 대응한 지능정보사회 추진 민관 콘퍼런스 요약. NIA Hot Issue Report, 2017-1.

Albert, M. C., & Susan, M. H. (2002). *Assistive technology: Principles and practice*. Saint Louis, MO: Mosby.
American Psychiatric Association (APA). (2010). *DSM-5 development*.
Anderson, E. M., & Clark, A. (1982). *Disability in adolescence*. London & New York: Metheun.
Assistive Technology Messenger Newsletter. (1999). Study points to unmet technology needs among those with mental retardation. Retrived September 27, 1999.
Badura, B., & Lehmann, H. (1988). Sozialpolitische Rahmenbedingungen, Ziele und Wirkungen von Rehabilitation. In U. Koch, G. Lucius-Hoene, & R. Stegie (Hrsg.), *Handbuch der Rehabilitationspsychologie* (pp. 58-73). Berin: Springer.
Barker, R. L. (1995). *The social work dictionary*. WA: NASW Press.
Bateman, N. (1995). *Advocacy skills: A handbook for human service professionals*. Brookfield, VT: Ashgate Publishing.
Brisenden, S. (1989). *A charter for personal care in progress, 16*. London: Disablement Income Group.
Brown, H. (2004). A right-based approach to abuse of women with learning disabilities. *Tizard Learning Disability Review*, *9*(4), 41-44.
Brown, I. R. (1997). *Quality of life for people with disabilities* (2nd ed.). Cheltanbam, England: Stanley Thornes.
CEC Today. (1999). *Technology in school and at home*. Available: http://www.

cec.sped.org/bk/cectoday/hometech.html/

Church, G., & Glennen, S. (1992). *The handbook of assistive technology*. San Diego, CA: Singular Publishing Group, Inc.

Cloerkes, G. (2001). *Soziologie der Behinderten. Eine Einführung* (2.Aufl.). Heidelberg: Winter(Edition S).

Crate, M. (1965). Nursing functions in adaptation to chronic illness. *The American Journal of Nursing*, *65*(10), 72-76.

Dejong, G. (1979). *The movement for independent living: Origins, ideology and implications for disability research*. MI: Michigan State University.

Dejong, G. (1981). *Environmental accessibility and independent living direction for disability policy and research*. University Center for International Rehability Action. Michigan State University.

Dimichael, S. C. (1977). Vocational Rehabilitation Post & Present. In D. Malikin (Ed.), *Vocational rehabilitation of the disabled an overview*. New York: New York University Press.

Dunlap, G., & Fox, L. (1996). Early intervention and serious problem behaviors: A comprehensive approach. In L. K. Koegel, R. L. Koegel, & G. Dunlap (Eds.), *Positive behavioral support: Including people with difficult behavior in the community* (pp. 31-50). Baltimore, MD: Paul H. Brookes Publishing.

Dunst, C. J., & Trivette, C. M. (1994). What is effective helping? In C. J. Dunst, C. M. Trivette, & A. G. Deal (Eds.), *Supporting & strengthening families, Vol. 1. Methods, strategies and practices* (pp. 162-170). MA: Brookline Books.

Dunst, C. J., Trivette, C. M., & Deal, A. G. (1998). *Enabling and empowering families*. Cambridge, MA: Brook.

Endruweit, G., & Trommsdorff, G. (1989). *Worterbuch der Soziologie*. dtv/Enke.

Fornefeld, B. (1997). Selbstbestimmung von Menschen mit schwersten Behinderung. In: *Selbstbestimmung. Kongressbeitraege*. Hrsg: Bundesvereinigung Lebenshilfe fuer Menschen mit geistiger Behinderung. e.V., 2. durchgeschehene Aufl., Marburg: 171-178.

Goebel, S. (1998). *So moechte ich wohnen!: Wie ich selbst bestimmen kann, dass ich mich in meinen vier Waenden wohlfuehlen*. Hrsg.: Bundesvereinigung Lebenshilfe fuer Menschen mit geistiger Behinderung e.V., 2. Aufl.. Marburg.

Goffman, E. (1998). *Stigma: über Techniken der Bewältigung beschädigter*

Identät. Frankfurt a. M.

Gordon, T. H. (1975). *Parent effectiveness training: The proven program for racing responsible children*. New York: Three Rivers Press.

Grate, M. A. (1965). Nursing functions in adaptation of chronic illness. *American Journal of Nursing*, *65*(10), 72-76.

Hahn, H. (1987). Advertising the acceptable employable image: Disability and capitalism. *Policy Studies Journal*, *15*(3), 551-570.

Hahn, H. (1988). The politics of physical differences: Disability and discrimination. *Journal of Social Issues*, *44*(1), 39-47.

Hahn, M. (1994). Selbstbestimmung im Leben auch für Menschen mit geistiger Behinderung. *Geistige Behinderung*, *33*(2), 81-94.

Hahn, M. (1998). Menschen, die als schwer geistig behindert gelten. In: *Wohlbefinden Wohnen von Menschnen mit schwerer geistiger Behinderung*, S, 56-76.

Hallahan, D. P., & Kauffman, J. M. (2003). *Exceptional learners: Introduction to special education*. Boston, MA: Allyn and Bacon.

Hensel, U. (2002). *Qu An Ta: Qualitaetssicherung der Angebote in der Tagesfoerderung fuer erwachsene Menschen mit geistiger Behinderung*. Hrsg: Bundesvereinigung Lebenshilfe fuer Menschen mit geistiger Behinderung e.V. und der Evangelischen Stiftung Alsterdorf.

Herzog, W. (1991). *Das Normalische Subjekt*. Bern.

Howe, J., Horner, R. H., & Newton, J. S. (1998). Comparison of supported living and traditional residential services in the state of Oregon. *Mental Retardation*, *36*(1), 1-11.

ILO. (1955). *Recommendation concering Vocational Rehabilitation of the Disabled*.

ILO. (1985). *Basic principles of vocational rehabilitation of the disabled*. Genève: International Labour Office.

Jakob, B., & Tomas, M. (2007). *Applying a rights-based approach: An inspirational guide for civil society*. Denmark: The Danish Institute for Human Rights.

Jones, K. (1993). *Asylums and after: A revised history of the mental health services: from the early 18th century to the 1990s*. London: The Athlone

Press.

King, T. W. (1999). *Assistive technology: Essential human factors*. Boston, MA: Allyn & Bacon.

Kinsella, P. (2001). *Supported Living: The Changing Program-from control to freedom*. Paradigm UK Electronic source: http://www.paradigm-uk.org

Lachwitz, K. (2001). *SGB IX, Rehabilitation*. Neuwied, Kriftel.

Lesar, S. (1998). Use of assistive technology with young children with disabilities: Current status and training needs. *Journal of Early Intervention*, *21*(2), 146-159.

Levinson, R. M. (1976). Family crisis and adaptation: Coping with a mentally retarded child. *Dissertation Abstracts International*, 36, 8221.

Longmore, P. K. (1987). Uncovering the hidden history of people with disabilities. *Review in American History*, *15*(3), 355-364.

Mackelprang, R., & Salsgiver, R. (1999). *Disability: A diversity model approach in human service practice*. Pacific Grove, CA: Brooks/Cole Publishing Co.

Mank, D. M., & Buckley, J. (1989). Strategies for integrated employment. In K. W. Kiernan & R. L. Schalock (Eds.), *Economics, industry, and disability: A look ahead* (pp. 319-335). Baltimore, MD: Paul H. Brooks Publishing Co.

Markowetz, R. (2001). Soziale Integration von Menschen mit Behinderungen. *Soziologie der Behinderten. Eine Einführung*. 171-232.

Mass, H. S. (1984). *People in contexts: Social development from birth to old age*. Englewood Cliffs, NJ: Prentice-Hall.

McAvoy, L. (2001). Outdoors for everyone: Opportunities that include people with disabilities. *Parks & Recreation*, *36*(8), 24-29.

McGowan, J. F., Porter, T. L., & Thomas, L. (1967). *An introduction to the vocational rehabilitation process. A training manual. Rehabilitation Service Series No. 68-32*. WA: Superintendent of Documents, U.S. Government Printing Office.

Mithaug, D. (1996). *Equal opportunity theory*. London: Sage.

Nirje, B. (1969). The normalization principle and it's human management implications. In R. Kugel & W. Wolfensberger (Eds.), *Changing patterns in residential services for the mentally retarded*. WA: President's Committee on Mental Retardation.

Nirje, B. (1980). The normalization principle. In R. Flynn & K. E. Nitsch (Eds.), *Normalization, social integration and community service*. Baltimore, MD: University Park Press.

Nosek, M. A. (1988). Independent living and rehabilitation counseling. In E. Robin & N. M. Robin (Eds.), *Contemporary challenges to the rehabilitation counseling profession*. Baltimore, MD: Paul H. Brookes Publishing Co.

O'Brien, J. (1991). Down stairs that are never your own: Supporting people with developmental disabilities in their own homes. *American Association on Mental Retardation*, *32*(1), 1-6.

Oliver, M. (1996). *Understanding disability: From theory to pracice*. Basingstoke: Macmillan Press.

Polloway, E. A., Smith, J. D., Patton, J. R., & Smith, T. (1996). Historic changes in mental retardation and developmental disabilities. *Education and Training in Mental Retardation and Developmental Disabilities*, *31*(1), 3-12.

Priestley, M. (1998). Constructions and creations: Idealism, materialism and disability theory. *Disability and Society*, *13*(1), 75-94.

Rawls, J. (1974, 1999). *A theory of justice*. Oxford: Clarendon Press.

Rothman, J. C. (2003). *Social work practice across disability*. Boston, MA: Allyn and Bacon.

Saleebey, D. (2002). *The strengths perspective in social work practice*. Boston, MA: Allyn and Bacon.

Schneider, M. (1983). Selbsthilfegruppen fuer Behinderte. Gruppentypen und Persoenlichkeitsmerkmale von Mitgliedern. *Soziale Selbsthilfe in der Bundesrepublik Deutschland*.

Schutze, M. (2010). *Understanding the UN convention on the rights of persons with disabilities*. Balkans: Handicap International.

Seligman, M. E. P. (1986). *Erlernte Hilflosigkeit*. (3.Aufl.). Muenchen.

Simons, M. (1998). *Issues in the semantics and pragmatics of disjunction*. Ph.D. thesis, Cornell University. [Published by Garland Publishing Inc., 2000.]

Speck, O. (2000). Autonomie und Kommunitaet-Zur Fehldeutung von Selbstbestimmung in der Arbeit mit geistiger behinderten Menschen. In *Verhaltensauffaelligkeiten-Ausdruck von Selbstbestimmgung?* Hrsg.: Theunissen, G.. Badheilbronn: 11-32.

Stuart, P. H. (2000). Applying independent living principles to state health-care program for people with disabilities. *Journal of Disabilities Policy Studies, 11*(3), 161-170.

Sweet, W. (2003). *Philosophical theory and the universal declaration of human rights*. Ontario: University of Ottawa Press.

Taylor, S. J. (1987). *Community integration for people with severe disabilities*. New York: Teachers College Press.

Taylor, S. J., Racino, J., Knoll, J., & Luftiyya, Z. (1987). Down home: Community integration for people with the most severe disabilities. In S. J. Taylor, D. Biklen, & J. Knoll (Eds.), *Community integration for people with severe disabilities* (pp. 36-63). New York: Teachers College Press.

Thimm, W. (1984). *Das Normalisierungsprinzip-Eine Einführung*. Marburg.

Todis, B., & Walker, H. M. (1993). User perspectives on assistive technology in educational settings. *Focus on Exceptional Children, 26*(3), 1-16.

Wasserman, D. (1998). "Concept of Discrimination". In R. Chadwick (Ed.), *Encyclopedia of ethics*. San Diego, CA: Academic Press.

Wehmeyer, M. L. (1996). Self-determination for youth with significant cognitive disabilities: From theory to practice. In L. E. Powers, G. H. S. Singer, & J. Sowers (Eds.), *On the road to autonomy: Promoting self-competence in children and youth with disabilities* (pp. 115-134). Baltimore, MD: Paul H. Brooks Publishing Co.

Wehmeyer, M. L., Agran, M., & Hughes, C. (1998). *Teaching self-determination to students with disabilities: Basic skills for successful transition*. Baltimore, MD: Brookes.

WHO. (1980). *International Classification of Impairments, Disabilities and Handicaps*. Geneva: Author.

WHO. (1997). *International Classification of Impairments, Disabilities, and Handicaps-2: A Manual of Classification Relating to the Consequences of Disease*. Geneva: Author.

WHO. (2001). *International Classification of Functioning, Disability and Health*. Geneva: Author.

Will, M. (1986). Educating children with learning problems: A shared responsibility. *Exceptional Children, 52*(5), 411-415.

Wolfensberger, W. (1985). Social role valorization: A new insight, and a new team, for normalization. ***Australian Association for the Mentally Retarded Journal***, *9*(1), 4-11.

Wright, B. A. (1988). Attitudes and the fundamental negative bias: Conditions and corrections. In H. E. Yuker (Ed.), ***Attitudes toward people with disabilities: progress and prospects***. New York: Springer.

경기도 재활공학서비스연구지원센터 http://www.atrac.or.kr/ (2020. 7. 8.)

광진장애인가족지원센터 http://gj.dfsc.or.kr/main/index.php (2020. 7. 8.)

독일연방노동사회부 http://www.bmas.bund.de/

보건복지부 국립재활원 중앙보조기기센터 https://knat.go.kr/knw/index.php (2020. 7. 9.)

사단법인 장애인의 길벗 · 서울중구길벗장애인자립생활센터 http://www.jgcil.kr/main/main_new.html

성민복지관 http://www.sungminwelfare.or.kr/ (2020. 7. 8.)

스마트 AAC https://web.projectaac.or.kr: 8443

아시아 · 태평양 경제사회위원회 http://www.unescap.org

장애인문화예술축제 A+ Festival http://aplusfestival.co.kr/index.php (2020. 7. 23.)

청음복지관 http://www.chungeum.or.kr

충청남도시각장애인복지관 http://www.cncane.or.kr

한국장애인문화예술원 http://www.i-eum.or.kr/main/view (2020. 7. 8.)

BeMinor http://www.beminor.com (2017. 10. 13.)

http://www.diakonie-betreunngsvereine.de/

찾아보기

〈인명〉

〈내용〉

■ 저자 소개

이경준(Lee, Kyong-Jun)
독일 쾰른대학교 재활복지전공 학 · 석사(Diplom)/박사(Dr. paed.)
현) 중부대학교 보건복지학부 사회복지학전공 교수

〈주요 경력〉
RI KOREA 전문위원
한국장애인평생교육복지학회 상임이사
연리지 장애가족사회적협동조합 이사

최윤영(Choi, Yun-Young)
성균관대학교 문학사/행정학 석사
독일 브레멘대학교 장애인복지전공 석사(Diplom)/박사(Dr. phil.)
현) 백석대학교 사회복지학부 사회복지전공 교수

〈주요 경력〉
한국소아마비협회 정립회관 사무국장
근로복지공단 연구센터 책임연구원
한국장애인복지학회 이사

최신 장애인복지론(2판)

The Latest of Social Welfare for People with Disabilities (2nd ed.)

2018년 8월 30일 1판 1쇄 발행
2019년 4월 10일 1판 2쇄 발행
2020년 9월 20일 2판 1쇄 발행

지은이 • 이경준 · 최윤영
펴낸이 • 김진환
펴낸곳 • (주) 학지사
04031 서울특별시 마포구 양화로 15길 20 마인드월드빌딩
대표전화 • 02)330-5114 팩스 • 02)324-2345
등록번호 • 제313-2006-000265호

홈페이지 • http://www.hakjisa.co.kr
페이스북 • https://www.facebook.com/hakjisa

ISBN 978-89-997-2160-1 93330

정가 20,000원

이 도서의 국립중앙도서관 출판시도서목록(CIP)은 서지정보유통지원시스템 홈페이지(http://seoji.nl.go.kr)와 국가자료공동목록시스템(http://www.nl.go.kr/kolisnet)에서 이용하실 수 있습니다.
(CIP 제어번호: CIP2020032816)